JAHRBUCH FÜR GOETHEANISMUS

2017

TYCHO
BRAHE
VERLAG

Impressum

Das Jahrbuch für Goetheanismus wird herausgegeben durch die Naturwissenschaftliche Sektion am Goetheanum – Freie Hochschule für Geisteswissenschaft, Dornach (vertreten durch Rolf Dorka, Christoph Gutenbrunner, Christian Heckmann, Walter Hutter, Johannes Kühl, Hans-Joachim Strüh).

Redaktion: Heinrich Brettschneider, Rolf Dorka, Roselies Gehlig, Angelika Heinze, Hans-Joachim Strüh
Leitung der Redaktion: Roselies Gehlig
Organisation und Herstellung: Rolf Dorka, Roselies Gehlig
Layout und Satz: Brigitte Pöder & Jörg Tanneberger, *Pforzheim*
Druck: Biesinger-Druck GmbH & Co. KG, *Neuenbürg/BW*

Für den Inhalt ihrer Beiträge sind die Autoren verantwortlich.

Wir danken folgenden Firmen und Institutionen für die finanzielle Unterstützung bei der Herausgabe des Jahrbuchs 2017:
– Abnoba GmbH, *Pforzheim*,
– Christophorus Stiftung in der GLS Treuhand e.V., *Stuttgart*,
– Freie Hochschule Stuttgart,
– Gemeinnützige Treuhandstelle e.V., *Pforzheim*,
– Naturwissenschaftliche Sektion am Goetheanum, *Dornach, Schweiz*,
– Wala Heilmittel GmbH, *Bad Boll/Eckwälden*,
– Weleda Heilmittel SA, *Huningue, Frankreich*.

Für unentgeltliche Leistungen danken wir Michael Peroutka (*Keltern-Dietlingen*; Organisation und Kooperationen) und Peter A. Wolf (*Essen*; Vignetten).

CIP-Kurztitelaufnahme der Deutschen Bibliothek
Jahrbuch für Goetheanismus
Tycho Brahe-Verlag GdbR, Niefern-Öschelbronn
ISSN: 1866-4830
ISBN: 978-3-926347-41-1

Erscheint jährlich seit 1984

Titelsignet: Fritz Marburg
Titelbild: Waldziest, *Stachys sylvatic*a L. (Foto: Angelika Heinze)

Vignetten: Peter A. Wolf
Umschlaggestaltung: Ferenc Ballo/Michael Peroutka, Brigitte Pöder/Jörg Tanneberger

© 2017   Tycho Brahe-Verlag GdbR, Am Eichhof 30, 75223 Niefern-Öschelbronn

Inhaltsverzeichnis

Metamorphose

WOLFGANG SCHAD
Die Metamorphosen-Lehre in Goethes Biographie — S. 7

Biologie

THOMAS HARDTMUTH
Mikrobiom und erweiterter Organismusbegriff — S. 35

Botanik

ROLAND SCHAETTE
Die Lippenblütler (Lamiaceae) –
Über die Metamorphose von Form und Stoff — S. 73

MANFRID GÄDEKE
Einige botanische Beobachtungen zur Entstehung
des Zweckmäßigen durch Degeneration — S. 131

Zoologie

WALTHER STREFFER
Die Bauwerke der Laubenvögel –
Anmerkungen zum Kompensationsprinzip — S. 167

Psychologie

HEINRICH BRETTSCHNEIDER
Was ist Selbstbewusstsein?
Gefühl und Wille als Rätsel des Menschen — S. 205

Anhang

Zusammenfassungen / Summaries — S. 281

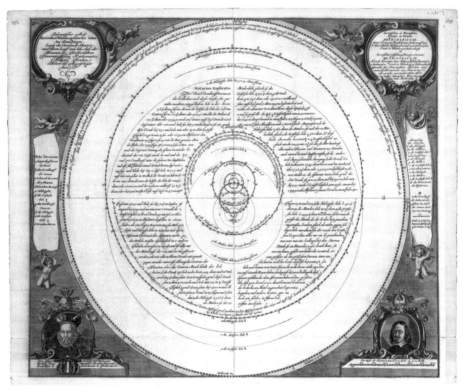

Astronomische Karte gezeichnet nach Angaben von Tycho Brahe

TYCHO BRAHE (1546–1601)

Einer der frühesten Vorläufer der goetheanistischen Wissenschaftshaltung. Einerseits war er der Erste, der seine Beobachtungen systematisch plante, reflektierte und protokollierte sowie durch Berechnung und Verbesserung des Instrumentenbaus korrigierte. Andererseits übte er sich in der gedanklichen Durchdringung der Gesetzmäßigkeiten in der Astronomie, die damals die Mutter aller Naturwissenschaften war. Dies führte ihn bis zur therapeutischen Anwendung von Substanzen, die auch als Vorläufer der anthroposophischen Heilmittel gelten können.

Aus einem Gemälde von Gerhard von Kügelgen

J. W. VON GOETHE (1749–1832)

Der Goetheanismus ist die an Goethe sich anschließende wissenschaftliche Arbeitsweise. Goethes Erkenntnisart ist in ihrem umfänglichen Wert gerade auch für die Weiterentwicklung der Naturwissenschaften durch die erkenntnistheoretischen Arbeiten Rudolf Steiners wissenschaftlich erneut zugänglich geworden. Goethes Methode ermöglicht es, Begriffe zu entwickeln, die nicht definitiv, sondern wachstumsfähig sind, so dass sie selbst entwicklungsfähig werden. Dadurch wird es möglich, das Lebendige in der Natur als ein solches zu verstehen.

Die Metamorphose der Pflanzen

Dich verwirret, Geliebte, die tausendfältige Mischung
 Dieses Blumengewühls über den Garten umher;
Viele Namen hörest du an, und immer verdränget
 Mit barbarischem Klang einer den andern im Ohr.
Alle Gestalten sind ähnlich, und keine gleichet der andern;
 Und so deutet das Chor auf ein geheimes Gesetz,
Auf ein heiliges Rätsel. O könnt' ich dir, liebliche Freundin,
 Überliefern sogleich glücklich das lösende Wort!
Werdend betrachte sie nun, wie nach und nach sich die Pflanze,
 Stufenweise geführt, bildet zu Blüten und Frucht.
Aus dem Samen entwickelt sie sich, sobald ihn der Erde
 Stille befruchtender Schoß hold in das Leben entläßt
Und dem Reize des Lichtes, des heiligen, ewig bewegten,
 Gleich den zärtesten Bau keimender Blätter empfiehlt.
Einfach schlief in dem Samen die Kraft; ein beginnendes Vorbild
 Lag, verschlossen in sich, unter die Hülle gebeugt,
Blatt und Wurzel und Keim, nur halb geformet und farblos;
 Trocken erhält so der Kern ruhiges Leben bewahrt,
Quillet strebend empor, sich milder Feuchte vertrauend,
 Und erhebt sich sogleich aus der umgebenden Nacht.
Aber einfach bleibt die Gestalt der ersten Erscheinung;
 Und so bezeichnet sich auch unter den Pflanzen das Kind.
Gleich darauf ein folgender Trieb, sich erhebend, erneuet,
 Knoten auf Knoten getürmt, immer das erste Gebild.
Zwar nicht immer das gleiche; denn mannigfaltig erzeugt sich,
 Ausgebildet, du siehst's, immer das folgende Blatt.
Ausgedehnter, gekerbter, getrennter in Spitzen und Teile,
 Die verwachsen vorher ruhten im untern Organ.
Und so erreicht es zuerst die höchst bestimmte Vollendung,
 Die bei manchem Geschlecht dich zum Erstaunen bewegt.
Viel gerippt und gezackt, auf mastig strotzender Fläche,
 Scheinet die Fülle des Triebs frei und unendlich zu sein.
Doch hier hält die Natur, mit mächtigen Händen, die Bildung
 An und lenket sie sanft in das Vollkommnere hin.
Mäßiger leitet sie nun den Saft, verengt die Gefäße,
 Und gleich zeigt die Gestalt zarterer Wirkungen an.
Stille zieht sich der Trieb der strebenden Ränder zurücke,
 Und die Rippe des Stiels bildet sich völliger aus.
Blattlos aber und schnell erhebt sich der zärtere Stengel,

Und ein Wundergebild zieht den Betrachtenden an.
Rings im Kreise stellet sich nun, gezählet und ohne
    Zahl, das kleinere Blatt neben dem ähnlichen hin.
Um die Achse gedrängt, entscheidet der bergende Kelch sich,
    Der zur höchsten Gestalt farbige Kronen entläßt.
Also prangt die Natur in hoher, voller Erscheinung,
    Und sie zeiget, gereiht, Glieder an Glieder gestuft.
Immer staunst du aufs Neue, sobald sich am Stengel die Blume
    Über dem schlanken Gerüst wechselnder Blätter bewegt.
Aber die Herrlichkeit wird des neuen Schaffens Verkündung;
    Ja, das farbige Blatt fühlet die göttliche Hand,
Und zusammen zieht es sich schnell; die zartesten Formen,
    zwiefach streben sie vor, sich zu vereinen bestimmt.
Traulich stehen sie nun, die holden Paare, beisammen,
    Zahlreich ordnen sie sich um den geweihten Altar.
Hymen schwebet herbei, und herrliche Düfte, gewaltig,
    Strömen süßen Geruch, alles belebend, umher.
Nun vereinzelt schwellen sogleich unzählige Keime,
    Hold in den Mutterschoß schwellender Früchte gehüllt.
Und hier schließt die Natur den Ring der ewigen Kräfte;
    Doch ein neuer sogleich fasset den vorigen an,
Daß die Kette sich fort durch alle Zeiten verlänge,
    Und das Ganze belebt, so wie das Einzelne, sei.
Wende nun, o Geliebte, den Blick zum bunten Gewimmel,
    Das verwirrend nicht mehr sich vor dem Geiste bewegt.
Jede Pflanze verkündet dir nun die ew'gen Gesetze,
    Jede Blume, sie spricht lauter und lauter mit dir.
Aber entzifferst du hier der Göttin heilige Lettern,
    Überall siehst du sie dann, auch in verändertem Zug:
Kriechend zaudre die Raupe, der Schmetterling eile geschäftig,
    Bildsam andre der Mensch selbst die bestimmte Gestalt!
O, gedenke denn auch, wie aus dem Keim der Bekanntschaft
    Nach und nach in uns holde Gewohnheit entsproß,
Freundschaft sich mit Macht aus unserm Innern enthüllte,
    Und wie Amor zuletzt Blüten und Früchte gezeugt.
Denke, wie mannigfach bald die, bald jene Gestalten,
    Still entfaltend, Natur unsern Gefühlen geliehn!
Freue dich auch des heutigen Tags! Die heilige Liebe
    Strebt zu der höchsten Frucht gleicher Gesinnungen auf,
Gleicher Ansicht der Dinge, damit in harmonischem Anschaun
    Sich verbinde das Paar, findet die höhere Welt.

                              J. W. VON GOETHE (1798)

WOLFGANG SCHAD

Die Metamorphosen-Lehre in Goethes Biographie[1]

Goethe reiste in der 1. Novemberwoche 1775 erstmals nach Weimar, das er am 7. November frühmorgens um 5 Uhr noch im Dunkeln betrat. Eingeladen vom frisch getrauten Herzogpaar, hatte er vor, sich zwei Wochen die dortigen Verhältnisse probehalber anzusehen. Aber rasch hatte er sich entschieden und blieb bis zu seinem Lebensende dort wohnhaft. Elf Jahre war er nun Verwaltungsbeamter im »Geheimen Conseil«, weitgehend okkupiert mit bürokratischer Arbeit.

»Schwerer Dienste tägliche Bewahrung,
sonst bedarf es keiner Offenbarung.«
(Vermächtnis altpersischen Glaubens. West-östlicher Divan)

Zunehmend aber drückte ihn die Frage: Ist das mein Beruf lebenslang? Was denn ist meine Berufung? Im September 1786 brach er aus und auf: erst nach Karlsbad, dann über den Brenner nach Italien – immer mit der inneren Frage, was bei ihm ansteht, welches sein zukünftiger, ihm eigenster Beruf sei. Die ganze Reise wurde eine Reise auf der Suche nach sich selbst. Angekommen in Rom, lebt er in der deutschen Malerkolonie. Dort wird ihm erstmals klar, dass sein Beruf nicht der gelernte Jurist ist, dass er vielmehr zum Künstler geboren ist. Er sieht sich nun zuerst als einen künftigen Maler. Mehr als 800 eigene Skizzenblätter brachte er als Übungsergebnisse von seiner Reise mit (s. Corpus der Goethe-Zeichnungen, Bd. II u. III), davon mehr als 450 Landschaftszeichnungen (STEIGER II : 671).

---

[1] Vortrag vom 9.4.2014, gehalten in der Darmstädter Goethe-Gesellschaft. Überarbeiteter Wiederabdruck der Erstveröffentlichung gleichen Titels in: Gernot Böhme (Hrsg.), Über Goethes Lyrik. Schriften der Darmstädter Goethe-Gesellschaft, S. 123–145. Aisthesis Verlag, Bielefeld (2015). Wir danken dem Aisthesis Verlag für die Bereitstellung von Text- und Bilddateien.

In Neapel trifft er den Vedutenmaler Christoph Heinrich Kniep (1755–1825, *Abb. 1*) aus Hildesheim und bittet ihn um seine Begleitung nach Sizilien, schon um unterwegs bei ihm Zeichen- und Malunterricht zu nehmen. Kniep übt mit ihm das Aquarellieren. Zurück in Rom sind es fast alle dortigen Malerfreunde, bei denen er Unterricht nimmt. Der angesehenste unter ihnen, Jacob Philipp Hackert (1737–1807), gibt sich weidlich Mühe mit ihm. Nach anderthalb Jahren in Italien berichtet Goethe davon:

> »Hackert hat mich gelobt und getadelt und mir weiter geholfen. Er tat mir halb im Scherz, halb im Ernst den Vorschlag, achtzehn Monate in Italien zu bleiben und mich nach guten Grundsätzen zu üben; nach dieser Zeit, versprach er mir, sollte ich Freude an meinen Arbeiten haben.« (16.6.1787; WA I, 36: 5)

So lange wird er nicht mehr bleiben. Es wird ihm klar, dass er auch in weiteren anderthalb Jahren in der bildenden Kunst nichts Überdurchschnittliches zuwege

Abb. 1: Christoph Heinrich Kniep (1755–1825), der Vedutenzeichner aus Hildesheim, welcher Goethe nach Sizilien begleitete. Zeichnung von Johann Heinrich Wilhelm Tischbein um 1789. (Aus GÖRES 1986: 248)

bringen wird. Jetzt erst wird dem Siebenunddreißigjährigen seine eigenste Berufung bewusst:

> »Täglich wird mir's deutlicher, dass ich eigentlich zur Dichtkunst geboren bin und dass ich die nächsten 10 Jahre, die ich höchstens noch arbeiten darf, dieses Talent excolieren [ausbilden] und noch etwas Gutes machen sollte. – Von meinem längeren Aufenthalt in Rom werde ich den Vorteil haben, dass ich auf das Ausüben der bildenden Kunst Verzicht tue. (Rom, 22.2.1788; IRk: 276 f.)

In diesem Verzicht hat er sich selbst erst gefunden. Nicht eine Raumkunst, sondern die Zeitkünste sind es. Die Sprache und das Theater werden seine endlich gefundene Berufung. Es ist die Zeit, als er auch die Temporalisierung der Natur entdeckte: den Artenwandel und die Blattabwandlungen der Pflanzenmetamorphose.

*

Wir stellen uns heute noch oft vor, Goethe habe wie einst sein Vater eine Bildungsreise durch Italien unternommen, um die dortigen Kunstschätze kennenzulernen. Doch in Florenz, dieser Kunststadt, hielt er sich auf der Hinreise nur drei Stunden auf: »Ich eilte so schnell heraus als hinein« (23.10.1786; IRr: 176). Auf der Rückreise interessierte ihn dort nur wirklich die Sammlung der plastischen Anatomie aus Wachs. Was ihn tatsächlich auf der ganzen Reise fesselte, war die dortige Natur, besonders die Geologie und die neue Pflanzenwelt und noch das Brauchtum, die Folklore der einfachen Bevölkerung. Kunst kam damals erst an zweiter Stelle.

Die botanischen Entdeckungen bereiteten sich schon in Karlsbad vor:

> »Am meisten freut mich ietzo das Pflanzenwesen, das mich verfolgt. Es zwingt sich mir alles auf, ich sinne nicht mehr darüber, es kommt mir alles entgegen.« (An Charlotte von Stein, 9.7.1786; WA IV, 100: 242)

Vor der Alpenüberquerung verbietet er sich, Steine zu sammeln. Nach ihr hat er schon zwei Dutzend Steinsorten in der Postkutsche. Kaum hat er den Brenner überstiegen und es empfängt ihn im Etschtal die mediterrane Vegetation, so fällt ihm die Veränderung der ihm aus dem Norden bekannten Arten und Artverwandten auf:

> »Meine Richtung gegen die Natur, besonders gegen die Pflanzenwelt ward bei meinem Übergang über die Alpen aufgeregt und lebhaft. Das Wechselhafte der Pflanzengestalten erweckt immer mehr bei mir die Vorstellung, die Pflanzenformen seien keine ursprünglich determinierten und festgestellten, indem ja so viele Bedingungen darauf einwirken. (…) Wechselt die Form schon innerhalb der Art. Vermag wohl auch neue Arten hervorzubringen.« (WA I, 32: 470)

Diese Stelle belegt, dass Goethe mit dem Artenwandel, also der Entstehung neuer Arten, rechnete, er also Evolutionist im heutigen Sinne schon vor Lamarck und

Darwin war. Das widerspricht dem schon lange und bis heute in der Evolutionsbiologie verbreiteten Urteil, Goethe sei in seiner Naturauffassung bloß ein Vertreter der idealistischen Morphologie gewesen. Das galt zwar vorher für Goethes Wiederentdeckung des menschlichen Zwischenkiefers als ein Beweis des durchgängigen Typus der Säugetiere *und* des Menschen. Aber in Italien gebiert sich der Evolutionist. Die obige Stelle ist nur bis heute in der Fachbiologie weitgehend unbekannt geblieben, weil sie in den Paralipomena zur »*Italienischen Reise*« und nicht in denen seiner morphologischen Schriften dokumentiert ist.

In Padua angekommen, interessiert ihn dementsprechend weniger die Grabeskirche des Heiligen Antonius, obgleich er schon im Urfaust den Herrn Schwerdtlein dort begraben sein lässt, sondern vorzüglich der Botanische Garten gleich daneben.

»Hier in dieser neu mir entgegen tretenden Mannigfaltigkeit wird jeder Gedanke immer lebendiger: dass man sich alle Pflanzengestalten vielleicht aus einer entwickeln könne.« (Padua, 27.9.1786; WA I, 34: 89)

»Eine Fächerpalme zog meine ganz Aufmerksamkeit auf sich; glücklicherweise standen die einfachen, lanzenförmigen ersten Blätter noch am Boden, die successive Trennung derselben nahm zu, bis endlich das Fächerartige in vollkommener Ausbildung zu sehen war. Aus einer spatha-gleichen Scheide zuletzt trat ein Zweiglein mit Blüten hervor und erschien als ein sonderbares, mit dem vorhergehenden Wachstum in keinem Verhältnis stehendes Ereignis, fremdartig und überraschend.

Auf mein Ersuchen schnitt mir der Gärtner die Stufenfolge dieser Veränderungen sämtlich ab, und ich belastete mich mit einigen großen Pappen, um diesen Fund mit mir zu führen.« (*Der Verfasser teilt die Geschichte seiner botanischen Studien mit*; WA II, 6: 119 f.)

Er sucht also hier schon die Urpflanze, aber nicht als eine spezielle Pflanzenspezies, die man im Blumentopf vorführen kann, sondern in der Abwandlung der Blattformen wie bei jener »Goethepalme« *(Chamaerops humilis var. excelsa)*, die man heute noch dort besuchen kann *(Abb. 2)*.

Am 29. Oktober 1786 kommt er in Rom an, teilt das sogleich seiner Mutter mit und fügt den Beisatz an:

»Ich werde als ein neuer Mensch wiederkommen.«

Indem er die Blattabwandlungen der ihn umgebenden Pflanzen verfolgt, erfährt er zugleich eine eigene biographische Metamorphose. Wahrscheinlich ist die Letztere die innere Voraussetzung für den offenen Blick auf die Erstere gewesen.

Nach 5 Wochen in Rom und Neapel schiffte er sich nach Sizilien ein. Unterwegs »heftiger Sturm«, »im Schiffe fast alle krank« außer der Kapitän und Kniep. Dieser

Abb. 2: Links: Das heutige pagodenförmige Gewächshaus der »Goethepalme« in Padua. *Rechts:* Die restlichen abgepressten Blätter dieser Fächerpalme, die sich noch im Nachlass fanden. (Aus SCHNECKENBURGER 1998: 54)

erzählte später, dass Goethe »wie ein Wahnsinniger phantasiert und das Gehen der Matrosen auf dem Verdeck (...) für den Gang seiner Großmutter gehalten hätte.« Goethes Lebensgefüge wurde also schwer durchgerüttelt. Dann legte sich der Sturm, eine Meeresschildkröte und Delphine werden gesichtet. Palermo wird erreicht (2. April 1787).

Was ihn hier nun verfolgte, war die schon fast afrikanische Vegetation. Es ist Frühling: »(...) allerliebste Wirkungen (...) das junge Grün zierlicher Bäume (...) von hinten erleuchtet« sind die ersten Eindrücke der »Königin der Inseln«.

»Wie sie uns empfangen hat (...) mit frischgrünenden Maulbeerbäumen, immer grünendem Oleander, Zitronenhecken (...) weite Beete von Ranunkeln und Anemonen.« (IRr: 92)

Am Ostersonntag, dem 8. April 1787, trifft er einen Grafen Statella, der einst in Erfurt von ihm gehört hatte und ihn nun ausfragt:

»Wie steht es denn (...) mit dem Manne, der zu meiner Zeit jung und lebhaft, daselbst Regen und schönes Wetter machte? (...) es ist der Verfasser des

Abb. 3: Das einzige authentische Bild von Goethe auf Sizilien, gezeichnet von C. H. Kniep am Ostermontag, den 9. April 1787 vor der Villa Palagonia in Bagheria, östlich bei Palermo gelegen. (Nach BERGMANN 1999: 121)

Werthers.« – »Die Person, nach der ihr euch gefällig erkundigt, bin ich selbst!« – »Da muss sich viel verändert haben!« – »O ja! (...) zwischen Weimar und Palermo habe ich manche Veränderung gehabt.« (IRr: 108) *(Abb. 3)*

Dann kommt der entscheidende 17. April:

> »Heute früh ging ich mit dem festen ruhigen Vorsatz, meine dichterischen Träume fortzusetzen, nach dem öffentlichen Garten (...) Die vielen Pflanzen (...) stehen hier froh und frisch unter freiem Himmel und, indem sie ihre Bestimmung vollkommen erfüllen, werden sie uns deutlicher. (...) Ich bemühte mich zu un-

> tersuchen, worin denn die vielen abweichenden Gestalten voreinander unterschieden seien. Und ich fand sie immer mehr ähnlich als verschieden (...) ein Weltgarten hatte sich aufgetan.« (IRr: 147 f.)

> »(...) und so leuchtete mir (...) in Sizilien, die ursprüngliche Identität aller Pflanzenteile vollkommen ein, und ich suchte dies nunmehr überall zu verfolgen und wieder gewahr zu werden.« (*Der Verfasser teilt die Geschichte seiner botanischen Studien mit*; WA II, 6: 121)

> »Ich (...) bin vielleicht in meinem Leben nicht 16 Tage hintereinander so heiter und vergnügt gewesen als hier.« (An Fritz v. Stein, 17.4.1787; IRb: 211)

Zurück in Rom, suchte Goethe Gesprächspartner für seine Metamorphose-Entdeckung. Niemand der deutschen Künstler interessierte sich für seine Erkenntnisfreuden, wohl aber KARL PHILIPP MORITZ (1757–1793). Er war der Autor des autobiographischen Romans »Anton Reiser«, 1785 erschienen. Der Marburger Germanist REINHARDT HABEL hat darauf aufmerksam gemacht, dass dies der erste Entwicklungsroman deutscher Zunge war. Der zweite war dann Goethes »Wilhelm Meister« (s. auch HILLMANN 2001: 22). Die bisherigen Barockromane waren alles Heldenromane gewesen. Der Protagonist war immer adlig geboren, wuchs edel auf, machte viele romanhafte Abenteuer durch, und der Leser konnte sicher sein, dass der Held zum Schluss sein Fürstentum bekam – mit einer möglichst hübschen Prinzessin.

Anton Reiser aber stammt aus ärmlichsten Verhältnissen, läuft aus seiner Hutmacherlehre davon, findet in Hannover einen Pfarrer, der ihm zu essen gibt und den Besuch eines Gymnasiums ermöglicht. Er möchte danach Theaterdichter und Schauspieler werden, läuft zu Fuß nach Gotha, hungert sich durch nach England und Italien. Es ist die autobiographische Lebensbeschreibung von Moritz selbst, der mit einem unstillbaren Bildungshunger etwas aus sich macht, was ihm nicht in die Wiege gelegt worden war. In Rom trifft er auf Goethe noch vor dessen Sizilienreise und erfährt »die glücklichsten Wochen« seines Lebens *(Abb. 4)*. Goethe empfindet ihn

> »wie einen jüngeren Bruder von mir, von derselben Art, nur da vom Schicksal verwahrlost und beschädigt, wo ich begünstigt und vorgezogen bin.« (An Ch. von Stein, 14.12.1786; IRb: 94)

Goethe hatte ja als Kind tatsächlich einen jüngeren Bruder, auch namens Karl, gehabt, der sein Spielkamerad gewesen war, aber früh verstarb. Nach Goethes Rückkehr aus Sizilien verstehen sich in Rom erneut die beiden Wahlbrüder sofort im Studium der frisch entdeckten Entwicklungsgestalt aller höheren Pflanzen. Damit ist deutlich: Die Metamorphosen um sich sieht nur der, der selbst in Metamorphosen ist. Wie sagt es die Lustige Person im Vorspiel des *Faust*?

Abb. 4: Karl Philipp Moritz mit gebrochenem, bandagiertem Arm in Rom, von Goethe in der deutschen Malerkolonie gepflegt. Zeichnung von J. H. W. Tischbein (1751–1829). (Aus WINKLER 2006: 98)

»Wer fertig ist, dem ist nichts recht zu machen;
ein Werdender wird immer dankbar sein.«

In seinen Briefen aus Italien schreibt er:

»Bei dem Besten, was mir widerfährt, hoff ich auf eine glückliche Wiederkehr zu Euch und hoffe wiedergeboren zurückzukommen.« (An Herder, vor Vicenza, 18.9.1786; IRb: 25)

»Obgleich ich noch immer derselbe bin, so mein' ich bis aufs innerste Knochenmark verändert zu sein.« (Rom 2.12.1786; IRb: 72)

»Ich finde mich viel, viel anders und besser (...). Wie mir's in der Naturgeschichte erging, geht es auch hier, denn an diesen Ort knüpft sich die ganze Geschichte der Welt an, und ich zähle einen zweiten Geburtstag, eine wahre Wiedergeburt von dem Tage, da ich Rom betrat.« (An Herder und Frau, Rom 3.12.1786; IRb: 77)

»Die Wiedergeburt, die mich von innen heraus umarbeitet, wirkt immer fort. Ich dachte wohl, hier was zu lernen, dass ich aber so weit in der Schule zurückgehn, dass ich so viel verlernen müsste, dacht ich nicht.« (An Ch. v. Stein, Rom, 20.12.1786; IRb: 101)

»Das gesteh' ich aber auch, dass ich mich aller alten Ideen, alles eigenen Willens entäußere, um recht wiedergeboren und neu gebildet zu werden.« (An Herder, Rom, 29.12.1786; IRb: 108)

»Täglich werf' ich eine neue Schale ab und hoffe, als ein Mensch zurückzukehren.« (An Ch. v. Stein, Rom 6.1.1787; IRb: 116)

»Gewiss, es wäre besser, ich käme gar nicht wieder, wenn ich nicht wiedergeboren zurückkommen kann.« (Neapel, 22.3.1787; IRr: 68)

»Ich habe alsdann eine Hauptepoche zurückgelegt, rein geendigt und kann wieder anfangen und eingreifen, wo es nötig ist (...) und bin fast ein anderer Mensch als vorm Jahr.« (Rom, 11.8.1787; IRk: 57 f.)

»Ihr wollt von mir wissen! Wie vieles könnt' ich sagen! Denn ich bin wirklich umgeboren und erneuert und ausgefüllt.« (Rom 23.8.1787; IRk: 159)

»Wenn ich bei meiner Ankunft in Italien wie neugeboren war, so fange ich jetzt an, wie neu erzogen zu sein.« (Rom 21.12.1787; IRk: 159)

Zurückgekehrt nach Weimar, erfuhr Goethe von allen ihm bisher vertrauten Freundinnen und Freunden enttäuschtes und damit enttäuschendes Befremden. Ihr großer Dichter des *Urfaust*, des *Tasso* und der *Iphigenie* redet von Kräuterkunde! Wozu die ganze Italienreise? Es gab nur zwei Menschen, die ihm bei diesem Thema aufmerksam zuhörten: ein neuer Freund und eine neue Freundin: Schiller und Christiane. Am ersten Gespräch über die »symbolische Pflanze« erwachte die Freundschaft mit Schiller. Und es ist das frische Mädchen aus Bertuchs Blumenfabrik, dem er das spätere Lehrgedicht »Die Metamorphose der Pflanzen« widmet.

Beide machen nun selbst im Zusammenleben mit Goethe eklatante biographische Metamorphosen durch. Lange nach Schillers Tod (1805) sagte Goethe im Mai 1820 zu dem Weimarer Legationsrat Carl Friedrich von Conta:

»Wenn ich ihn drei Tage nicht gesehen hatte, so kannte ich ihn nicht mehr, so riesenhaft waren die Fortschritte, die er zu seiner Vervollkommnung machte.«

Und was Christiane betrifft, ist ihr neues Leben mit Goethe auch nicht durch ihre Herkunft in ihre Wiege gelegt worden.

Das Gedicht »*Die Metamorphose der Pflanzen*« beschreibt poetisierend den durchgängigen Gestaltwandel der höheren Pflanze durch die vegetative Phase, die Florese und die Fruktifikation – jedes Mal ausgeführt durch das wandlungsfähigste Organ: das Blatt *(Abb. 5)*.

An die schon im Dunkelraum des Samens veranlagten Keimblätter schließen sich im Lichtraum die sich stufenweise immer größeren Laubblätter an. Im Zuge der beginnenden Florese aber werden sie wieder verkleinert zu Hoch- und Kelchblättern. Die farbigen Kronblätter sind die Phase der zweiten Ausdehnung, die Staubblätter die Phase der zweiten Zusammenziehung; die Fruchtanlage, ebenfalls aus Blattanlagen, wächst sich in der dritten Ausdehnung zur reifen Frucht aus, in der es als eine dritte Zusammenziehung zur Samenbildung kommt.

Diese Goethe'sche Entdeckung der Homologien des Blattes, dieses »wahren Proteus« (IRk Juli 1787, dtv 26: 29), ist bis heute in die Botanik einbezogen worden und voll anerkannt. Doch zwei Punkte werden meist nicht erwähnt und sind hier nachzuholen.

Abb. 5: Skizzenblatt Goethes zum Gestaltwandel der Laubblätter bis zur Blüte bei einjährigen höheren Pflanzen mit seiner Beschriftung »Entfaltung« und »Zusammenziehung«. (Aus GÖRES 1986)

Abb. 6: Caspar Friedrich Wolff (1733–1794), der Begründer der Embryologie und Vorausentdecker der Blattmetamorphosen vor Goethe. (Aus RAJKOV 1963/64: 556)

Erstens: Goethe ist nicht der Erstentdecker der Pflanzenblattmetamorphose, sondern ihr Wiederentdecker. Schon vor ihm hatte der Begründer der Embryologie CASPAR FRIEDRICH WOLFF (1733–1794, *Abb.* 6) die Bildung der Blüten- und Fruchtorgane aus Laubblattanlagen erkannt und in seiner Dissertation »Theoria generationis« 1759 erwähnt (KIRCHHOFF 1867: 18 ff.). Goethe hatte sie späterhin wahrgenommen und besprochen (WA II 6: 148–157). Auch war ihm bekannt, dass von einem Schüler Linné's, Nicolaus Dahlberg, 1755 eine Dissertation mit dem Titel »*Metamorphoses Plantarum*« (»Die Metamorphosen der Pflanzen«) auf Lateinisch erschienen war. Goethe vermied deshalb zuerst, diesen Titel zu übernehmen, schon weil Linné und Dahlberg darunter etwas völlig anderes verstanden als er, nämlich die Blüten- und Fruchtbildung aus den konzentrischen Stängelschichten (s. DAHLBERG/SCHAD 2014). Der ursprüngliche Titel des Goethe'schen Büchleins von 1790 hieß nicht »*Die Metamorphose der Pflanzen*«, sondern viel treffender »*Versuch, die Metamorphose der Pflanzen zu erklären*«. Erst in den beiden Nachdrucken 1817 und 1830 benutzte Goethe den vereinfachten Titel (KUHN 1992: 20).

Caspar Friedrich Wolff übernahm den Begriff des Pflanzenblattes in die Tierembryologie, so dass wir noch heute – auch in der Humanembryologie – von den ersten Leibesanlagen als dem äußeren, mittleren und inneren Keimblatt (Ektoderm, Mesoderm, Entoderm) sprechen.

Schon 1676, fast hundert Jahre vor Wolff, war in Rom ein Buch des Pharmakognosten JACOB SINIBALDI erschienen mit dem Titel »*Plantarum Metamorphosis*«, womit er das Wort »Metamorphose« aus der Insektenkunde in die Pflanzenkunde einführte, und zwar in der Analogie der Abwandlung von Ei, Raupe, Puppe und Vollinsekt mit Samen, Laubwerk, Knospe und Blüte. Diese Vergleichsmöglichkeit erwähnte Goethe auch in seinem Metamorphosegedicht, aber er »analogisierte« nicht, sondern »homologisierte« wie Caspar Friedrich Wolff.

Will man aber nicht nur das gedruckte Wort als Beleg gelten lassen, sondern auch das gemalte Bild, so wurde die Blattmetamorphose schon in der Renaissancezeit entdeckt, vorzüglich von Albrecht Dürer. Die Bremer Kunsthalle bewahrt von ihm ein Pfingstrosenaquarell von 1505 auf, das, ohne auf Ästhetik zu achten, drei blühende Sprosse ohne Schaustellung in präziser Naturalistik wiedergibt *(Abb. 7)*: Eine der drei Blüten ist in Knospe, die zwei geöffneten Blüten sind jeweils von vorne und hinten, aber schon welkend, dargestellt. Wozu dann überhaupt dieser malerisch so sorgfältige Aufwand? Bisher ist nicht bemerkt worden, dass das Bild erst Sinn macht durch das offensichtliche Faktum, alle Blattübergänge vom Laubwerk über den Kelch bis in die Blütenkrone zu demonstrieren. Das war wohl Dürers gezieltes Anliegen gewesen.

Doch war schon vor ihm Martin Schongauer im Elsass auf diese Blattabfolge aufmerksam geworden und hatte 33 Jahre vorher (1472/73) die Pfingstrosenmetamorphose in einem Aquarell festgehalten *(Abb. 8)*.

Jochen Sander führte in dem Katalog der großen Dürerausstellung im Frankfurter Städel 2013/14 die Vermutung an, dass wohl Dürer bei seinem Aufenthalt in Colmar in den Jahren 1491/92 von den Brüdern Martin Schongauers dieses Blatt mit einer Reihe weiterer Zeichnungen dieses seines Vorgängers geschenkt bekommen hatte. Dürer fügte auf seiner »Madonna mit den Tieren« von 1503, heute in der Albertina in Wien, die Pfingstrosen fast in der gleichen Stellung ein *(Abb. 9)*. Doch hat ihn das damit verbundene Metamorphosenthema weiter beschäftigt, denn schon 1505 entstand das besagte Bremer Aquarell, welches in bisher unerreichter naturalistischer Exaktheit die Blattmetamorphose im Kelchbereich wiedergibt. Goetheanisten gab es also schon vor Goethe!

Im Aufbruch der Neuzeit waren es damit zuerst die Künstler, die die stufenweisen Blattabwandlungen entdeckt hatten. Dann zog das Thema mit Caspar Friedrich Wolff in die Wissenschaften ein. Beide Strömungen – Kunst und Wissenschaft – trafen sich nun 1787 in der Person Goethes bei seiner eigenen neuerlichen Entdeckung in Palermo auf Sizilien. Durch ihn kam das Metamorphosenprinzip dann ins allgemeine Bewusstsein.

*

Wir kommen zum zweiten bis heute kaum beachteten Aspekt: Es ist die offene Frage, ob Goethes Entdeckung der Pflanzenmetamorphose im Giardino Populo an der Reede von Palermo überhaupt mehr war als die ja schon vor ihm gelungene Aufdeckung der Organhomologie aller Blätter. Durchaus: Sein Hauptwert besteht nicht in der Feststellung der **räumlichen** Identität der seitlichen Anhangsorgane des Pflanzenstängels, sondern in der Explikation ihrer **Zeitgestalt**. Hierin ist er, genau genommen, schon der Mitbegründer der Chronobiologie: Dreimal vollzieht der Gestaltzyklus einer Samenpflanze eine Ausdehnung und die nachfolgende Zusammenziehung ihrer Blattbildungen als eine mehrfache morphologische Ausatmung und Einatmung der Pflanzengestalt. Es gibt also nicht nur »Evolution«, sondern sie ist im Leben immer auch gefolgt von »Devolution«, was die heutige Evolutionsbiologie zunehmend als Pädomorphose in Form der Retention bezeichnet.

Goethe ging aber noch weiter. Er beachtete außerdem, dass alle drei »Atemzüge« nicht gleich, sondern recht verschiedenartig sind. Nach Jena hatte er an die dortige Universität den jungen Botaniker FRIEDRICH SIEGMUND VOIGT (1781–1850, *Abb. 10*) berufen.

Dieser nahm 1803 die Goethe'sche Metamorphosenlehre als Erster in seine Vorlesungen und bald in seine Lehrbücher auf. So schrieb er 1817:

> »Wenn wir bei der ersten Entwicklung der Pflanze eine Bildung der Teile nach einander, bei der Blume schon eine dergleichen mehr neben einander wahrnehmen, so zeigt nun endlich die Frucht ein solches Verhältnis in einander.«

In einer Fußnote bemerkt nun Voigt dazu:

> »Ich verdanke eigentlich die in diesem Paragraphen vorgetragenen Hauptsätze dem Weimarer Geheimrath von Göthe. Die vegetabilische Metamorphose ist [von ihm] in einer kleinen Schrift [die von 1790] entwickelt worden, die animalische habe ich im Jahre 1806 durch mündliche Mitteilungen von ihm erfahren.«

Und in seinem »Lehrbuch der Botanik« schreibt Voigt 1827:

> »Nach dieser Ansicht des einfachen vegetabilischen Lebenslaufes beruht also die Metamorphose der Pflanzen auf einer dreimaligen Ausdehnung und der dreimaligen Zusammenziehung. Es lässt sich dabei bemerken, dass der erste Akt die Teile hinter einander, der folgende neben einander, der dritte in einander zeigt.«

Das hatte Voigt von Goethe. Dieser überließ Voigt die Veröffentlichung der Idee. Im Nachlass Goethes fanden sich davon bruchstückhafte Notizen im »Versuch über die Gestalt der Tiere«, die zeigen, was Goethe im Bewusstsein hatte:

Abb. 8: Martin Schongauer (1450–1491): Studienblatt mit Pfingstrosen (um 1472/73). 25,7 x 33 cm. Original in Los Angeles, Paul Getty Museum. (Aus SANDER 2013)

Abb. 7: Pfingstrosen. Aquarell von Albrecht Dürer (1505). 37,7 x 30,5 cm. Kunsthalle Bremen

Abb. 9:
Albrecht Dürer: »Madonna mit den Tieren« Farbige Tuschzeichnung (1503).
Ausschnitt mit Pfingstrosen in Knospe und Blüte. Wien, Albertina. (Käufliche Kunstpostkarte)

Abb. 10:
Friedrich Siegmund Voigt (1781–1850), Professor der Botanik in Jena.
Zeichnung von Johann Joseph Schmeller. Original im Goethe-Schiller-Nationalarchiv Weimar.
(Aus BALZER 1966)

»Das Anerkennen eines Neben-, Mit- und Ineinanderseins und -wirkens verwandter lebendiger Wesen leitet uns bei jeder Betrachtung des Organismus (...)« (AA bei dtv 37: 191).

Hier deutet Goethe im Selbstgespräch auf einem hinterlassenen Zettel sogar an, dass diese drei Metamorphosenqualitäten sich auf alle Organismen anwenden ließen. Damit ist nach dem evolutiven Zusammenhang aller Organismen zu fragen. Den Naturphilosophen der Renaissance, zum Beispiel CAROLUS BOVILLUS (1508), war aus der Stufenreihe der Naturreiche schon deutlich gewesen, dass im Menschen die anderen drei Reiche – Mineral, Pflanze und Tier – integriert sind *(Abb. 11)*.

Abb. 11: Die vier Naturreiche von Carolus Bovillus (1508).

Goethe ist nun an seinen eigenen Beobachtungen deutlich geworden, dass die Organbildungen im Nacheinander besonders die grüne Pflanze in ihrem Laubwerk vorlebt, das Tier – besonders die höheren Tiere – hingegen schon embryonal bald zum Umbau der bleibenden Organe im Nebeneinander übergehen. Das Erstere nannte er die **sukzedane Metamorphose**, das Letztere die **simultane Metamorphose**. Letztere sah er auch schon an der Pflanze in der Blütenbildung realisiert. Hinzu kommt aber noch in der Fruktifikation eine dritte Qualität, die Goethe als **spezielle simultane Metamorphose** bezeichnete. Vervollständigt man diesen Goethe'schen Ansatz, so klingt hierin die hohe biologische Autonomie des Samens im geschlossenen Innenraum der Frucht an, wie sie in hohem Maße dem Menschen psychisch eignet. Ist doch die Icherfahrung des Menschen die eines reinen Keimes im inneren Seelenraum. In seinem zoologischen »*Fragment zur Vergleichenden Anatomie*« heißt es:

»Metamorphose, sukzessive Verwandlung der Teile, die Base aller Betrachtungen über Pflanzen und Insekten.

Simultane generelle Metamorphose der Tierarten nebeneinander betrachtet.

Simultane spezielle Metamorphose, der Grund einer rationellen Kenntnis der vollkommneren Tiere (...).

Spezielle simultane Metamorphose. Hauptgesetze derselben müssen im Typus begriffen sein.«

(AA bei dtv 37: 193/194)

Nicht nur der Mensch hat also Anteil an allen anderen Naturreichen, sondern in den von Goethe erstmals entdeckten prozessualen Abwandlungen der Blattmetamorphosen auch die höhere Pflanzenwelt ihrerseits. Alle drei Lebensreiche – Pflanze, Tier und sogar der Mensch – werden von ihr auf ihre Weise vorgelebt. Die Zeitgestaltung ist eine solche im Abwandeln des Wandels begriffene Ganzheit, dass Goethe sie für sich still zu verallgemeinern wagt. Nur die angeführten Andeutungen von ihm kennen wir. Hier trifft wohl das Wort Nietzsches zu: »Das Beste, was der Alte aus Weimar gewusst hatte, hat er mit ins Grab genommen.«

Goethe blieb also nicht bei der Wiederentdeckung der Blattmetamorphosen stehen, sondern seine eigenständige Neuentdeckung dabei ist, dass alle drei »morphologischen Atemzüge« nicht gleichartig sind, sondern dass diese Art der Abwandlung jedes Mal sich selbst verändert (SCHAD 1990). Er entdeckte die Metamorphose der Metamorphosen als ein sich immer weiter verändertes Verhalten zu Zeit und Raum (s. a. AA bei dtv 37: 193/4).

*

Damit haben wir einige Voraussetzungen zusammengetragen, um auf die poetisch versteckten Motive Goethes in seinen Distichen zur Pflanzenmetamorphose aufmerksam zu werden. Schon in diesem Lehrgedicht von 1798 sind Pflanze, Tier und Mensch einbezogen und zugleich an der höheren Pflanze, der Blütenpflanze, selbst entwickelt im oben genannten Nacheinander, Nebeneinander und Ineinander.

Nachdem die Geliebte angesprochen ist, heißt es eingangs:

» *Werdend betrachte sie nun, wie <u>nach</u> und <u>nach</u> sich die Pflanze,*
<u>Stufenweise</u> geführt, bildet zu Blüten und Frucht.«

Das stufenweise Nach-und-Nach ist die Anrufung der sukzedanen Metamorphose. Sie beginnt mit der Keimung des Samens:

» *Einfach schlief in dem Samen die Kraft; ein beginnendes Vorbild*
Lag, verschlossen in sich, unter der Hülle gebeugt,

> *Blatt und Wurzel und Keim, nur halb geformet und farblos;*
> *Trocken erhält so der Kern ruhiges Leben bewahrt.«*

Damit beschreibt er, was wir heute den Kormus nennen: die drei Grundorgane von Blatt, Wurzel und Stängelanlage, die im Samen am Pflanzenembryo schon vorhanden sind.

Dann wird die Entfaltung des Laubwerkes im Nacheinander der Blätter detailliert beschrieben unter dem Motiv:

> *»Knoten auf Knoten getürmt, immer das gleiche Gebild.«*

Auch im Nacheinander findet noch die sukzessive Verkleinerung in die Hochblätter statt:

> *»Stille zieht sich der Trieb der strebenden Ränder zurücke,«*

Dann setzt die simultane Metamorphose in Kelch, Blütenkrone und den Staubblättern ein:

> *»Rings im Kreise stellet sich nun, gezählet und ohne*
> *Zahl, das kleinere Blatt <u>neben</u> dem ähnlichen hin.*
> *Um die Achse gedrängt entscheidet der bergende Kelch sich,*
> *Der zur höchsten Gestalt farbige Kronen entläßt.«*

Dann folgt auch im Nebeneinander die zweite Zusammenziehung:

> *»Und zusammen zieht es sich schnell; die zärtesten Formen,*
> *Zwiefach streben sie vor, sich zu vereinen bestimmt.«*

Dann setzt die dritte Metamorphose von außen nach innen ein:

> *»Nun vereinzelt schwellen sogleich unzählige Keime,*
> *Hold <u>in</u> den Mutterschoß schwellender Früchte gehüllt.«*

und mündet zyklisch in den Anfang:

> *»Und hier schließt die Natur den Ring der ewigen Kräfte;*
> *Doch ein neuer sogleich fasset den vorigen an,«*

Mit dem »Ring der ewigen Kräfte« klingt der Lebenszyklus als die Zusammenfassung aller zyklischen Oszillationen auf, wie sie sich in allen physiologischen Abläufen finden lassen.

> *»Dass die Kette sich fort durch alle Zeiten verlänge,*
> *Und das Ganze belebt, so wie das Einzelne, sei.«*

In dieser letzten Zeile werden zusammenfassend zwei Metamorphosen angedeutet und sogar gleichgesetzt: Der Wandel der Gesamtentwicklung, die Phylogenie, und der Wandel der Einzelentwicklung, die Ontogenie. Deren mögliche Parallelität ist

Abb. 12: Carl Friedrich Kielmeyer (1765–1844). Professor an der Hohen Karlsschule in Stuttgart. (Aus KANZ 1991)

durch ERNST HAECKEL mit seinem Buch »*Generelle Morphologie der Organismen*« seit 1866 allgemein bekannt geworden. Goethe hatte sich aber schon auf der Anreise zu seiner dritten Schweizer Reise am 10.9.1797 in Tübingen mit CARL FRIEDRICH KIELMEYER (1765–1844, *Abb. 12*) über eine solche Parallelität ausgetauscht. Kielmeyer, der Professor für Zoologie, Botanik, Pharmacie und die Materia medica an der Hohen Karlsschule in Stuttgart war, hatte 1793 eine Schrift verfasst mit dem programmatischen Titel »*Über die Verhältnisse der organischen Kräfte untereinander in der Reihe der verschiedenen Organisationen, die Gesetze und Folgen dieser Verhältnisse*«. Goethe muss sie gekannt haben, denn gerade über dieses Thema ging das Gespräch. So heißt es in seinem Reisebericht:

»Früh mit Professor Kielmeyer, der mich besuchte, verschiedenes über Anatomie und Physiologie organischer Naturen (...) Über die Idee, daß die höheren organischen Naturen in ihrer Entwicklung einige Stufen vorwärts machen, auf denen die anderen hinter ihnen zurückbleiben.« (10.9.1797; WA I 34,1: 323 f.)

Ein Jahr später fließt also diese Idee, poetisch versteckt, in das Lehrgedicht über die Pflanzenmetamorphose mit ein. In der Homunculusscene der *Klassischen Walpurgisnacht* taucht das Motiv viel später wieder auf (s. auch SCHAD 2008: 125 ff.):

> THALES:
> Gib nach dem löblichen Verlangen,
> Von vorn die Schöpfung anzufangen!
> Zu raschem Wirken sei bereit!
> Da regst du dich nach ewigen Normen,
> Durch tausend, abertausend Formen,
> Und bis zum Menschen hast du Zeit.
> (Faust II, 8321–8326)

In der Insektenmetamorphose fand Goethe zur Blattmetamorphose vergleichbare Abwandlungen: die Ausdehnung vom Ei in die Larve bzw. Raupe und Zusammenziehung bis zur Auflösung (Devolution) großer Gewebeanteile in der Puppe mit neuerlicher Ausdehnung und Entfaltung im Schmetterling. Auch das klingt gegen Ende des Gedichtes an:

»Kriechend zaudre die Raupe, der Schmetterling eile geschäftig,
Bildsam ändre der Mensch selbst die bestimmte Gestalt.«

Es endet nun selbst mit der biographischen, der menschlichen Metamorphose, die er ähnlich und doch auf einer höheren Stufe zusammen mit Christiane in den letzten zehn Jahren erlebt hat. Die erste Bekanntschaft wandelt sich in holde *Gewohnheit*, diese in *Freundschaft*, bis aus ihr *Amor* »Blüten und Früchte gezeugt«. Die Liebe heiligt sich im Streben »zu der höchsten *Frucht* gleicher Gesinnung«. »Sich verbinde das Paar, finde die höhere Welt«.

Entgegen der üblichen harschen kirchlichen Polarisierung zwischen Religion und Geschlechtlichkeit, setzt hier Goethe bewusst der Geschlechterbegegnung das Ziel, in der gegenseitigen Aufhilfe von Frau und Mann auch einen Weg zu finden in das, was er hier »die höhere Welt« nennt.

Sein Altersfreund, der Vizeberghauptmann Heinrich von Trebra, schenkte ihm einst ein böhmisches Trinkglas mit aufgemaltem Farbkreis, umgeben von der Uroboros-Schlange, die sich in den Schwanz beißt (HERRMANN 1955, s. *Abb. 13*). Schon aus Altägypten ist dieser Schlangenkreis überliefert, so auf dem Goldschrein des Tutenchamun (TEICHMANN 1999: 154, 213). Goethe antwortete leise korrigierend:

»Die Schlange, die sich in den Schwanz beißt, galt seit altersher als das Symbol der Ewigkeit. Mir aber ist sie das Symbol glücklicher Zeitlichkeit.«

Zwischen der platonischen Polarisierung in die diesseitige Zeitlichkeit des Vergänglichen und die jenseitige Ewigkeit der Ideenwelt gibt es außerdem das wahre Glück

Abb. 13: Glaskelch. Geschenk von Heinrich von Trebra (1740–1819) an Goethe am 11.1.1811 mit der aufgemalten Ewigkeitsschlange um den Goethe'schen Farbenkreis und den darin eingeschlossenen Fliegengott Mephistopheles. Im Besitz des Goethe-Nationalmuseums Weimar. (Quelle: Klassik Stiftung Weimar, Abdruck mit freundlicher Genehmigung derselben.)

für Goethe dort, wo die Ewigkeit in die Zeitlichkeit einbricht bzw. die Zeitlichkeit Ewigkeitsinhalt erhält. So ist auch der Schluss des Lehrgedichtes zur Metamorphose der Pflanzen sein biographisch gelebter Monismus.

Literatur

BALZER, G. (1966): Goethe als Gartenfreund. (Bruckmann) München
BERGMANN, G. (1999): Goethe – Der Zeichner und Maler. Ein Porträt. (Callwey) München
BOVILLUS (1508): Liber de sapiente. Paris
DAHLBERG, N. (1755): Metamorphoses Plantarum. Stockholm. Vollständige deutsche Übersetzung: Die Metamorphosen der Pflanzen. Herausgegeben und mit Vorwort und Nachwort versehen von W. Schad. Jahrbuch für Goetheanismus 2014: 7–41. Niefern-Öschelbronn
GÖRES, J. (Hrsg., 1986): Goethe in Italien. (v. Zabern) Mainz
GOETHE, J. W. (1790): J. W. von Goethe Herzoglich Sachsen-Weimarischen Geheimraths Versuch, die Metamorphose der Pflanzen zu erklären. (Carl Wilhelm Ettinger) Gotha. Faksimile-Reprint mit Erläuterungen und einem Nachwort von Dorothea Kuhn, Acta Humaniora. (Verlag Chemie) Weinheim 1992
HABEL, R. (o. J.): Mündliche Mitteilung
HAECKEL, E. (1866): Generelle Morphologie der Organismen. Berlin
HANSEN, A. (1907): Goethes Metamorphose der Pflanzen. Geschichte einer botanischen Hypothese. (Töpelmann) Gießen
HERRMANN, W. (1955): Goethe und Trebra. Freundschaft und Austausch zwischen Weimar und Freiberg. (Akademie-V.) Berlin
HILLMANN, H. (2001): Die ironische Gründung der schönen Biographie. Goethes Wilhelm Meister. In: Hillmann, H. & Hühne, P., Der Entwicklungsroman in Europa und Übersee. Literarische Lebensentwürfe der Neuzeit. (Wiss. Buchges.) Darmstadt
KANZ, K. T. (1991): Kielmeyer-Bibliographie. Stuttgart
KIELMEYER, C. F. (1793): Über die Verhältnisse der organischen Kräfte untereinander in der Reihe der verschiedenen Organisationen, die Gesetze und Folgen dieser Verhältnisse. Stuttgart. Reprint Marburg/Lahn 1993
KIRCHHOFF, A. (1867): Die Idee der Pflanzenmetamorphose bei Wolff und bei Goethe. (R. Gaertner) Berlin
KUHN, D. (1992): Siehe Goethe (1790). Reprint 1992
MORITZ, K. P. (1785): Anton Reiser. Ein psychologischer Roman. (Fr. Maurer) Berlin 1785. (Reclam Jun.) Stuttgart 1980
RAJKOV, B. E. (1964): Caspar Friedrich Wolff. Zoologische Jahrbücher 91: 555–626
SANDER, J. (Hrsg., 2013): Dürer. Kunst – Künstler – Kontext. Ausstellungskatalog Städel-Museum Frankfurt/Main. (Prestel) München, London, New York
SCHAD, W. (1969): Friedrich Siegmund Voigt und Albert Wigand. Elemente der Naturwissenschaft 10(1): 48–49. Dornach
– (1990): Wandlungen der Metamorphosen – zum 200jährigen Erscheinen der «Metamorphose der Pflanzen» von Goethe. Tycho de Brahe-Jahrbuch für Goetheanismus 1990: 10–42. Niefern-Öschelbronn
– (1998): Zeitgestalten der Natur. Goethe und die Evolutionsbiologie. In: Matussek, P. (Hrsg.), Goethe und die Verzeitlichung der Natur. (C. H. Beck) München
– (2008): Goethe als Evolutionist. In: Pleštil, D. & Schad, W. (Hrsg.), Naturwissenschaft heute im Ansatz Goethes. Symposion an der Karls-Universität Prag 24.–26.9.2004. (Mayer) Stuttgart, Berlin
SCHNECKENBURGER, S. (1998): In tausend Formen magst du dich verstecken – Goethe und die Pflanzenwelt. Palmengarten der Stadt Frankfurt am Main. Sonderheft 29, S. 54. Frankfurt a. M.
SINIBALDI, J. (1676): Plantarum Metamorphosis, Lectio cum ostensione habita in hortomedico Romanae Sapientiae à Doctore Jacobo Sinibaldo ejusdem Archigimnasij Simplicium Lectore Die 18 Maij 1676. Romae ex Typographia Reverendae Camerarae Apostolicae.

STEIGER, R. (1983): Goethes Leben von Tag zu Tag, Bd. II: 671. (Artemis) Zürich, München
TEICHMANN, F. (1999): Die ägyptischen Mysterien. Quellen einer Hochkultur. (Freies Geistesleben) Stuttgart
VOIGT, F. S. (1817): Grundzüge einer Naturgeschichte, als Geschichte der Entstehung und weiteren Ausbildung der Naturkörper, S. 434–441. Frankfurt/M.
– (1827): Lehrbuch der Botanik, S. 41–42. Jena
WINKLER, W. (2006): Karl Philipp Moritz. (rororo/Reinbek)
WOLFF, C. F. (1759): Theoria generationis. Halle. Reprint, aus dem Lateinischen übersetzt und herausgegeben von P. Samassa. Teil 1 u. 2 in: Ostwald's Klassiker Nr. 84, 85. (W. Engelmann) Leipzig 1896

Siglen:

AA = Artemis-Gedenkausgabe, Artemis-Verlag Zürich
dtv = Deutscher Taschenbuchverlag München
IRb = Italienische Reise, Briefe, WA IV, 8
IRk = Italienische Reise, Korrespondenz, WA I, 32
IRr = Italienische Reise, Reisetagebuch, WA I, 31
WA = Goethes Werke. Weimarer Ausgabe = Sophien-Ausgabe

Der Autor

Prof. Dr. rer. nat. WOLFGANG SCHAD, geb. 1935, Studium der Biologie, Chemie und Pädagogik in Marburg, München und Göttingen. Ab 1962 Lehrer in der Mittel- und Oberstufe der Goetheschule/Freie Waldorfschule Pforzheim, ab 1975 Dozent am Seminar für Waldorfpädagogik in Stuttgart, ab 1992 Lehrstuhl für Evolutionsbiologie und Morphologie an der Universität Witten/Herdecke. Seit 2005 Emeritus. Arbeitsgebiete: Anthroposophie, Goetheanismus, Evolutionsbiologie.

Buchveröffentlichungen: »Säugetiere und Mensch. Ihre Gestaltbiologie in Raum und Zeit« (1971, Neuauflage 2012), »Blütenspaziergänge. Übungen im Naturbetrachten« (1975), »Die Vorgeburtlichkeit des Menschen. Der Entwicklungsgedanke in der Embryologie« (1982), »Goetheanistische Naturwissenschaft«, 4 Bde. (1982–1985), »Erziehung ist Kunst. Pädagogik aus Anthroposophie« (1986), »Goethes Weltkultur« (2007), »Naturwissenschaft heute im Ansatz Goethes« (2008), »Evolution als Verständnisprinzip in Kosmos, Mensch und Natur« (2009), »Der periphere Blick. Die Vervollständigung der Aufklärung« (2014), »Die verlorene Hälfte des Menschen. Die Plazenta vor und nach der Geburt in Medizin, Anthroposophie und Ethnologie« (3. Aufl., 2016), »Zeitbindung in Natur, Kultur und Geist« (2016), »Darwinismus im Rückblick und Vorblick. Was den Menschen zum Menschen machte« (2017).

THOMAS HARDTMUTH

Mikrobiom und erweiterter Organismusbegriff[1]

Einführung

Als 2001 die erste vollständige Sequenzierung des menschlichen Genoms veröffentlicht wurde, hatten 1000 Wissenschaftler aus 40 Ländern 10 Jahre geforscht und etwa 3 Milliarden Dollar verbraucht (ROBERTS & AL. 2001). Heute haben wir Apparate, die eine solche Sequenzierung in wenigen Stunden mit einem Kostenaufwand von weniger als 1000 Dollar bewältigen (DE FRANCESCO 2012). Inzwischen sind unzählige Genome von Menschen, Tieren und Pflanzen bekannt und gerade hinsichtlich der Mikrobiomforschung scheinen hier mehr Fragen als Antworten aufzutauchen, denn die neuen Erkenntnisse weisen auf derart komplexe Zusammenhänge hin, dass unserem biologischen und medizinischen Denken eine bislang nicht vermutete, erweiterte systemische Orientierung aufgenötigt wird. Nach Ansicht von Dr. Elizabeth Costello von der Abteilung für Mikrobiologie und Immunologie der Stanford University, USA, ist es an der Zeit, die Erkenntnisse der Mikrobiomforschung für einen Paradigmenwechsel in der Medizin zu nutzen. Für die amerikanische Wissenschaftlerin lassen sich die von den Ökologen entwickelten Prinzipien zur Erforschung des Makrokosmos Erde auf den Mikrokosmos Darmmikrobiom übertragen (COSTELLO & AL. 2012).

Der Begriff Mikrobiom wurde von dem US-amerikanischen Mikrobiologen Joshua Lederberg 2008 in Anlehnung an das Wort Genom geprägt; er bezeichnet die Gesamtheit aller mit dem menschlichen Organismus in Symbiose lebenden Mik-

---

[1] Dieser Artikel ist eine erweiterte und überarbeitete Fassung eines Vortrags vom 25.2.2017 im Rudolf Steiner Haus in Stuttgart.

roorganismen. Diese umfassen mehr Einzeller als die Gesamtzahl unserer Körperzellen. Nach Lederberg muss das Mikrobiom zum Genom des Menschen hinzugerechnet werden, da ihm als integraler Bestandteil unserer Physiologie Organcharakter zukommt. Das Mikrobiom umfasst die Keimbesiedlung des Mund-Magen-Darm-Kanals, der Haut, des Respirations- und Urogenitaltrakts.

Worin die unüberschaubare Komplexität der Zusammenhänge besteht, kann an einem Beispiel verdeutlicht werden *(Abb. 1)*[2].

Ein isolierter Bakterienstamm in einer Nährlösung gibt etwa 2000–3000 verschiedene organische Substanzen in die Umgebung ab, die wir in ihrer Summe als Exometabolismus bezeichnen können. Ein zweiter, genetisch verschiedener Bakterienstamm, ebenfalls isoliert in einer Nährlösung, sezerniert ebenso ein charakteristisches Gemisch von Makromolekülen. Gibt man nun beide zusammen in eine gemeinsame Nährlösung, so addieren sich die Substanzgemische nicht nur, sondern

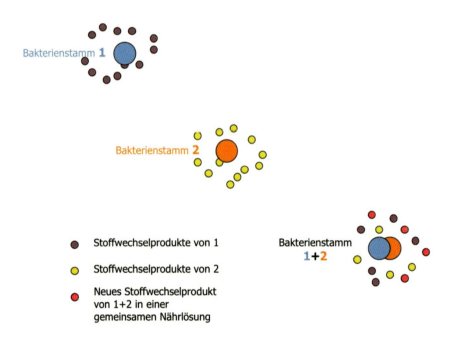

Abb. 1: Siehe Text (Grafik: T. Hardtmuth)

---

[2] Meinhard Simon auf der Mikrobiologentagung am 10.10.2015 am Goetheanum in Dornach.

es entstehen auch neue Stoffe, die in den Einzelkulturen nicht nachzuweisen sind. Mit anderen Worten interagieren die beiden verschiedenen Spezies und bilden so eine Art neuen, aus zwei Zelltypen bestehenden Organismus mit einem eigenen Exometabolismus. Es *organisiert* sich ein neues System, welches andere, neue Fähigkeiten aufweist, die aus den Einzelkomponenten nicht herleitbar sind. Der alte Satz des Aristoteles, dass das Ganze mehr als die Summe der Teile ist, wird dadurch bestätigt, bzw. das Dogma des Reduktionismus widerlegt, dass ein System aus seinen Einzelteilen vollständig bestimmt sei.

Nun besteht unser Darm-Mikrobiom aus etwa 100 Billionen Bakterien mit weit über 1000 verschiedenen Arten, wobei die Zahl der verschiedenen Spezies mit der Verbesserung der Nachweismethoden ständig ansteigt. Insgesamt wurden durch Metagenom-Analysen etwa 3 Millionen proteincodierende Gene identifiziert, wobei das Repertoire der Stoffwechselprodukte neben Proteinen, Enzymen, Vitaminen auch Hormone, Neurotransmitter und anderweitige psychoaktive Substanzen umfasst. Es war ja die große Überraschung im Rahmen der Sequenzierung des menschlichen Genoms, dass der evolutionsbiologisch hoch entwickelte Mensch mit einem vergleichsweise bescheidenen Genom ausgestattet ist: 20.000 Gene – so viel wie ein Spulwurm, weniger als ein Wasserfloh! Unter diesem Aspekt erscheinen die Millionen Gene des Mikrobioms in einem ganz neuen Licht. Berücksichtigen wir nun zudem, dass die menschlichen Mikrobiome eine hoch individuelle Zusammensetzung zeigen, die sich wiederum bei jedem Menschen in Abhängigkeit vom Verhalten, der Ernährung und der psychischen Befindlichkeit sowie tagesrhythmischer und jahreszeitlicher Schwankungen verändert, so lässt sich erahnen, mit welch dynamischer Komplexität wir es hier zu tun haben und wie vielfältig einerseits die Einflüsse des Mikrobioms auf die Gesundheit und Befindlichkeit des Menschen sind und wie plastisch andererseits diese Darmflora sich den ganz individuellen Bedingungen anpasst. Hinzu kommt, dass durch den horizontalen Gentransfer der Bakterien – sie geben ihr Erbmaterial nicht nur an die Nachkommen weiter (vertikaler Gentransfer), sondern die Gene werden fortwährend untereinander ausgetauscht, auch unter verschiedenen Spezies – das Spezifische der einzelnen Arten erheblich verwischt und damit der Artbegriff bei den Bakterien sehr unscharf wird. Bei *Escherichia coli*, einem der besterforschten Darmkeime, kann der genetische Unterschied einzelner Individuen bis zu 40% betragen. Zum Vergleich: Zwei Menschen, beispielsweise ein Südafrikaner und ein Eskimo, sind zu 99,9% genetisch identisch, Mensch und Schimpanse zu 98,7% und zwischen Maus und Ratte beträgt die genetische Übereinstimmung 90%. Ein anderer Keim, *Shigella X*, der die Durchfallerkrankung Ruhr auslösen kann, zeigt eine nahezu hundertprozentige genetische Übereinstimmung mit *E. coli*, obwohl beide ein ganz unterschiedliches Verhalten aufweisen. Der Genotyp eines einzelnen Bakteriums ist also im phänotypischen Kontext einer Mikrobengemeinschaft eigentlich von untergeordneter Bedeutung und sagt vor allem über die Pathogenität wenig aus. Ein bekanntes Beispiel kann dies verdeutlichen: 2011 brach in Niedersachsen eine Seuche namens EHEC aus. EHEC bedeutet Entero-hämorrhagische Escherichia Coli, wobei es sich um eine genetische Variante des bekannten Darmkeims handelt, die ein Gift produziert (Shigatoxin), das blutige Durchfälle mit Nierenversagen verursachen kann. 53 Menschen starben dabei. Als Quelle der Infektion erwies sich ein Biohof in Bienenbüttel, auf dem Boxhornklee-Keimlinge gezüchtet wurden, die von den später Erkrankten konsumiert wurden. Der Erreger wurde in den Boxhornklee-Samen nachgewiesen, die die Biobauern aus Ägypten importiert hatten. Erstaunlich war nun, dass bei mehreren tausend Proben, die auf dem Biohof selbst gemacht wurden, der pathogene Erreger nicht nachweisbar war. In sämtlichen Kulturen wuchs kein einziges Toxin produzierendes Colibakterium![3] Was war hier geschehen? Offensichtlich lebte auf dem hygienisch einwandfreien Bauernhof eine »gesunde« Mikrobengemeinschaft, innerhalb derer das toxinproduzierende Gen *abgeschaltet* war. Das Verhalten der Bakterien ist also stark vom Umwelt-Kontext abhängig und weniger genetisch determiniert. Leider wurde von den Seuchenbehörden und den Medien die eigentlich interessante Frage nicht thematisiert, welche Begleitumstände, Risikofaktoren und Vorerkrankungen bei den Erkrankten möglicherweise vorlagen, was einen wichtigen Beitrag zur Aufklärung der schweren bzw. tödlichen Verläufe geliefert hätte (ZSCHOCKE 2014).

Halten wir also nochmals fest: Bereits zwei verschiedene Bakterienspezies in einer gemeinsamen Nährlösung addieren sich nicht zu einer bloßen Mischkultur, sondern *organisieren* sich zu einem neuen System mit Fähigkeiten, die aus den Einzelkomponenten nicht herleitbar sind. Bei weit über tausend, individuell zusammengesetzten Bakterienarten innerhalb des menschlichen Mikrobioms muss von einer Komplexität der Wechselwirkungen ausgegangen werden, die in dem klassischen wissenschaftlichen Sinne nicht mehr analysierbar, sondern nur *systemisch*, das heißt in größeren Zusammenhängen fassbar ist. Der Organismusbegriff muss hier neu überdacht werden.

Zur Physiologie des Darm-Mikrobioms

Wir haben in unserem Darm eine hoch diverse, individuell zusammengesetzte Mikrobenflora, die an zahlreichen physiologischen Prozessen beteiligt ist. Sie unterstützt die Verdauung in vielerlei Hinsicht, weshalb eine Vollwertkost auf viele Krankheitsprozesse einen so günstigen Einfluss hat; die sogenannten Ballaststoffe

---

[3] Spiegel online vom 25.4.2012; Betrieb in Bienenbüttel, »Wir sind immer noch der Ehec-Hof«.

(der Begriff »Ballast« geht an der eigentlichen Bedeutung dieser Stoffe völlig vorbei) stellen gewissermaßen die Grundernährung für eine gesunde Flora dar.

Das Mikrobiom trägt auch wesentlich zur Ausbildung des Immunsystems bei. Der vor der Geburt noch weitgehend keimfreie Darm erfährt seine Primärbesiedelung über die vom Kind oral während des Geburtsvorgangs aufgenommenen Milchsäurebakterien aus der Scheidenflora der Mutter. Bei Kaiserschnittkindern – heute etwa ein Drittel aller Geburten – findet diese Kontamination nicht statt mit der Folge einer abnormen Primärbesiedelung, so dass diese Kinder im späteren Leben ein höheres Risiko für eine ganze Reihe von Krankheiten haben: Allergien, Asthma, Autoimmunerkrankungen, Leukämien, Adipositas, Diabetes und andere[4] Manche Geburtskliniken gehen daher immer mehr dazu über, Kaiserschnittkinder im Gesicht mit einer zuvor in die Scheide der Mutter eingelegten Kompresse einzureiben, um die physiologischen Verhältnisse zu simulieren.[5] Ein relativ stabiles Darmmikrobiom entwickelt sich bis etwa zum dritten Lebensjahr, wobei hier dem Stillen eine wichtige Bedeutung zukommt, weil in der Muttermilch spezielle Zucker (Oligosaccharide) enthalten sind, die für die Entwicklung der Flora und für den Infektionsschutz essentiell sind. Es können auch nach dem dritten Lebensjahr noch langfristige Veränderungen der Zusammensetzung des Mikrobioms auftreten, je nach Lebens- und Verhaltensweisen und auch in Abhängigkeit unserer psychischen Verfassung. Vor allem die negativen Auswirkungen von chronischem Stress auf die Darmflora sind mittlerweile gut erforscht (GUR & BAILEY 2016).

Die Regel, dass die Gesundheit und Stabilität eines Ökosystems mit der Diversität seiner Lebensgemeinschaft zusammenhängt, trifft nicht nur für Wälder, Wiesen und Gewässer, sondern auch für das Mikrobiom zu; zahlreiche Krankheiten sind mit einer reduzierten Keimvielfalt im Darm verbunden (s. u.).

Nun ist der Magen-Darm-Trakt ein Hauptmanifestationsort für psychosomatische Erkrankungen. Warum das so ist, wird verständlich, wenn wir uns die vielschichtigen, wechselseitigen Beziehungen von Darm und Gehirn vergegenwärtigen, die wir auch als Darm-Gehirn-Achse bezeichnen *(Abb. 2)*.

---

[4] Hier sollte nicht unerwähnt bleiben, dass die Arbeitsgruppe von Vincent Felitti in einer groß angelegten Gesundheitsstudie (sog. ACE-Studie aus dem Jahre 2003 mit 17.000 Teilnehmern) eine signifikant erhöhte Vorhersagbarkeit von Kaiserschnitt-Entbindungen bei Müttern aufgedeckt hat, die in ihrer eigenen Biographie überdurchschnittlich viele Kindheitstraumata erlitten haben. Es ist aber auch die umgekehrte Kausalität in der Pathogenese der genannten Krankheiten zu diskutieren, wobei bereits reichliches hinweisendes Zahlenmaterial bezüglich der gesteigerten Häufigkeit von Adipositas, Diabetes, Asthma, Bronchialkrebs, Rauchen, Alkoholismus, Drogenabhängigkeit und psychischen Störungen einschließlich Schizophrenie vorliegt. Die Kaiserschnittentbindung muss also mit zu den frühkindlichen Traumata hinzugerechnet werden. (Dankenswerter Hinweis von H. Brettschneider)

[5] https://www.welt.de/gesundheit/article151748857/Aerzte-reiben-Kaiserschnittbabys-mit-Bakterien-ein.html

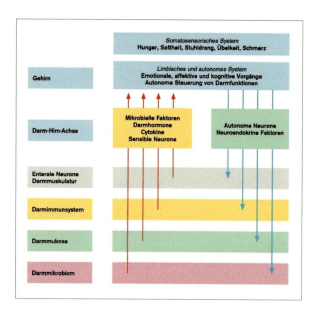

Abb. 2: Die Signalwege der Darm-Gehirn-Achse. (Aus: http://www.medmedia.at/univ-innere-medizin/darm-hirn-und-hirn-darm-achse-eine-bidirektionale-kommunikation/)

Unsere Darmwand ist durchzogen von einem zweischichtigen Geflecht aus hunderten Millionen Nervenzellen, dem sogenannten Enterischen Nervensystem, welches sich hinsichtlich der Physiologie der Rezeptoren und Neurotransmitter kaum von der Funktionsweise des Zentralnervensystems unterscheidet, weswegen manche Autoren auch vom Bauchgehirn (GERSHON 2001) bzw. vom »Second Brain« sprechen. Die Redewendung von der »Entscheidung aus dem Bauch heraus« ist mehr als nur eine Metapher, denn die funktionelle Verflechtung beider Systeme ist so eng, dass es eigentlich keinen Grund gibt, die neurobiologischen Grundlagen unseres Erlebens und unserer kognitiven Leistungen allein im Großhirn zu verorten. Sämtliche Neurotransmitter des Gehirns finden sich auch im Darm. Die innere Oberfläche unserer Darmschleimhaut entspricht etwa dem Hundertfachen der Körperoberfläche und über die Darmzotten »züngeln« nun die Zellfortsätze des Enterischen Nervensystems schmeckend und wahrnehmend in dieses ständige »Gemurmel und Geflüster«[6] der Darmbakterien hinein (s. *Abb. 2*, HOLZER 2015). Hier wird ein ständiger Informationsfluss vom Darm zum Gehirn generiert, an dem neben dem Enterischen Nervensystem und dem Mikrobiom auch das Immunsystem mit seinen zahlreichen Botenstoffen (Zytokine) beteiligt ist. Dadurch wird unser ganzes Erleben und Befinden mit qualitativen Nuancierungen unterlegt, von deren Verständnis wir noch weit entfernt sind.

Gegenläufig wirkt ein permanenter, neuroendokriner bzw. neurovegetativer Fluss von Botschaften vom Gehirn auf den Darm. Redensarten wie »schon wenn ich dran denke, wird mir schlecht« oder etwas »schlägt mir auf den Magen« oder »Schiss haben« vor einer Prüfung deuten auf diesen Signalfluss vom Gehirn zum Darm. Das chronische Reizdarm-Syndrom ist mit einer Prävalenz zwischen 20 und 30% eine der am häufigsten gestellten (Verlegenheits-)Diagnosen, vor allem in internistisch-gastroenterologischen Praxen; Wechsel zwischen Diarrhoe und Obstipation, Bauchkrämpfe, Völlegefühl, Blähungen, Nahrungsmittelunverträglichkeiten, imperativer Stuhldrang und vieles mehr zeichnen dieses unscharfe Krankheitsbild aus. Die Kombination eines Reizdarmsyndroms mit stressinduzierten, psychiatrischen Auffälligkeiten ist eine der häufigsten, gleichzeitig gestellten Diagnosen; die Psychomikrobiotik ist inzwischen eine neue medizinische Fachdisziplin. Chronisch entzündliche Darmerkrankungen wie Morbus Crohn und Colitis ulcerosa gehören ebenso zu den klassischen psychosomatischen Erkrankungen, die immer mit einer massiv gestörten Flora bzw. einer reduzierten Diversität des Darmmikrobioms einhergehen. Es gibt mittlerweile zahlreiche Untersuchungen, die die therapeutischen Effekte von Stuhltransplantationen bei solchen Erkrankungen als echte Alternative erweisen. Hierbei wird der Stuhl von gesunden Personen als verdünnte Suspension über eine Coloskopie in den zuvor gereinigten Darm des Patienten eingebracht. Eine gefürchtete Komplikation einer längerfristigen Antibiotikatherapie bei Schwerkranken auf Intensivstationen ist beispielsweise die sogenannte pseudomembranöse Colitis, eine häufig lebensbedrohliche Entzündung des Dickdarms, die dadurch zustande kommt, dass durch die Antibiotika ein Großteil der Darmflora abgetötet und dadurch toxinbildende, antibiotikaresistente Keime (Clostridien) herausselektioniert werden, die nun den Darm überwuchern. Bislang wurden diese Patienten mit zusätzlichen, oft aber ebenfalls unwirksamen Antibiotika behandelt, die wiederum die Clostridien abtöten. Hier hat sich die Übertragung von Fäkalbakterien mit einer Erfolgsquote von über 90% als hoch wirksam erwiesen (GOUGH & AL. 2011).

Interessant in diesem Zusammenhang sind auch Beobachtungen bei autistischen Kindern; Symptome von Autismus treten nicht selten im Gefolge von Antibiotikatherapien auf und bei der Stuhlanalyse dieser Kinder fanden sich neben einer reduzierten Diversität eine auffällige Dominanz von Clostridien bzw. das Auftreten von Clostridien-Arten, die bei gesunden Kindern nicht nachweisbar waren (MARTIROSIAN & AL. 2009, 2011).

---

[6] Diese Ausdrücke hat die Biologin und Pflanzen-Kommunikationsforscherin Florianne Köchlin für die vielschichtigen und komplexen Informationssysteme der Pflanzen in den Böden und der Luft gebraucht (in: Zellgeflüster: Streifzüge durch wissenschaftliches Neuland. 2005).

Durch Stuhltransfer können solche Kinder geheilt werden (KANG & AL. 2017). Die Ergebnisse der Mikrobiomforschung legen den Schluss nahe, die Indikationen für Antibiotikatherapien vor allem im Kindesalter noch kritischer als bisher zu stellen. Es gibt Erfahrungen, dass bei einer chronischen Verstopfung Stuhltransplantationen helfen können. An der Universität Graz wurden Patienten stuhltransplantiert, die aufgrund einer Parkinsonerkrankung eine chronische Verstopfung hatten, und es konnte beobachtet werden, dass nicht nur die Stuhlfrequenz sich besserte, sondern auch die Parkinson-Symptome rückläufig waren. Es gibt einige Fälle mit Multipler Sklerose, wo auch die neurologische Symptomatik sich durch Stuhltransplantation bessern ließ. Allerdings sind dies erst Einzelfallberichte, die durch größere Studien noch untermauert werden müssen[7]. Zumindest in Tierversuchen konnte gezeigt werden, dass die Parkinson'sche Erkrankung im Darm beginnt und erst sekundär das Gehirn befällt.[8] Ursächlich werden hierbei auch Mikrobiomveränderungen durch längerfristige Aufnahme von Pestiziden erwogen; in Frankreich ist deshalb der Morbus Parkinson eine anerkannte Berufskrankheit bei Landwirten.

Bei zahlreichen anderen Erkrankungen wurden inzwischen pathologische Mikrobiomveränderungen bzw. eine reduzierte Diversität gefunden; bei Alzheimer-Patienten fehlen beispielsweise Fäkalbakterien, die im Darm von Gesunden meist reichlich nachweisbar sind. Außerdem wurde bei Demenzpatienten ein verminderter Spiegel eines neurotropen Wachstumsfaktors (BDNF = Brain Derived Neurotropic Factor) gemessen, dessen Produktion offensichtlich von Darmbakterien beeinflusst wird. Auch hier zeigen Tierversuche, dass sich die Entwicklung der Alzheimerkrankheit durch eine dysbiotische Flora beschleunigt und durch ein gesundes Mikrobiom bzw. eine gesunde Ernährung mit Obst, Gemüse, Vollkornprodukten und Grün-Tee sich die für die Degeneration des Nervengewebes ursächlichen Amyloidplaques sogar wieder auflösen lassen (HARACH & AL. 2017). Auch beim ADHS Syndrom finden sich Mikrobiomveränderungen, die sich durch eine Ernährungsumstellung beeinflussen lassen, was sich nachweislich günstig auf die Symptomatik auswirkt (PELSSER & AL. 2011).

Die Diagnose eines chronischen Erschöpfungssyndroms (CFS), an dem in Deutschland etwa 300.000 Menschen leiden, lässt sich in den allermeisten Fällen (83%) durch eine Stuhlanalyse sichern (GILOTEAUX & AL. 2016).

---

[7] Patrizia Kump, Mikrobiomforscherin der Universität Graz, in einem Interview »Das zweite Gehirn«. Neue Perspektiven auf den menschlichen Darm, von Susanne Billig und Petra Geist vom 28.8.2014 im Deutschlandradio Kultur.

[8] Timothy R. Simpson, Gut Microbiota Regulate Motor Deficits and Neuroinflammation in a Model of Parkinson's Disease. Cell 167(6): 1469–1480. e12, 1 December 2016.

Bei Fettleibigkeit, Diabetes mellitus und anderen Stoffwechselstörungen scheint der Zusammensetzung der Darmflora eine entscheidende Bedeutung zuzukommen. Wenn steril aufgezogenen Mäusen die Darmflora von fettleibigen Menschen übertragen wird, werden sie trotz normaler Ernährung dick. Wird solchen keimfreien Mäusen das Mikrobiom von schlanken Menschen übertragen, bleiben sie bei identischer Nahrungsmenge schlank. Mehrere Studien haben gezeigt, dass Fastfood-Ernährung das Risiko, an einer Depression zu erkranken, signifikant erhöht (TASNIME & AL. 2009, SÁNCHEZ-VILLEGAS & AL. 2012). Bereits nach einer 9-tägigen »Burger-Diät« ist die Diversität des Mikrobioms um 40% reduziert, was neben Depressionen auch eine Gewichtszunahme, Müdigkeit und Leistungsschwäche zur Folge haben kann. Es werden heute schon Schrittmacher an den Vagusnerv – er stellt die Hauptverbindung zwischen Darm und Gehirn dar – implantiert, um hartnäckige Depressionen zu behandeln! Anstatt eine Darmsanierung durchzuführen, wird der abebbende »Lebensstrom« vom Darm zum Gehirn künstlich stimuliert.

Bei dem in den westlichen Industrienationen relativ häufigen Darmkrebs finden sich charakteristische Veränderungen des Darmmikrobioms; die oben genannten Clostridien sind hier reduziert, dafür andere Arten wie *Porphyromonas* und *Fusobakterien* vermehrt.

Bei Patienten mit chronischen Kopfschmerzen liegt nicht selten eine Fructose-Intoleranz mit fehlenden Milchsäurebakterien zugrunde, was durch eine entsprechende Ernährungsumstellung und Probiotika verbessert werden kann.

Asthma und andere allergische Dispositionen hängen ebenfalls mit einer fehlentwickelten Flora zusammen (EGE & AL. 2011). Allgemein bekannt ist, dass Kinder, die auf dem Bauernhof aufwachsen und frühzeitig Kontakt mit verschiedensten Mikroben haben, immunologisch gesünder sind und weniger Allergien haben. Pollen auf dem Land haben einen Mikrobenbesatz mit höherer Diversität als in der Stadt, und das natürliche Mikrobiom auf der Bronchialschleimhaut zeigt bei Asthmakindern eine reduzierte Vielfalt. Ein wesentlicher Allergie-Schutzfaktor scheint von den Kühen in Verbindung mit anderen Tieren, also einer höheren Vieh-Diversität auszugehen (ILLI & AL. 2012); Kühe wirken gleichsam antiallergisch. Auch eine Heizung mit Holz und Kohle im Haus senkt das Allergierisiko.

Es muss nochmals betont werden, dass die gesundheitsfördernde Wirkung nicht von einzelnen, speziellen Mikrobenarten, sondern von der Stimmigkeit und Homogenität der Gesamtzusammensetzung und seiner Diversität abhängt. Wir können hier auch von einer Passung von Organismus und Umwelt ausgehen. Entsprechend gibt es auch scheinbar widersprüchliche Analysen, was den Nachweis von einzelnen Spezies betrifft; beispielsweise finden sich vermeintlich pathogene Keime wie *Clostridium difficile* auch bei Gesunden, oder das Mikrobiom von Schwangeren kann dem von Patienten mit einem metabolischen Syndrom ähnlich sein (BIK 2016).

Abb. 3: Yanomami Indianer in Homoxi, Brasilien. (Aus Wikipedia/Yanomami; Foto: Cmacauley, CC-BY-SA 3.0)

Es zeigt sich immer mehr, dass die westlichen Zivilisationserkrankungen mit einem gestörten Mikrobiom und auch mit einer ungünstigeren Ernährung zusammenhängen. Insgesamt findet sich bei Menschen aus den Industrienationen ein sogenanntes präinflammatorisches Profil der Darmflora (Dash 2015), also eine Zusammensetzung, die in Richtung einer entzündlichen Darmerkrankung weist. Weil die Darmbakterien wesentlich an der Ernährung der Darmschleimhaut und damit ihrer Schutzfunktion beteiligt sind, führt die Keim-Reduktion zu einer Permeabilitätsstörung der Darmschleimhaut, die auch als »Leaky Gut«, also als löchriger Darm bezeichnet wird. Dadurch kommt es zum Übertritt von bestimmten Substanzen ins Blut, der normalerweise von einer gesunden Darmbarriere verhindert wird. Solche Metaboliten sind dann im Blut und im Urin von Menschen mit den

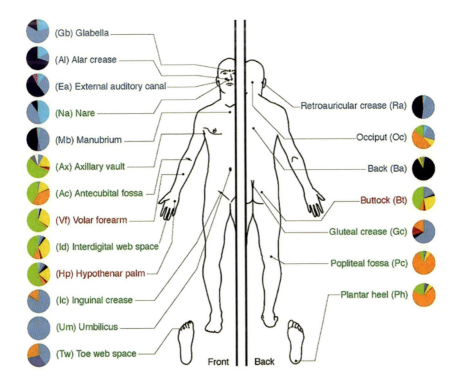

Abb. 4: Verteilung der verschiedenen Hautmikroben. (Aus Wikipedia/Hautflora; Foto: Darryl Leja, NHGRI, gemeinfreies Bild / US Federal Government)

oben genannten Krankheiten vermehrt nachweisbar. Bereits bei Gesunden sind etwa 30% der Stoffwechselprodukte im Blut mikrobieller Herkunft. Eine weitere Folge dieser vermehrten Durchlässigkeit bzw. mangelnden Grenzziehung ist, dass manche dieser pathologischen mikrobiellen Exometaboliten die Physiologie der Blut-Hirn-Schranke so verändern, dass es zum Übertritt von Substanzen ins Gehirn kommt, die unser Wachbewusstsein und auch unsere Denkfähigkeit negativ beeinflussen. Die Integrität des zentralnervösen Binnenmilieus wird dadurch nachhaltig gestört, was den Zusammenhang von psychiatrischen Erkrankungen mit der Dysbiose des Darms plausibler macht. Psychische Erkrankungen und gastrointestinale Probleme haben eine parallel ansteigende Häufigkeit.

2008 entdeckte ein Forscherteam vom Helikopter aus ein kleines, bislang unbekanntes Urwald-Dorf der Yanomami-Indianer in Venezuela im Grenzgebiet zu Brasilien *(Abb. 3)*. 2009 stellte ein Ärzteteam Kontakt zu diesen völlig isoliert lebenden Menschen her und einem Mitglied dieses Teams gelang es, die Einwohner zu einer Untersuchung ihrer Mikrobiome aus Mund, Haut und Stuhl zu überreden. Es war bereits bekannt, dass bei ursprünglich lebenden Ethnien eine höhere Diversität der Flora vorliegt. Die Untersuchungsergebnisse (CLEMENTE & AL. 2015) bei den Yanomami übertrafen aber alle Erwartungen: Die Anzahl der gesamten mikrobiellen Gene war im Schnitt doppelt so hoch wie bei US-Amerikanern. Erstaunlicherweise fanden sich sogar Resistenzen gegen modernste Antibiotika, obwohl diese Menschen zuvor nie Kontakt zu solchen Substanzen hatten. Insgesamt zeigten die Mikrobiome keine einseitig vorherrschenden Keimspezies, wie wir es bei Menschen in Industrieländern finden, wo beispielsweise bestimmte Arten wie Staphylokokken, Neisserien und Corynebakterien dominieren, sondern eine relativ homogene Verteilung. Entsprechend sind Krankheiten wie Diabetes, Allergien, Krebs, Autoimmunerkrankungen wie Rheuma, Multiple Sklerose und andere bei den Yanomami nur selten oder gar nicht zu finden.

Mikrobiom der Haut

Hätten die verschiedenen Keimpopulationen unserer Haut *(Abb. 4)* unterschiedliche Farben, würden wir wie bunte Paradiesvögel erscheinen. Jede einzelne Körperregion hat eine spezifische Population an Mikroorganismen (Bakterien, Viren, Pilze), wobei die jeweilige Keimzahl und Diversität unterschiedlich ist. Die Besiedlung ist abhängig vom Alter, Geschlecht, pH-Wert, der Durchblutung und vielem mehr. Insgesamt leben auf unserer Haut etwa 10 Billionen Mikroorganismen. Zusammen mit anderen Faktoren bildet die Flora eine wichtige Schutzfunktion; Hauterkrankungen wie Psoriasis oder Neurodermitis sind regelhaft mit einer pathologischen Besiedlung bzw. mit einer reduzierten Diversität assoziiert (WOLLENBERG 2015). Auch die Hautflora ist hoch individuell. Der US-amerikanische Biologe Noah Fierer führte eine Metagenom-Analyse an den Händen von 51 Studenten durch (FIERER 2008, 2010) und fand insgesamt 4700 verschiedene Bakterienspezies, wobei nur 5 Arten auf allen Händen zu finden waren. Die genetische Übereinstimmung der Hand-Mikrobiome von zwei Versuchspersonen lag bei nur 13% und sogar bei nur 17% von rechter und linker Hand derselben Person. Bei Frauenhänden ist die Diversität noch größer, was vermutlich mit einem höheren pH-Wert der Haut zusammenhängt. Erstaunlich ist die Konstanz der individuellen Zusammensetzung, die sich nach Verunreinigung, Waschen, Duschen und trotz Verwendung von Handcremes und Lotionen immer wieder herstellt. Selbst nach kompletter Desinfektion ist nach einem Tag die residente Population wieder anzutreffen. Allerdings bringt ein dauerhaftes Übermaß solcher Maßnahmen auch die stabilste Flora ins Wanken. Vor allem bei kleinen Kindern kann ein Zuviel an Hygiene, zum Beispiel tägliches Baden, zu chronischen Hautproblemen führen. Interessant sind auch Untersuchungen zum Speichel-Mikrobiom; zwar ist hier die Diversität nicht so hoch wie im Darm und auf der Haut, aber die Abstriche von den Zahnbelägen zeigen, dass hier bis zu 10.000 verschiedene Spezies leben und jeder einzelne Zahn, sowohl an der Innen- wie an der Außenseite eine spezifische Flora aufweist (PREZA & AL. 2009, ZIMMER 2010, zit. aus KEGEL 2016).

Die Hautflora ist so individuell, dass sie immer mehr auch für forensische Zwecke untersucht wird. Selbst die genetische Identität von eineiigen Zwillingen beeinträchtigt die Individualität von Haut- und Darmflora nur wenig. Wie Noah Fierer zeigen konnte, lassen sich auf PC-Tastaturen und Mäusen auch nach 14 Tagen die letzten Benutzer noch anhand des mikrobiellen Abdrucks identifizieren, sodass die Zuverlässigkeit dieser Analysen mit der des Genoms vergleichbar ist.

Hausmikrobiom

Im Rahmen eines *Home Microbiome Projects* haben Wissenschaftler um Jack Gilbert, Mikrobiologe an der Universität von Chicago, die Bakteriengemeinschaften innerhalb der Wohnungen und Häuser von Familien untersucht (LAX & AL. 2014). Es wurden 10 Familien untersucht, wovon 3 innerhalb des Beobachtungszeitraums umzogen. Es wurden über 6 Wochen regelmäßig Abstriche von Fußböden, Türklinken, Hunderücken und Lichtschaltern gemacht. Aus vier Millionen Erbgutsequenzen identifizierten die Forscher rund 22.000 verschiedene Bakterienarten –

pro Familie zwischen 2000 und 20.000. Auch hierbei zeigte sich, dass jede Familie eine spezifische Mikroben-Community beherbergt, die sogar mit umzieht. Eine Familie zog aus einem Hotel in eine Wohnung, wobei bereits nach 24 Stunden die familieneigene Flora auf Fußböden, Wasserhähnen, Fliesen usw. nachweisbar war.

Bei einer Untersuchung der Diversität der Bakteriengemeinschaften in verschiedenen Lebensräumen im Uferbereich des Hallwilersees in der Schweiz stellte sich heraus, dass die dortigen Habitate (Seewasser, Biofilme auf Schilf, Blattstreu und Sediment) jeweils von charakteristischen Lebensgemeinschaften besiedelt sind, wobei sich aber auch die Mikrobiome in gleichen Habitaten an nur wenige Meter voneinander entfernten Standorten zum Teil deutlich unterscheiden (BUESING & AL. 2009). Ebenso hat sich herausgestellt, dass relativ eng benachbarte Regionen eines Meeres mit ganz unterschiedlichen Mikroben besiedelt sein können (BEN-BARAK 2010).

Also nicht nur das menschliche Mikrobiom zeigt eine hoch individuelle Differenzierung, sondern nahezu jeder Ort auf dieser Welt wird in seiner Einmaligkeit repräsentiert durch eine spezifische Komposition von Kleinstlebewesen, die gewissermaßen den Umkreis in ihrer Zusammensetzung widerspiegeln. Dies führt uns zu den Mikroorganismen in der äußeren Natur.

Mikroorganismen in der äußeren Natur[9]

Über die Vielfalt der Mikroorganismen in der freien Natur können wir nur spekulieren; nicht einmal ein Prozent dieser Lebewesen ist überhaupt erforscht, was daran liegt, dass die meisten Bakterien sich nicht einzeln als isolierte Kolonie in Nährmedien kultivieren lassen in einem ähnlichen Sinne, wie einzelne Organe eines tierischen Organismus nicht isoliert lebensfähig sind.

Nach neuesten Schätzungen machen die Mikroorganismen den Hauptteil der gesamten Biomasse der Erde aus. Ihr Vorkommen erstreckt sich von den höchsten Luftschichten oberhalb von 15 km Höhe bis hinunter in 5000 Meter tiefe Erdschichten, wo sie in Millionen Jahre alten Sedimenten überdauern, wobei die Generationszeiten bis zu 1000 Jahre betragen. »Wir verstehen überhaupt noch nicht, wie die Bakterien so lange Zeit überleben können«. (CYPIONKA 2010). *Desulforudis audaxviator* (»einsamer Reisender«, *Abb. 5*) beispielsweise ist ein

---

[9] Das folgende Kapitel ist eine überarbeitete Textpassage aus T. Hardtmuth: Tiermast, Mikroorganismen und die Biologie der Moral. Die Drei 3/2015: 11–22.

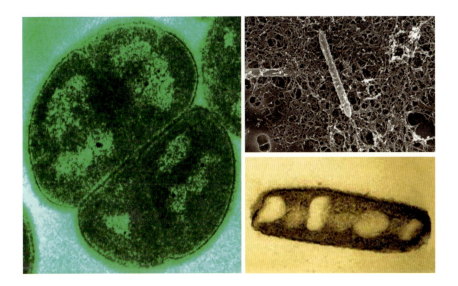

Abb. 5: Rechts oben *Desulforudis audaxviator* (Länge: 3,3 µm), aus einer Goldmine nahe Johannesburg, Südafrika. (Aus Wikipedia/Desulforudis audaxviator, Ausschnitt; Fotograf: unbekannt, gemeinfreies NASA-Bild)

Abb. 6: Links *Deinococcus radiodurans* (aus Wikipedia/deinococcus radiodurans; gemeinfreies TEM-Foto, aufgenommen im Labor von Michael Daly, Uniformed Services University, Bethesda, MD, USA)

Abb. 7: Rechts unten *Alkanivorax borkumensis* (aus Inside Surgery, Oil Eating Bacteria Alcanivorax borkumensis, June 3, 2010, http://insidesurgery.com/2010/06/oil-eating-bacteria/)

Mikroorganismus, der in der Goldmine Mponeng in Südafrika in 2700 Metern Tiefe gefunden wurde. Er überlebt dort völlig isoliert in 60°C heißem Salzwasser in 20 Millionen Jahre alten Felshohlräumen, wo sich kein Licht, kein Sauerstoff, kein CO_2 und keinerlei organisches Material befindet. Sein Stoffwechsel ist rein chemotroph, das heißt, er lebt von der Reduktion anorganischen Sulfats, wobei er seine Energie aus der radioaktiven Strahlung bezieht, die in diesen Tiefen herrscht und aus Wasser Wasserstoffperoxid als Elektronenspender freisetzt. *Desulforudis audaxviator* gehört zu den sogenannten Endolithen, wie wir sie innerhalb von Gesteinen finden, wo sie unter extrem kargen Bedingungen oft riesige Zeiträume überdauern.

Zu diesen »Extremophilen« gehört beispielsweise auch der *Deinococcus radiodurans (Abb. 6)*, der in der Stratosphäre oberhalb der Ozonschicht – niemand versteht, wie er dort hinaufkommt und was er dort macht – ebenso gefunden wird wie in den Kühlwasserkreisläufen von Kernkraftwerken. Er überlebt Strahlendosen von über 10.000 Gray, wobei seine DNA-Stränge regelrecht zerschossen werden und durch rätselhafte »Reparatur-Mechanismen« wieder zusammengefügt werden. Weit weniger als ein Tausendstel dieser Strahlendosis ist bereits absolut tödlich für den Menschen. Dass dieser Organismus im Inneren des havarierten Kernkraftwerks Tschernobyl munter gedeiht, ist eigentlich ein evolutionsbiologisches Kuriosum, denn nirgendwo auf der Erde herrschen oder herrschten nur annähernd so hohe Strahlendosen, an welche sich dieses Lebewesen hätte anpassen können. Noch erstaunlicher ist, dass *Deinococcus radiodurans* auch im Darm des Menschen vorkommt! Hier stellt sich die Frage, was ein Organismus, der solche außergewöhnlichen, an extreme Bedingungen angepasste Eigenschaften hat und hoch über den Wolken in kosmischer Strahlung lebt, gleichzeitig im menschlichen Darm macht?

Wir wissen heute, dass nicht nur viele geologisch-mineralogische Vorkommen wie Kalk, Apatit, Kohle und andere biogenen Ursprungs sind, sondern dass auch manche Erzlager (Bändererze) auf die Wirksamkeit sauerstoffproduzierender Mikroorganismen zurückzuführen sind.

Das Vorkommen dieser einfachsten Lebensformen ist ubiquitär, »sterile« Bereiche gibt es auf der Erde nicht. Ein Gramm Humus enthält etwa eine Milliarde Keime, darunter etwa 8000 verschiedene Arten, ein Teelöffel Meerwasser etwa eine Million und ein Kubikmeter Luft je nach Bedingungen 1000 bis zu mehreren Millionen, ein Milliliter Regen, Hagel oder Schnee im Durchschnitt 1700 Mikroben (CURTIS & SLOAN 2004). Auf der japanischen Insel Hokkaido wurde auf einem heißen, sauren Vulkanboden ein Urbakterium (Archaeon) namens *Picrophilus torridus* gefunden, das bei einer Temperatur von 60°C und bei einem pH-Wert von 0,7 gedeiht. Dieser Lebensraum entspricht einer heißen, verdünnten Schwefelsäure, die auf unserer Haut sofort schwere Verätzungen hervorrufen würde. Thermophile Bakterien wie der *Pyrodictium occultum* vermehren sich bei Temperaturen von 110°C im Bereich von Vulkanschloten am Meeresgrund, andere überlebten über 500 Tage an der Außenwand der Internationalen Raumstation ISS, also im offenen Weltraum, wo sie neben dem Vakuum extremen Temperaturschwankungen und Strahlungen ausgesetzt waren. Im Jahr 2000 wurden aus einem Salzkristall 250 Millionen Jahre alte Bakteriensporen wieder zum Leben erweckt (VREELAND & AL. 2000). Wir kennen Mikroorganismen *(Cupriavidus metallidurans)*, die aus einer hochgiftigen Goldchlorid-Lösung reines Gold in Form von Nanopartikeln herstellen oder das ebenfalls höchst giftige Arsen in ihren Stoffwechsel einbauen.

Das Stoffwechselrepertoir dieser Organismen und ihre Anpassungsfähigkeit an extremste Lebensräume scheinen unbegrenzt. Es gibt auf der Erde keine natürlichen

Stoffe, die nicht von den Mikroorganismen abgebaut werden. Ihre Vitalkräfte scheinen unerschöpflich: In den Bakterien bezwingt und beherrscht das Leben den Stoff in nahezu vollkommener Weise. Nur selten führen wir uns die Bedeutung dieses unsichtbaren Lebens vor Augen. Gäbe es keine Mikroorganismen, die Erde wäre nach kurzer Zeit übersät mit mumifizierten Leichen und abgestorbenen Pflanzen, die Substanzkreisläufe der Natur wären blockiert und das Leben würde nach kurzer Zeit unter seinen eigenen Erzeugnissen ersticken. Die Mikroorganismen bilden eine Art Urbiosphäre auf der Erde als Grundlage allen Lebens. Wir können von einer Umwelt-Homöostase sprechen, wenn wir die Milieustabilität in Erde, Wasser und Luft, wie sie hauptsächlich durch die Mikroorganismen aufrecht erhalten wird, ins Auge fassen. Wie die Haut- und Darmflora für unsere Gesundheit essenziell ist, so scheinen diese Kleinstlebewesen eine unabdingbare Voraussetzung für die Frische und Gesundheit der Natur zu sein. Nur selten macht man sich im Alltag bewusst, welche Leistungen diese Lebewesen nicht nur für Böden, Gewässer und die Frische der Luft, sondern auch in Kläranlagen, Kompostierwerken und auf Müllhalden sowie in der Geruchseliminierung vollbringen. Gäbe es keine Archaeen im Meeresboden, die das dort eingelagerte Methan verstoffwechseln, würden große Mengen dieses Treibhausgases frei werden und zu einer Klimakatastrophe führen (BOETIUS 2001).

Wir können die Mikroorganismen durchaus als Immunsystem der Erde bezeichnen, weil sie wie die Immunzellen im menschlichen Organismus jedes Fremdleben eliminieren und damit die Milieustabilität und Reinheit der Lebensräume gewährleisten. Wenn man heute die Menschen fragt, welche spontanen Assoziationen sie bei dem Wort Bakterien haben, so werden in den meisten Fällen Begriffe wie Krankheit, Seuche und Fäulnis genannt, was aber an der eigentlichen Natur dieser Wesen völlig vorbeigeht. Weniger als ein Tausendstel Promille dieser Organismen sind überhaupt pathogen; sie sind für die Gesundheit von Erde und Mensch weitaus bedeutender. Bei den in der neueren Zeit immer wieder vorkommenden enormen Ölverschmutzungen durch Tanker- und Bohrinselhavarien haben sogenannte hydrocarbonoklastische Bakterien größere Katastrophen immer wieder verhindert. *Alkanivorax borkumensis (Abb. 7)* beispielsweise ist ein Einzeller, der unter normalen Verhältnissen im Meer kaum nachweisbar ist, sich aber im Fall einer Ölpest rasant vermehrt und bis zu 90% der Gesamtpopulation in der entsprechenden Region ausmachen kann. Vor allem in südlichen, wärmeren Gewässern hat er durch die Aufspaltung des Rohöls und durch die Rückführung der Abbauprodukte in natürliche Kreisläufe zu einem erstaunlich schnellen Abbau der Verschmutzung beigetragen. Ohne diese Organismen wären die meisten Strände unserer Meere mit Schweröl verpestet und es gäbe vermutlich keinen Strand-Tourismus und keine Schönheit der Küsten mehr. Aber diese Lebewesen sind in der Öffentlichkeit unbekannt. Als im April 2010 die Bohrinsel »Deepwater Horizon« im Golf von Mexiko abbrannte und versank, strömten wochenlang Millionen

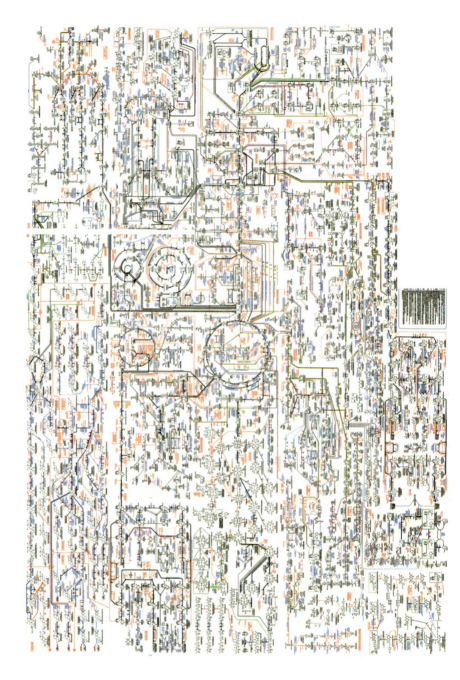

Abb. 8: Wandtafel der Biochemischen Reaktionswege (aus Biochemical Pathways, http://biochemicalpathwayswallchart.blogspot.de/2010/10/roche-biochemical-pathways-wall-chart.html)

Liter Rohöl ins Meer. Täglich berichteten die Medien mit Satellitenbildern von gigantischen Ölfahnen, die gegen die US-Küste zogen, und Horrorszenarien wurden an die Wand gemalt. Über die Mikroorganismen, die einzigen wirklichen Helfer und Retter bei dieser Katastrophe, wurde kein einziges Wort verloren. Hier wird eine krasse Schieflage im allgemeinen Wertekontext sichtbar, wenn man bedenkt, mit wie vielen Banalitäten wir täglich in den Nachrichten überschwemmt werden. Wenn man zudem berücksichtigt, dass Rohöl aus etwa 17.000 verschiedenen chemischen Verbindungen besteht, dann lässt sich erahnen, zu welch unglaublich komplexen Stoffwechselprozessen dieser Winzling (10.000 Exemplare in einer Reihe ergeben eine »Schlange« von einem Zentimeter) befähigt ist. Man darf ja nicht vergessen, dass die Natur den weitaus größten Zeitraum innerhalb der Evolution mit der Entwicklung der mikrobiellen Stoffwechsel-Fähigkeiten zugebracht hat; rund 3 Milliarden Jahre währte die Entwicklung des Lebens bereits, bevor die ersten Pflanzen und Tiere, wie wir sie heute kennen, entstanden sind.

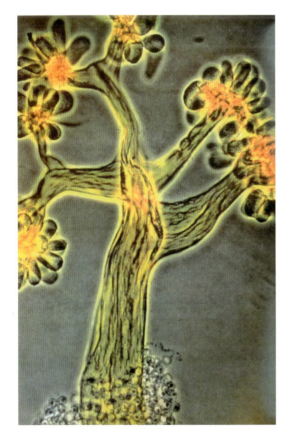

Abb. 9:
Aneinandergelagerte Myxobakterien (Aus MARGULIS & SAGAN 1999, S. 70)

Um es anschaulich zu machen, zeigt *Abbildung 8* die bekannte Wandtafel *Biochemical Pathways*, an der der Biochemiker Gerhard Michal sein Leben lang gearbeitet hat und die als mehrere Meter großes Poster in zahlreichen Instituten der Welt hängt. Darauf sind die Stoffwechselprozesse innerhalb lebendiger Zellen abgebildet, soweit sie uns bekannt sind. Die Tafel wächst jährlich und es ist zu vermuten, dass wenn das biochemische Fähigkeiten-Repertoire aller Bakterien – *Alkanivorax* ist ja nur einer von vielen hydrocarbonoklastischen Prokaryoten bzw. einer von Milliarden mikrobieller Spezies[10] im Meer – einmal detailliert erforscht sein sollten, dass die Poster dann die Häuserfassaden von Großstädten abdecken könnten. Auch als rationaler Wissenschaftler darf man vor dieser wohltätigen Intelligenz der Natur einmal innehalten und einen Moment einer offenen, vielleicht sogar demütigen Reflexion zulassen. Der Glaube, mit den gewohnten reduktionistisch-linear-monokausalen Denkmustern solche Prozesse aus der *Eigengesetzlichkeit der Einzelsubstanzen* heraus verstehen zu können, ist nicht nur völlig aussichtslos, sondern lähmt den Fortschritt in den Lebenswissenschaften.

Ein Milliliter Meerwasser enthält etwa eine Million Prokaryoten, zehnmal so viele Viren und unzählige Makromoleküle[11], freie RNA- Partikel und Fragmente, die alle als Botenstoffe und genetische Signalträger in einem vielschichtig interagierenden und wechselwirkenden Informationsaustausch stehen, um das ökologische Gleichgewicht zu halten. Das chemische Kommunikationsnetz der Einzeller wird auch als »Quorum sensing« bezeichnet, eine Art Abstimmungsverhalten untereinander, um anhand der Zelldichte systemische Prozesse wie beispielsweise eine Biofilm-Bildung zu initiieren, zu koordinieren und zu synchronisieren. Das »Quorum sensing« ist Teil einer Gestaltungpotenzialität der Mikroorganismen, auf das wir im Folgenden näher eingehen wollen.

Gestaltpotenzialität

Wir hatten anfangs gezeigt, wie zwei Bakterienspezies in einer gemeinsamen Nährlösung sich in ihrem nach außen gerichteten Stoffwechsel (Exometabolismus) nicht nur addieren, sondern als System kooperieren und dabei neue Fähigkeiten hervorbringen, die aus den Einzelkomponenten nicht verstehbar sind.

---

[10] Diese Zahl wird von John Barros, Universität Washington und Mitglied im Wissenschaftsrat des International Census of Marine Microbes (ICoMM) geschätzt (Zeit online 22.7.2010).

[11] In der Saragossasee wurden im Rahmen der Global Ocean Sampling Expedition allein 782 verschiedene Rhodopsine – das sind die Seh-Farbstoffe der Säugetiere – gefunden, die hier von den Mikroorganismen erzeugt werden (zit. aus KEGEL 2016).

Die *Abbildung 9* zeigt eine Gruppe von Myxobakterien, die sich hier im wässrigen Milieu zu einem baumartigen Gebilde zusammenlagern. Solche Myxococcen können einzeln (planktonischer Zustand) oder als Schwärme von tausenden Zellen auftreten, wobei sie durch chemische Signalstoffe (»Quorum sensing«) zusammengehalten werden. Bei Wasser- oder Nährstoffmangel geben sie ihr Einzeldasein auf und organisieren sich kooperativ zu einer Gestalt (Fruchtkörper) mit einer effizienteren Stoffwechsel-Ökonomie. Bei üppigerem Wasser- und Nährstoffangebot kann sich die Form auch wieder auflösen. Myxobakterien können als Übergangsformen von einzelligen zu mehrzelligen Organismen verstanden werden. Die stabile Form vielzelliger, höherer Organismen bleibt hier fakultativ im Sinne einer Gestaltpotenzialität. Bemerkenswert ist, dass der isolierte Einzelzustand im nährstoffreichen Milieu der vitalere ist und das Formelement erst bei reduzierter Stoffwechsellage in Erscheinung tritt. Die Farbgestaltung solcher Fruchtkörper kann unterschiedlich sein. Ein ähnliches, aber noch ursprünglicheres Verhalten finden wir bei den ältesten Prokaryoten, den Photosynthese betreibenden Cyanobakterien. Sie treten in grundlegenden geometrischen Elementarformen auf: Freischwimmend einzeln als Punkt gewissermaßen, in langen Fäden aneinandergereiht als Linie (z. B. *Anabaena*), in flächiger Anordnung bei der Gattung *Merismopedia* oder als dreidimensionale Körper bei *Microcystis*, einem kugelig bis unregelmäßig geformten Aggregat aus Cyanobakterien, die von einer Gallertmasse zusammengehalten werden. Da die Cyanobakterien neben dem Chlorophyll auch andere Strukturen zur Photosynthese besitzen, können sie nicht nur im gewohnten Blattgrün, sondern auch in verschiedenen anderen Farben erscheinen.

Insgesamt entsteht der Eindruck, als ob hier das Gestaltprinzip noch in einem ursprünglich-plastischen Spiel zwischen dem Flüssigen und Geformten hin und her schwingt bzw. die Bildekräfte noch lose, in einer Art Experimental-Modus mit der Substanz verbunden sind.

Die Hauptmasse der Mikroorganismen findet sich in der Natur in Form von Biofilmen. Jeder kennt den glitschigen Belag von Steinen in einem Bach oder an der Innenwand von Wasserleitungen. Grundsätzlich können alle natürlichen Oberflächen von mehr oder weniger dicken Biofilmen überzogen sein. Schwebstoffe in Gewässern sind meist Biofilme, die sich um ein winziges Sandkörnchen angelagert haben. Verschiedene Spezies von Mikroorganismen formen bei der Biofilmentstehung eine gemeinsame Schleimschicht, innerhalb derer die Mikroben eine ganz bestimmte Struktur ausbilden; sie organisieren sich in verschiedene Schichten, wobei auch andere Einzeller wie Amöben oder Flagellaten eingegliedert werden können. Je nach Abstand zur Oberfläche können aerobe und anaerobe Keime dicht beieinander liegen. Die gesamte Matrix des Biofilms ist dann von Poren, Kavernen und Transportkanälen durchzogen, wo die Nährstoffe, die von den an der Oberfläche sitzenden, meist begeißelten Mikroben aufgenommen werden, wie in einem Kreislauf- bzw. Stoffaustauschsystem verarbeitet werden. Auch hier begegnet uns wieder diese Neigung der Mikroorganismen, sich zu vielzelligen Organisationsformen zusammenzuschließen, wobei wir aber bei den Biofilmen nicht von eigenständigen Organismen, sondern mehr von symbiontischen Aggregaten sprechen müssen. Sie können dennoch den ältesten mehrzelligen Lebensformen zugerechnet werden. Die vermutlich ältesten Fossilien überhaupt sind 3,2 Milliarden Jahre alte Stromatolithen in Westaustralien (Pilbara Kraton). Dabei handelt es sich um biogenes Sedimentgestein, das primär von Biofilmen abstammt.

Vor diesem Hintergrund kommen wir wieder auf das menschliche Mikrobiom zurück und versuchen eine geisteswissenschaftliche Annäherung.

»Wir nehmen der Flora die Gedanken weg« (STEINER 1920)

Der menschliche Organismus ist nicht nur auf seinen äußeren Oberflächen und inneren Epithelien von Mikroben besiedelt. Vereinzelt sind diese entgegen früherer Vermutungen in nahezu jedem Organ – zum Beispiel im Blut, im Gehirn und sogar in der Plazenta – nachgewiesen worden, ohne dass dabei Krankheitserscheinungen vorliegen müssen. Unsere Gesundheit ist davon abhängig, dass die mutualistische Symbiose von Bakterien und Organismus in einem ausgewogenen Wechselverhältnis so erhalten bleibt, dass die Passung von leiblich-seelischer Verfassung, Umwelt und individuellem Mikrobiom stimmt. Wird diese Passung durch ein unangemessenes Überhandnehmen der Eigengesetzlichkeit einer der drei Größen zu sehr verändert, kommt es zu Krankheitsprozessen. Bei bakteriell entzündlichen Vorgängen machen sich die Mikroorganismen in ihrer Eigenwirksamkeit zu sehr geltend und es kommt zu Biofilm-Bildungen im Organismus, was bei gesunden Verhältnissen durch das Immunsystem verhindert wird. Bei Infektionen mit eitrigbakteriellen Belägen wie Pneumonien, Bronchitis, Angina, Schnupfen, Mittelohrentzündung bis hin zu schweren Infekten im Magen-Darm-Trakt wie Appendizitis, Divertikulitis, Colitis und vieles mehr handelt es sich im Grunde um Biofilm-Bildungen an der falschen Stelle. Auch bei Harnwegsinfekten, abszedierenden Hauterkrankungen und Knochenvereiterungen organisieren sich Mikroben-Gesellschaften zu Biofilmen, wodurch sie sich vor dem Zugriff des Immunsystems schützen. Der gesunde Organismus lässt dies normalerweise nicht zu, er verhindert die Entfaltung der Eigenwirksamkeit der Bakterien. Was wir die latente Neigung zur Bildung vielzelliger Organismen oder Gestaltpotenzialität genannt haben, weist uns nun auf einen bislang nur wenig beachteten, aber menschenkundlich fundamental wichtigen Zusammenhang hin. »Wir nehmen der Darmflora die Gedanken weg« – diese Bemerkung Rudolf Steiners vor einem Kreis von Ärzten und Medizinstudenten am 24. März 1920 in Dornach berührt einen zentralen Aspekt der medizinischen und biologischen Epistemologie, ohne den es zu erheblichen Konfusionen im Verständnis der hier behandelten Zusammenhänge kommt.

Es geht um die Frage nach den spezifischen Gesetzmäßigkeiten des Lebendigen, die aus physikalisch-chemischen Kausalbeziehungen allein nicht annähernd zu beantworten sind: Was macht einen Organismus zu einer stabilen, über die Zeit kohärenten Identität? Was organisiert die 80 Billionen Zellen eines menschlichen Körpers, in dessen jeder einzelnen Zelle tausende verschiedene Stoffwechselprozesse gleichzeitig ablaufen, zu einer sinnvollen Ganzheit? Was geschieht bei einem Absterbeprozess, wenn die Gesetzmäßigkeiten des Lebendigen plötzlich unwirksam werden und das Ganze in die Eigengesetzlichkeit seiner Teile auseinanderfällt? Was stellt die systemischen, umweltkorrelierten Zusammenhänge und Wechselbeziehungen her? Dass diese Fragen sich mit einem mechanistischen Denken nicht befriedigend beantworten lassen, ist eine auch außerhalb anthroposophischer Wissenschaft immer plausibler werdende Vermutung. Das einzige Argument, das den tradierten physikalisch-chemischen Reduktionismus in diesen Fragen immer noch überleben lässt, ist die beständig repetierte Option auf eine Lösung in der Zukunft, wenn Detailfragen näher geklärt sein werden. Aber die erkenntnistheoretischen Lösungsansätze sind schon da, sie müssen nur realisiert werden.

Um den Organisator der Lebensprozesse zu beschreiben, hat sich in der anthroposophischen Geisteswissenschaft der Begriff des Ätherleibes bewährt. Rudolf Steiner hat aber dafür mehrere unterschiedliche Bezeichnungen verwendet, um damit auch deutlich zu machen, dass es auf die Worte nicht ankommt, sondern auf das, was mit ihnen gemeint ist. Ohne diese Perspektive auf die ontologisch eigene, irreduzible Wirklichkeitsebene des Lebendigen ist auch die Bedeutung der Mikroorganismen im menschlichen Organismus nicht zu verstehen. Wir müssen an dieser Stelle etwas weiter ausholen, um den Sinn-Kontext nicht zu verlieren.

Als am Beginn der Aufklärung Isaac Newton der Legende nach 1665 in seinem Garten zu Woolsthorpe Manor saß und beobachtete, wie ein Apfel vom Baum fiel, kam ihm die entscheidende Frage, die später zur Entwicklung des Gravitationsgesetzes und mit zur Begründung des bis heute geltenden, mechanistischen Weltbildes geführt hat. Die zweite, gleichsam naheliegende Frage, wie der Apfel eigentlich da hinaufkommt, hat Newton dabei nicht gestellt, obwohl sie wissenschaftlich von ebensolcher Tragweite gewesen wäre, denn für das in der Pflanzenwelt wirksame Levitationsgesetz gibt es bis heute keine dem Gravitationsgesetz analoge »Formel«. Auch René Descartes, ebenfalls ein entscheidender Wegbereiter der Aufklärung, hatte die Frage nach dem Lebendigen nicht konkret im Visier seiner Überlegungen. Daher dividierte er das Seelisch-Geistige und das Physische in einem dualistischen Weltbild auseinander, was im Prinzip eine Art abstrakte Notlösung war, denn die Frage des Leib-Seele-Zusammenhangs war damit ja nicht gelöst, sondern nur die

Erkenntnisschwierigkeit des Ätherischen zu einer Welt-Tatsache umformuliert. Für Descartes gab es die Dinge des Geistes, die »res cogitans« und daneben nur die »res extensae«, die äußeren materiellen Dinge der Welt, die im Gegensatz zu den »res cogitantes« als Körper eine Ausdehnung im Raum haben. Ein wirkliches Bindeglied zwischen Leib und Seele bzw. zwischen Geist und Gehirn – was wir das Ätherische nennen – konnte er nicht entdecken. Daher waren für Descartes auch alle belebten Erscheinungen der Welt, Pflanzen, Tiere und auch der menschliche Organismus, reine Maschinen, die bis in die Zellen und Moleküle hinein den mechanistischen Gesetzen der Physik folgen. Eine erkenntnistheoretische Grundeinstellung, die bis heute das naturwissenschaftliche Denken bestimmt, obwohl sich die meisten modernen Forscher nicht bewusst sind, dass die methodischen Grundlagen ihrer Erkenntnisgewinnung auf die Descartes'schen Denkoperationen aus dem 17. Jahrhundert zurückgehen. *Ohne ein Verständnis des Ätherischen kann man das Lebendige nur mechanistisch denken.* So revolutionär und befreiend das cartesianische Weltbild für das Geistesleben der damaligen, vom Mief dekadenter, aristokratischer und klerikaler Machteliten betäubten Zeit und für die Entwicklung der technischen Errungenschaften auch war, so überholt ist es heute hinsichtlich der entscheidenden Fragen in den Lebenswissenschaften wie Medizin und Biologie (Rosslenbroich & Heusser 2010, Rosslenbroich 2016). Erstaunlicherweise waren es gerade auch die Physiker, die die Gesetzmäßigkeiten der Materie so weit durchdacht und durchdrungen haben, dass sie in den Grenzbereich zur ätherischen Welt vorgedrungen sind.

> *»(…) die Natur ist, das war meine Überzeugung, so gemacht, dass sie verstanden werden kann. Oder vielleicht sollte ich richtiger umgekehrt sagen, unser Denkvermögen ist so gemacht, dass es die Natur verstehen kann (…). Es sind die gleichen ordnenden Kräfte, die die Natur in allen ihren Formen gebildet haben und die für die Struktur unserer Seele, also auch unseres Denkvermögens verantwortlich sind.«*

Was Werner Heisenberg 1969 hier in seiner autobiografischen Schrift aus der Sicht des Physikers formuliert, ist eine Perspektive auf das Ätherische. Noch entschiedener hat das sein Schüler Hans-Peter Dürr ausgesprochen: »*Es gibt keine Materie, es gibt nur das Dazwischen (…)*«. Für Interessierte sei dazu ein Video bei Youtube[12] empfohlen, wo eindrucksvoll zu erleben ist, wie Dürr nach Worten ringt, um die Realität dieser Wirklichkeitsebene deutlich zu machen, aber eben nicht vom Standpunkt der anthroposophischen Geisteswissenschaft, sondern vom Standpunkt des Elementarphysikers. Die Sprache, die das Ätherische beschreiben will, rennt heute noch sisyphosartig gegen ein Bollwerk schwerfälliger Denktraditionen an.

---

[12] https://www.youtube.com/watch?v=rT6ekqvt42k

Rudolf Steiner hat immer wieder betont, wie wichtig die Erkenntnis ist, dass in unserem Gedankenorganismus Gesetzmäßigkeiten wirksam sind, die eben **nicht getrennt** von der äußeren Natur im Sinne des Dualismus sind:

> »*Es ist von der allergrößten Bedeutung zu wissen, dass die gewöhnlichen Denkkräfte des Menschen die verfeinerten Gestaltungs- und Wachstumskräfte sind.*« (STEINER & WEGMAN 1925)

Es ist hier nicht der Rahmen, die Dimensionen des Ätherischen auch nur annähernd auszuleuchten; dies ist eine ganze Wissenschaft für sich, aber die für unser Thema relevanten Aspekte sollen hier kurz skizziert werden. Das Ätherische verhält sich grundsätzlich polar zu den physischen Gesetzmäßigkeiten. Auch das Ätherische besteht aus Gesetzmäßigkeiten, die aber nicht in den Substanzen selbst liegen; das Lebendige ist keine Eigenschaft der Materie, es überwindet vielmehr fortwährend die Eigengesetzlichkeit der »toten« Stoffe, weil sonst die Organismen krank würden. Im Todesprozess fallen die Substanzen aus der ätherischen Gesetzmäßigkeit heraus und gliedern sich der unbelebten, mineralischen Natur wieder ein.

Der zentrifugal zur Peripherie des Kosmos hinstrebende Wachstumsgestus der Pflanzen ist der physischen Gravitationskraft entgegengesetzt. Wie in der physischen Welt alle Dinge im Raum getrennt sind, so ist das Ätherische grundsätzlich das »Dazwischen«, was den Zusammenhang der getrennten Dinge wieder herstellt. Ein lebendiger Organismus ist in erster Linie ein hochkomplexer *Zusammenhang*. Wir sind uns ja nicht bewusst, dass die gewöhnliche Wahrnehmung einer Ganzheit – eine Landschaft, ein Musikstück oder eine Erzählung, die aus unzähligen »Einzelinformationen« aufgebaut ist – kein physikalischer, sondern ein ätherischer Vorgang ist, den die Neurowissenschaften bei ehrlichem Eingeständnis bis heute nicht annähernd erklären können (Bindungsproblem). Die konkrete Realisierung der ätherischen Wirklichkeitsebene beginnt dort, wo wir unseren eigenen Gedankenorganismus nicht mehr aus dem Kontext der (wissenschaftlichen) Weltbeschreibung eliminieren, wie das bis heute – als Erblast des Cartesianismus – der Fall ist. Die Weltbeschreibung bleibt dadurch unvollständig und damit »halbwahr«, weil dabei übersehen wird, dass es ja unsere Gedanken sind, die den Kontext herstellen.

Das Ätherische ist grundsätzlich das Zusammenhang-Schaffende in der Zeit. Unsere Gedanken »bestehen« aus Äther, sie sind *zusammenhangschaffende Gebilde*. Eine Krankheit wie beispielsweise die Alzheimer-Demenz ist ohne Ätherbegriff nicht zu verstehen, weil es die Zusammenhang stiftenden Kräfte hinsichtlich Raum, Zeit und Bedeutung sind, die sich bei dieser Krankheit vorzeitig erschöpfen (HARDTMUTH 2011). »*Meine Welt um mich zerbröselt in Stücke*«, dieses Zitat eines Demenzpatienten bringt es gewissermaßen auf den Punkt (BAER 2007). Ohne Ätherwissenschaft wird das, was Gedanken sind, völlig unverständlich bleiben. Wenn wir in der Wissenschaft nach Gesetzmäßigkeiten suchen, tun wir eigentlich nichts anderes, als die äußeren Gesetzmäßigkeiten der Welt in unserem eigenen, individuellen Ätherleib vermittels unserer Gedanken aufzusuchen, weil sie dort ebenso gelten bzw. eingeschrieben sind. Wenn wir einen äußeren Naturzusammenhang erfasst haben, dann entnehmen wir die Erfahrung des Wahren, der Stimmigkeit und Tragfähigkeit eines Gedankens aus unserem »gescheiten« Ätherleib.

»Und sobald man beim Menschen vom physischen Leib zum Ätherleib vordringt, so ist dieser Ätherleib durch und durch aus Gedanken bestehend, aber die Gedanken wirken als Kräfte. Wir sind ganz durchzogen von Gedanken, überall durchsetzt von Gedanken, aber die Gedanken wirken als Kräfte. Der Ätherleib ist voller Gedanken. Er ist eine Art Auszug, eine Art Extrakt aus dem Äther der Welt, und der Äther der Welt ist wirksame Gedankenwelt. Und daher gilt es, daß tatsächlich der Ätherleib des Menschen etwas außerordentlich Gescheites ist, wenn ich mich so ausdrücken darf, voller lichtvoller und widerspruchsloser Gedanken ist.« (STEINER 1923)

Unsere Gedanken haben also dieselbe ätherische »Grundsubstanz«, die auch in allen anderen Lebensprozessen organisierend wirksam ist, nur mit dem Unterschied, dass unsere Gedanken im gewöhnlichen Sinne einen Abbild-Charakter als reine Vorstellung haben. Erreichen unsere Gedanken aber durch eine entsprechende Intensivierung und durch ein immer höheres Maß an Übereinstimmung mit den Lebens-Gesetzmäßigkeiten der äußeren Welt die Ebene der »Kräfte«, wie es R. Steiner oben beschreibt, dann haben wir es mit den höheren Bewusstseinsstufen zu tun. Höheres Bewusstsein ist nicht ein entferntes Bewusstsein im Sinne von hoch oben, sondern ein Zustand intensiverer geistiger Lebendigkeit, eine wirklichkeitsgemäße Kräfte-Erfahrung.

Kommen wir vor diesem Hintergrund auf die Mikroorganismen zurück. Was bedeutet nun dieser etwas seltsame Satz Steiners, wir würden der Darmflora die Gedanken wegnehmen? Bedenken wir den oben genannten wichtigen Punkt: Der Ätherleib des Menschen ist ein »Extrakt« aus dem Äther der Welt. Nur aus dieser Tatsache wird die Umweltoffenheit und phänomenale Gehirnplastizität des Menschen verständlich[13]. Dass wir ausnahmslos zu allem in der Welt in eine gedankliche und fühlende Beziehung, in einen lebendigen Zusammenhang treten können, verdanken wir unserem Ätherleib, der eine Essenz der Welt-Gesetzmäßigkeiten enthält, wodurch unsere Gedankenwelt so voraussetzungslos offen ist. Im Bewusstsein des Menschen hat quasi die ganze Welt Platz. Damit hängt nun zusammen, dass die Darmflora in uns eine Art Extrakt der Urbiosphäre, einen individualisierten Auszug aus dem ursprünglichen »Prokaryoten-Organismus« (SIMON 2008) der Erde darstellt. Die Bildekräfte, die im Laufe der Evolution aus diesem Ur-Leben die ganze

---

[13] Dass dabei auch die anderen Wesensglieder beteiligt sind, braucht hier nicht ausgeführt zu werden.

Vielfalt der Lebensformen hervorgebracht haben, sind in uns ebenso wirksam, *nur werden sie nicht zu Pflanzen und Tieren, sondern zu Gedanken*. Ein zunächst vielleicht sehr befremdlich anmutender Gedankengang, weil die noch relativ junge Bildekräfte- bzw. Ätherforschung noch schwer mit den wuchtigen Gegenwinden aus unterschiedlichen Gegenden mechanistischer Denktraditionen zu kämpfen hat. Was wir der Darmflora wegnehmen, ist die Gestalt-Potenzialität der Mikroorganismen, die ständig nach den vielzelligen Formen hinstrebt, was aber dadurch verhindert wird, dass der Mensch ein denkendes Wesen ist. Diese latenten Formtendenzen werden im Organismus, außer im Krankheitsfall, nicht zugelassen. Indem unser Immunsystem die biologische Entfaltung dieser plastischen Kräfte unterbindet, tauchen sie metamorphosiert als Bildeprinzipien bzw. als Gesetzmäßigkeiten innerhalb der Gedankengestaltung wieder auf. Daher rührt nicht nur der Zusammenhang von mikrobieller und psychiatrischer Pathologie, sondern auch die funktionell enge Verwandtschaft zwischen Nerven- und Immunsystem (HARDT-MUTH 2009).

Die Prokaryotenwelt und das Gehirn stellen eine Art Alpha und Omega der Evolution dar und zwischen beiden polaren Lebenserscheinungen besteht ein vielschichtiger Zusammenhang, der seine höchst interessanten, für eine zukünftige Medizin noch gar nicht absehbaren Dimensionen gerade erst zu enthüllen beginnt. Denken wir uns als Nächstes eine evolutive Reihe, wie sich das Leben vom Einzeller im Meer über die verschiedenen Gewebe und Zellverbände bis zur hochkomplexen Struktur des Gehirns entwickelt hat.

Vom Prokaryoten-Organismus zum Gehirn

Wie wir gesehen haben, sind die Prokaryoten im höchsten Maße umweltadaptiv. Bis in die extremsten Lebensräume hinein bilden sie optimal angepasste Populationen. Sogar innerhalb desselben Habitats bilden sich ortstypisch stabile Kollektive, wie wir sie beispielsweise auf der Haut oder in Gewässern finden. Das Leben der Prokaryoten ist also in hohem Maße sensibel umkreisoffen wie unsere Gedankenorganisation. Die spezifische Eigenart mikrobieller Populationen ergibt sich weniger aus den Genstrukturen der einzelnen Spezies, sondern ihr Verhalten ergibt sich aus dem Umweltkontext, in den sie eingebettet sind, was wir auch als phänotypische Plastizität bezeichnen können.

Wenn wir etwas Neues aufnehmen aus der Welt – wir lesen beispielsweise diesen Text, sehen ein uns unbekanntes Bild oder hören erstmals eine Melodie –, dann bilden sich in diesem Moment sogleich Tausende neuer Synapsen in unserem Gehirn, worin die physische Grundlage dafür gegeben ist, dass wir das Aufgenommene später wieder erinnern können. Damit diese Neubildung der Synapsen stattfinden kann, muss das Genom unserer Nervenzellen ständig umgeformt werden, denn es handelt sich ja um neue Erfahrungen, die mit entsprechenden, neuen, adaptiven, synaptischen Umbauprozessen einhergehen. Die Bildeprinzipien der neuronalen Netzwerkstrukturen können hier nicht auf Altes zurückgreifen, aber sie brauchen das Alte, um an dieses plastisch anzuknüpfen. Ein ähnlicher Prozess, der damit eng verwandt ist, sind die spezifischen Antikörperbildungen innerhalb des Immunsystems; es gibt Milliarden verschiedener organischer Verbindungen auf der Erde. Wenn wir in ein weit entferntes Land reisen und dort von einem Insekt gestochen werden, dessen Gift für uns völlig unbekannte chemische Verbindungen enthält, dann findet unser Immunsystem dennoch den richtigen Antikörper, der zu dem Gift passt wie ein Schlüssel in ein Schloss. Auch hier findet immunologisch eine sogenannte genetische Rekombination statt, das heißt, das Genom der Immunzellen wird (vom Ätherleib) so transformiert, dass die passende Reaktion auf das erfolgt, was aus der Umwelt kommt. Nicht nur der Phänotyp, sondern auch der Genotyp der Immun- oder der Nervenzelle wird also ganz aus dem Umkreis geformt. Auch hier bewahren wir im immunologischen Gedächtnis eine »Erinnerung« an das Neu-Aufgenommene, wobei aber diese Vorgänge unterhalb der Bewusstseinsschwelle verbleiben. Neurobiologisch sind mentales und immunologisches Gedächtnis eng verwandt.

Ein drittes Beispiel sei genannt, das für das Verständnis des Ätherischen als Umkreis-Wirk-Prinzip in unserem Zusammenhang hilfreich ist: Der US-amerikanische Biologe James A. Shapiro und der Biophysiker Eshel Ben Jacob von der Universität Tel Aviv haben Experimente mit Bakterienkolonien durchgeführt und sie einem gewissen Selektionsdruck ausgesetzt. Dabei wurden Bakterien auf einem Nährmedium angesetzt, dessen Substrate aber für diese Bakterienspezies unverdaulich waren. Dies führte nun zu einem genetischen Umbauprozess innerhalb der Kolonie. Shapiro spricht von bakteriellen Gen-Ingenieuren, die mit demselben Instrumentarium, wie es in modernen gentechnischen Laboren verwendet wird (Plasmide, Bakteriophagen, Transposome) ihr eigenes Genom so weit neu strukturiert haben, dass sie innerhalb von zwei Tagen einen Weg fanden, die Nährstoffe nun doch zu verdauen. Zahlreiche weitere Experimente konnten solche intelligent-adaptiven Mutationen der Bakterien nachweisen (SHAPIRO 1992, BLOOM 1997). Es sei nochmals betont, dass der »gescheite Ätherleib« seine Gestaltungsimpulse *nicht* aus der Eigengesetzlichkeit der biochemischen Substanz, sondern aus den peripheren Lebenszusammenhängen bezieht.

Das Studium der Mikroorganismen ist ohne Umkreisorientierung wenig ergiebig. Diese umkreisoffene Plastizität der Bakterien spricht sich auch in ihrem lateralen Gentransfer aus:

»Diesen lateralen Gentransfer betrafen offensichtlich weniger sogenannte Strukturgene, welche für grundlegende Stoffwechselvorgänge wie DNS-Replikation, -Transkription und Proteinsynthese codieren, sondern vielmehr Gene, welche für Enzyme im Zusammenhang mit der Stoffaufnahme, Energiegewinnung und dem Abbau von chemischen Verbindungen codieren, also Eigenschaften, die viel stärker im Zusammenhang mit dem nach außen gerichteten Stoffumsatz stehen.« (SIMON 2008)

Zum Beispiel verbreiten sich Antibiotika-Resistenzen über den lateralen Gentransfer. Wie Simon weiter schreibt, weist der in tropischen und subtropischen Ozeanen mit bis zu 30% am gesamten Prokaryoten-Bestand beteiligte *Pelagibacter ubique* das kleinste Genom aller bisher bekannten kernlosen Einzeller auf. Solche und noch kleinere Genome besitzen sonst nur *obligat (endo)-symbiotische und parasitische Prokaryoten, die allein jedoch gar nicht lebensfähig sind, sondern auf ihre Wirtsorganismen als ihre besondere Umwelt angewiesen sind, bzw. als Teil dieses Wirtsorganismus betrachtet werden können.* Aus dieser Perspektive kann man die freilebenden Prokaryoten als Endosymbionten des Erdorganismus betrachten; sie sind eigentlich keine kernlosen Einzeller, sondern sie sind Kerne mit einem gemeinsamen Zytoplasma wie in einem Synzytium, wobei das Zytoplasma hier gleichsam dem gesamten Ökosystem entspricht, in dem sie leben.

Das Verhältnis eines gewöhnlichen, nach außen abgegrenzten Organismus zur ursprünglichen Prokaryoten-Sphäre der Erde könnte man mit dem Kreisflächenverhältnis von umgrenzter Innen- zur unendlichen Außenfläche vergleichen. Der Stoffwechsel eines tierischen oder pflanzlichen Organismus ist binnenzentriert, auf die Erhaltung der eigenen Gestalt. Bei den Prokaryoten herrscht der Außenstoffwechsel vor, indem sie die ökologischen Homöostasen von ganzen Systemen – Gewässer, Böden, Atmosphäre, bis hin zu höheren Organismen – beeinflussen bzw. stabil erhalten.

Gehen wir weiter in der Entwicklungsreihe der Gewebe von der Urbiosphäre zum Gehirn *(Abb. 10)*. Dem planktonischen Urzustand der Bakterien verwandte Erscheinungen sind das lymphatische Protoplasma als gemeinsames Medium aller Körperzellen oder das Blut als gemeinsames Zytoplasma der kernlosen Erythrozyten. Die nächste Verdichtungsstufe in dieser evolutionären Reihe der Zellgewebe zeigt sich als Synzytium, ein jetzt nicht mehr flüssiges, sondern beginnend geformtes Gewebe, wie wir es in der Muskulatur als »geronnene Strömungsgestalt des Blutes« finden. Auch die Plazenta als halbflüssiges, wenig geformtes Organ zeigt den synzytialen Gewebetyp; wie die Lymphe und das Blut ist die Plazenta eine Art Proto-Organ, das noch näher bei dem vitalen, plastisch-ätherischen Urzustand der Prokaryotensphäre angesiedelt ist. Was sich innerhalb des Embryos später in die verschiedenen Organtätigkeiten differenziert, vereinigt die Plazenta als peripheres Universalorgan; sie ist Lunge, Niere, Leber, Darm und endokrines Organ in einem.

Sie hat einen der Bakterienwelt analogen Universalstoffwechsel. Die Embryogenese als plastisch-dynamischer Vorgang setzt diesen Verinnerlichungs- und Abgrenzungsprozess bei der fortschreitenden Entwicklung der Organismen ins Bild.

In einem nächsten Schritt erscheinen dann die verschiedenen, gegeneinander abgegrenzten Organgewebe, wo die einzelnen Zellen durch Membranen und Wandstrukturen ihre eigene Binnensphäre mehr und mehr abschließen, aber immer noch über den Extrazellulärraum als Kommunikations- und Stoffaustauschmedium verbunden bleiben. Der Extrazellulärraum kann als primäres Wirkungsfeld des Ätherischen verstanden werden. Feste Strukturen wie Zellwände und vor allem die Gene unterliegen tendenziell mehr den physischen Kräften, indem sie mehr bleibende, relativ stabile Strukturen schaffen.

Auf dem weiteren Weg zur festeren Formgebung finden wir nun im Gehirngewebe eine Vorstufe zur Knochenbildung: »*Man wird das Gehirn des Menschen nur begreifen, wenn man in ihm die knochenbildende Tendenz sehen kann, die im allerersten Entstehen unterbrochen wird.*« (STEINER & WEGMAN 1925, siehe dazu auch BRETTSCHNEIDER 2014 und GEHLIG 2016)

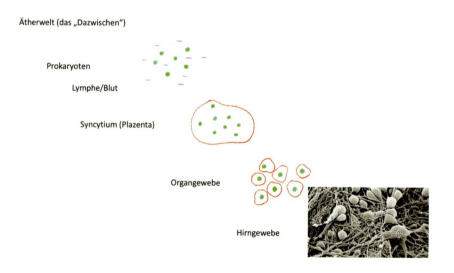

Abb. 10: Zunehmende Formgebung und Verdichtung der Gewebe (Zeichnung: T. Hardtmuth, Bild: Hirngewebe aus http://www.br.de/mediathek/video/sendungen/geist-und-gehirn/neuronen-rechnen-100.html)

Laut dem Anatom Johannes W. Rohen besitzt das Gehirngewebe keinen Extrazellulärraum im gewöhnlichen Sinne (ROHEN 2000). Der Ur-Extrazellulärraum ist das global-biosphärische Kommunikationsmedium der Prokaryotenwelt, der gemeinsame Raum, innerhalb dessen das »Quorum sensing«, der horizontale Gentransfer sowie noch weitere, unzählige Signalstoffe zwischen den Zellen vermittelten. Dieses »Dazwischen« als Wirkungsfeld des Ätherischen wird im Gehirngewebe so weit in Richtung Knochen verdichtet, dass es sich als Zusammenhang schaffendes Prinzip anatomisch-strukturell realisiert. Der »kommunikative Zwischenraum« erscheint als neuronales Verbindungs-Netzwerk und bildet die physische Grundlage der Gedankenbildung. Das menschliche Großhirn ist aus etwa 100 Milliarden Nervenzellen aufgebaut, wobei jede einzelne bis zu 20.000 *variable* synaptische Verbindungen mit anderen Nervenzellen aufbauen kann. Hierdurch ergibt sich eine Zahl von möglichen »Verschaltungszuständen« des Gehirns, die rein mathematisch die Anzahl der Atome des Universums bei Weitem übersteigt. Hierin liegt die neurobiologische Voraussetzung für die voraussetzungslos weltoffene Plastizität der Gedankenbildung. Das Beziehungsgefüge der Axone, Dendriten und Synapsen des Gehirns muss man sich vorstellen als einen auskristallisierten[14] Extrazellulärraum:

> *»(...) das Gehirn ist gleichsam herauskristallisiert aus dem ätherischen Leibe und in demselben so darin, dass man es vergleichen könnte mit einer Wassermenge und einem Stück Eis, das darin schwimmt, wenn man das Wasser mit dem ätherischen Leibe vergleichen wollte und das Eis mit dem aus dem ätherischen Leibe herauskristallisierten physischen Leibe.«* (STEINER 1912)

Form und Funktion sind ätherisch gesehen dasselbe. Um es bildhaft auszudrücken: Wenn wir denken, schneit es in uns! Gedanken sind aus dem flüssig strömenden Äther heraus abgeformte Strukturen wie die Schneekristalle, die aus dem »ätherischen Himmelsblau«[15] als Geformtes in ihrer jeweiligen Einmaligkeit herausfallen. Die Gesetzmäßigkeiten des Ätherischen werden im Gehirn so weit anatomisch konkret als dynamisches, synaptisches Beziehungsmuster realisiert, dass die immateriellen Gedanken *leiblich geboren* werden können, dass wir sie mit unseren physischen Mundwerkzeugen aussprechen können, damit sie sich physisch überhaupt in der Welt realisieren. Dazu brauchen wir das Gehirn; es bringt die Gedanken nicht hervor, es macht sie leibfähig. Seine bioelektrischen Erregungsmuster stellen

---

[14] Dass wir in der Computer- und Halbleitertechnologie die Kristallgitterstrukturen von Silizium als Datenspeicher-Medium verwenden, kann durchaus in Analogie zu den Gehirnprozessen gesehen werden, nur mit dem Unterschied, dass es sich bei den neuronalen Netzwerken um »lebendige Kristallgitter« und nicht um starr vorprogrammierte Gebilde handelt. Silizium ist als Spurenelement im Knochenaufbau und als anthroposophisches Heilmittel für die Kopforganisation von Bedeutung.

[15] Der Begriff Äther stammt vom griechischen »aithér« (lat. »aither«), was »blauer Himmel« bedeutet.

gleichsam einen physischen Abdruck der Gedankentätigkeit dar. Wie die Prokaryotensphäre als Empfängerfeld für Gestaltimpulse aus der Peripherie offen ist, so ist das Gehirn eine Art Resonanzkörper der Ätherwelt, welcher das Lebendig-Dynamische des Ätherischen quasi gerinnen lässt und gleichsam zu einzelnen *Fest-Stellungen* zerlegt oder besser zerformt. Der Äther verhält sich zum Gehirn wie das Licht zum Auge. Wie das Auge aus den Gesetzmäßigkeiten des Umkreis-Lichts gebildet ist, so das Gehirn aus der allgemeinen Umkreis-Lebendigkeit, was wir das Ätherische nennen. Die neurobiologische Forschung hat in den letzten Jahren zahlreiche Belege hervorgebracht, wie die Grundstrukturen insbesondere der kindlichen Gehirnarchitektur sich weniger aus den Genen als vielmehr aus dem Umfeld konstituieren (RITTELMEYER 2002, SPECK 2008, HÜTHER 2016).

Nervenzellen sind genauso unspezifisch wie einzelne Mikroben innerhalb eines Kollektivs. Eine Nervenzelle kann an der Repräsentation tausender Bewusstseinsinhalte beteiligt sein, wie auch ein einzelner Mikroorganismus innerhalb verschiedenster Biotope ein ganz unterschiedliches Verhalten zeigt.

An einer anderen Stelle spricht R. Steiner vom Gehirn als einem weiterentwickelten Darminhalt:

» Was ist Hirnmasse? Die Hirnmasse ist einfach zu Ende geführte Darmmasse (…) der Darminhalt ist seinen Prozessen nach durchaus verwandt dem Hirninhalt.« (STEINER 1924)

Auch diese oft missverstandene und von vielen als verwirrend erlebte Aussage wird klarer, wenn man statt Darmmasse den Begriff Mikrobiom verwendet. Etwa 1,5 Kilogramm Bakterien leben in unserem Darm, das ist die Hauptmasse des Darminhalts. Es gilt, die Verwandtschaft von Gehirn und Mikrobiom hinsichtlich der umkreisoffenen Plastizität zu verstehen. In der ursprünglichen Prokaryotenwelt war noch keine Trennung zwischen Innen und Außen, alles war eins. Wir können da noch nicht von Organismen sprechen, die einer Umwelt gegenüberstehen in einem dualen Subjekt-Objekt-Verhältnis. Dieses plastische Ur-Medium des Lebendigen erscheint im Menschen metamorphosiert als voraussetzungslos umkreisoffene Gedankenorganisation, durch die die Subjekt-Objekt-Grenze fortwährend überbrückt wird.

Die ursprüngliche Prokaryotensphäre der Evolution kommt im Gehirn in gewisser Weise zu Ende, wird zum Leichnam im »kristall-artigen« Hirnbildeprozess und erwacht neu als plastische Kraft im menschlichen Gedankenorganismus. Man könnte auch sagen, durch den Menschen beginnt eine Art neue Evolution durch die freie Denktätigkeit eines individualisierten Weltwesens.

Das menschliche Gehirn als evolutionsbiologischer Kontrapunkt zur Ur-Biosphäre ist das physisch am meisten gegen die Umwelt abgegrenzte Organ; kein

Organ hat anatomisch so viele Hüllen und physiologische Immunbarrieren (Blut-Hirn-Schranke, Myelinschichtung) wie das Gehirn. Hierin liegt die Voraussetzung für die Autonomie unseres Gedankenlebens. Polar zu dieser isolierenden steht die re-integrierende, ätherische Qualität der Gedanken. Sie sind das Zusammenhang schaffende Element zwischen Subjekt und Objekt. Wir überwinden – oder sagen wir besser *heilen* – dieses Abgetrennt-Sein-von-der-Welt ständig durch unsere Denktätigkeit.

Ein erweiterter Organismusbegriff ergibt sich zum einen aus dem Tatbestand, dass es keine isolierten Organismen gibt und alles Lebendige koevolutiv über unzählige Wechselbeziehungen verbunden ist. Ausgangslage für eine solche integrale Biologie ist die mikrobielle Ur-Biosphäre als eine Art plastischer Holo-Organismus. Zum zweiten realisiert ein solcher Organismusbegriff, dass die menschliche Gedanken-Tätigkeit nicht aus dem Kontext der Lebenserscheinungen eliminiert werden kann, sondern konstituierende und integrierende Voraussetzung jeder Wirklichkeitserfahrung ist. Das menschliche Gehirn als vorläufiger Endpunkt der Evolution setzt die ursprüngliche Plastizität des Anfangs wieder frei und das Gedankenleben des Menschen erwacht gleichsam zu einem neuen Holo-Organismus. Die menschliche Denktätigkeit wird zum Re-Integrator der Naturerscheinungen, worin letztlich die eigentliche Verantwortung aller Wissenschaft liegt.

Literatur

Baer, U. (2007): Innenwelten der Demenz, S.67. Neukirchen-Vluyn
Ben-Barak, I. (2010): Kleine Wunderwerke – die unsichtbare Welt der Mikroben, S. 213. Heidelberg
Bik, E. M. (2016): The hoops, hopes, and hypes of human microbiome research. Yale J. Biol. Med. 89(3): 363–373
Bloom, H. (1997): Von sozialen Synapsen zu sozialen Nervensträngen: Komplexe, adaptive Systeme im Jurassic-Zeitalter. Internet, Telepolis 02. August 1997
Boetius, A. (2001): Tiefseeforschung: Anaerobe Oxidation von Methan durch eine mikrobielle Symbiose. Biospektrum 6: 536–538
Brettschneider, H. (2014): Die Sinnlichkeit des Menschen. Der Leib als Instrument der freien Weltzuwendung des Selbst. Jahrbuch für Goetheanismus 2014: 265–287. Niefern-Öschelbronn
Buesing, N. & al. (2009): Microbial communities in contrasting freshwater marsh microhabitats. FEMS Microbiology Ecology 69(1): 84–97
Clemente, J. & al. (2015): The microbiome of uncontacted Amerindians. Science Advances 1(3): e1500183. doi: 10.1126/sciadv.1500183
Costello, E. K. & al. (2012): The application of ecological theory toward an understanding of the human micro-biome. Science 336: 1255 ff.
Curtis, T. P., Sloan, W. T. (2004): Prokaryotic diversity and its limits: microbial community structure in nature and implications for microbial ecology. Current Opinion in Microbiology 7(3): 221–222
Cypionka, H. (2003): (Paläomikrobiologe), Vortrag Universität Oldenburg am 8.1.2003: Reise in die tiefe Biosphäre. http://www.pmbio. icbm.de/download/biosphaere.pdf
Dash, S. R. (2015): Achse Darm-Gehirn: Was das Mikrobiom mit Demenz, Multipler Sklerose und Depression zu tun hat. Medscape 17. Apr. 2015
De Francesco, L. (2012): Life technologies promises $1,000 genome. Nat. Biotechnol. 30: 126
Dürr, H.-P. (2008): https://www.youtube.com/watch?v=rT6ekqvt42k
– (2012): Es gibt keine Materie. Amerang
Ege, M. & al. (2011): Exposure to environmental microorganisms and childhood asthma. New Engl. J. Med. 364: 701–709. February 24, 2011. doi: 10.1056/NEJMoa100730
Fierer, N. (2008): The influence of sex, handedness, and washing on the diversity of hand surface bacteria. Proc. Natl. Acad. Sci. USA. 105(46): 17994–17999. doi: 10.1073/pnas.0807920105
– (2010): Forensic identification using skin bacterial communities. PNAS 107(14): 6477–6481
Gehlig, R. (2016): Ossifikationsprozesse als treibende Kräfte für die Krebserkrankung. Jahrbuch für Goetheanismus 2016: 149–206. Niefern-Öschelbronn
Gershon, M. (2001): Der kluge Bauch. Die Entdeckung des zweiten Gehirns. München
Giloteaux, L. & al. (2016): Reduced diversity and altered composition of the gut microbiome in individuals with myalgic encephalomyelitis/chronic fatigue syndrome. Microbiome 4: 30. DOI: 10.1186/s40168-016-0171-4
Gough, E., Shaikh, H., Manges, R. (2011): Systematic review of intestinal microbiota. Transplantation (fecal bacteriotherapy) for recurrent Clostridium difficile infection. Clinical Infectious Diseases 53: 994–1002
Gur, T. L., Bailey, M. T. (2016): Effects of stress on commensal microbes and immune system activity. Adv. Exp. Med. Biol. 874: 289–300. doi: 10.1007/978-3-319-20215-0_14
Harach, T. & al. (2017): »Reduction of Abeta amyloid pathology in APPPS1 transgenic mice in the absence of gut microbiota«.Scientific Reports 7, Article number: 41802 DOI: 10.1038/srep41802

Hardtmuth, T. (2015): Tiermast, Mikroorganismen und die Biologie der Moral. die Drei 3/2015: 11–22
– (2011): In der Dämmerung des Lebendigen – Hintergründe zu Demenz, Depression und Krebs. Heidenheim
– (2009): Mensch und Affe aus neuroimmunologischer Sicht. die Drei 10/2009: 47
Heisenberg, W. (1969): Der Teil und das Ganze, S. 123/124. München (1996)
Holzer, P. (2015): Darm-Hirn- und Hirn-Darm-Achse: Eine bidirektionale Kommunikation. Gastroenterologie & Hepatologie. Universum Innere Medizin 08|2015
Hüther, G. (2016): Mit Freude lernen, ein Leben lang. Göttingen
Illi, S. & al. (2012): Protection from childhood asthma and allergy in Alpine farm environments – the GABRIEL Advanced Studies. J. Allergy Clin. Immunol. 129(6): 14701477. e6. doi: 10.1016/j.jaci.2012.03.013. Epub 2012 Apr. 24
Kang, D.-W. & al. (2017): Microbiota transfer therapy alters gut ecosystem and improves gastrointestinal and autism symptoms: an open-label study. Microbiome 5: 10
Kegel, B. (2016): Die Herrscher der Welt. Köln
Lax, S. & al. (2014): Longitudinal analysis of microbial interaction between humans and the indoor environment. Science 345(6200): 1048–1052. doi:10.1126/science.1254529
Margulis, L., Sagan, D. (1999): Leben – vom Ursprung zur Vielfalt, S. 70. Berlin
Martirosian, G. (2009): Clostridium spp. spores in pathomechanism of autism. Wiad Lek. 62(2): 119–122
–, Ekiel, A., Aptekorz, M. & al. (2011): Fecal lactoferrin and Clostridium spp. in stools of autistic children. Anaerobe 17(1): 43–45
Pelsser, L. M. & al. (2011): Effects of a restricted elimination diet on the behaviour of children with attention-deficit hyperactivity disorder (INCA study): a randomised controlled trial. Lancet 377(9764): p494–503. DOI: http://dx.doi.org/10.1016/S0140-6736(10)62227-1
Preza, D. & al. (2009): Diversity and site-specificity of the oral microflora in the elderly. Eur. J. Clin. Microbiol. Infect. Dis. 28(9): 1033–1040. doi: 10.1007/s10096-009-0743-3. Epub 2009 Apr. 17
Rittelmeyer, C. (2002): Pädagogische Anthropologie des Leibes, Biologische Voraussetzungen der Erziehung und Bildung. München
Roberts, L., Davenport, R. J., Pennisi, E., Marshall, E. (2001): A history of the human genome project. Science 291: 1195–1195
Rohen, J. W. (2000): Morphologie des menschlichen Organismus, S. 152. Stuttgart
Rosslenbroich, B. (2016): The significance of an Enhanced Concept of the organism for medicine. Evidence-Based Complementary and Alternative Medicine Volume 2016, Article ID 1587262
–, Heusser, P. (2010): Entwurf einer organismischen Systembiologie. Jahrbuch für Goetheanismus 2010: 7–39. Niefern-Öschelbronn
Sánchez-Villegas, A. & al. (2012): Fast-food and commercial baked goods consumption and the risk of depression. Public Health Nutrition 3: 424–432. doi: https://doi.org/10.1017/S1368980011001856
Shapiro, J. A. (2013): What natural genetic engineering does and does not mean. Huffington Post, THE BLOG 02/28/2013 06:17 pm ET | Updated Apr. 30, 2013
– (1992): Natural genetic engineering in evolution. Genetica 86: 99–111
Simon, M. (2008): Aspekte zu einer goetheanistischen Mikrobiologie. In: Naturwissenschaft heute im Ansatz Goethes, S. 152 bzw. 149–150. Stuttgart, Berlin
Speck, O. (2008): Hirnforschung und Erziehung: Eine pädagogische Auseinandersetzung mit neurobiologischen Erkenntnissen. München, Basel
Steiner, R. (1912): Von der Initiation. Von Ewigkeit und Augenblick. Von Geisteslicht und Lebensdunkel (GA 138), 2. Vortrag, München 26.8.1912, Abs. 7. Dornach
– (1920): Geisteswissenschaft und Medizin (GA 312), S. 84–86. Dornach
– (1923): Die menschliche Seele in ihrem Zusammenhang mit göttlich-geistigen Individua-

litäten. Die Verinnerlichung der Jahresfeste (GA 224), S. 98. Dornach
- (1924): Geisteswissenschaftliche Grundlagen zum Gedeihen der Landwirtschaft (GA 327), S. 306. Dornach
-, WEGMAN, I. (1925): Grundlegendes für eine Erweiterung der Heilkunst (GA 27), S. 12. Dornach (1977)
TASNIME, N. & AL. (2009): Dietary pattern and depressive symptoms in middle age. The British Journal of Psychiatry 195(5): 408–413. doi: 10.1192/bjp.bp.108.058925
VREELAND, R. H., ROSENZWEIG, W. D., POWERS, D. W. (2000): Isolation of a 250 million-year old bacterium from a primary salt crystal. Nature 407: 897–900
WOLLENBERG, A. (2015): Neue Erkenntnisse zum Mikrobiom der Haut – Konsequenzen für die Therapie der atopischen Dermatitis. Vortrag 19. GD Jahrestagung, 17. März 2015 in Berlin
ZIMMER, C. (2010): How microbes defend and define us. New York Times, 21.7.2010
ZSCHOCKE, A. K. (2014): Darmbakterien als Schlüssel zur Gesundheit, S. 26 ff. München

Der Autor

Dr. med. THOMAS HARDTMUTH, Jahrgang 1956, ist Facharzt für Chirurgie und Thoraxchirurgie, freier Autor, Dozent für Gesundheitswissenschaften und Sozialmedizin an der Dualen Hochschule Baden-Württemberg. Aufgewachsen in Heidenheim, Abitur 1974 an der Waldorfschule, Studium der Humanmedizin an der TU und LMU München.

Seit 1985 chirurgisch-ärztliche Tätigkeit an verschiedenen Kliniken: Krankenhaus Dillingen, Universitätsklinik Ulm, Klinikum Heidenheim, dort bis 2016 Oberarzt für Chirurgie und Thoraxchirurgie. 1996 Promotion. 1999 Abschluss des berufsbegleitenden Waldorflehrerseminars in Heidenheim. Regelmäßige Vorträge, Seminare und Veröffentlichungen auf dem Gebiet der medizinisch-anthroposophischen Menschenkunde.

Buchveröffentlichungen: Das verborgene Ich – Aspekte zum Verständnis der Krebskrankheit (Heidenheim 2003). Denkfehler – das Dilemma der Hirnforschung (Heidenheim 2006). In der Dämmerung des Lebendigen – Hintergründe zu Demenz, Depression und Krebs (Heidenheim 2011). Diverse Artikel zur Biologie, Immunologie, Neurologie und Reiseberichte in der Zeitschrift »die Drei« (siehe http://diedrei.org/autoren-anzeigen/autor/hardtmuth-thomas.html).

ROLAND SCHAETTE

Die Lippenblütler (Lamiaceae) – Über die Metamorphose von Form und Stoff

Einleitung

Will man in der anthroposophisch erweiterten Heilkunde Pflanzen als Heilmittel gezielt und begründet einsetzen, ist es unerlässlich, ihre physischen und gestaltenden Wesensmerkmale zu erarbeiten und zu kennen. Erst dann besteht die Möglichkeit, sie im Rahmen einer geisteswissenschaftlich erweiterten Therapie erkenntnisgerecht einzusetzen. Es müssen also sowohl vom Arzt auf der menschenkundlich-therapeutischen Seite als auch vom Apotheker auf der naturgegebenen Heilmittel-Seite Bemühungen intensiv verfolgt werden, das Wesen der Erkrankung wie des Heilmittels gleichermaßen zu erarbeiten und anschaulich darzustellen.

Handelt es sich um die Frage nach Heilmitteln aus dem Pflanzenreich, ist es notwendig, mit goetheanistisch-anthroposophisch erarbeiteten Erkenntnisgrundlagen sich einer jeweiligen Pflanze zuzuwenden. Hierbei ist es meist unerlässlich, die Besonderheit einer speziellen Pflanze (die sie zur Heilpflanze macht) aus den Bezügen, die sie innerhalb ihrer Pflanzenfamilie spielt, herauszuarbeiten und sinnlich-prozessual darzustellen. Ein solcher Versuch soll hier für die Familie der Lippenblütler (Lamiaceen) erfolgen. Selten finden wir eine Pflanzenfamilie, die in so hohem Maße Arznei- und Gewürzpflanzen hervorbringt wie gerade die Lamiaceae! Daher wird sie oftmals als *die* Apotheker-Pflanzenfamilie bezeichnet. Nach über 40-jähriger Beschäftigung mit dieser Pflanzenfamilie hofft der Autor dieses Artikels, einiges Licht in Aufbau, Struktur, Wirkstoffe und Wirkungen der Lippenblütler werfen zu können.

Im Hintergrund seien alle die vielen Freunde mit einbezogen, die in unzähligen Arbeitskreisen, Seminaren und Tagungen zur Schulung und zum Erkenntnisaufbau beigetragen haben und beitragen! Erkenntnisarbeit zeigt sich hierbei als eine nie enden wollende Bemühung, mehr Bewusstsein in die Wahrnehmung hereinzubekommen und das Erfahrene wirklich in seinem göttlich-geistigen Wahrheitsgehalt wenigstens bis zu einem gewissen Grad zu erfassen. Dann kann die Erkenntnis auch praktisch werden und sich dienend anderen Strebenden zur Verfügung stellen.

Versuchen wir, die Besonderheit der einzelnen Pflanze aus dem Verständnis ihrer Pflanzenfamilie heraus zu verstehen, gehen wir von dem Wesens-Grundsatz aus, die Einzelheit immer als Teil eines höheren Ganzen zu verstehen, wie es schon GOETHE (1963) ausdrückt:

»Immer strebe zum Ganzen, und kannst du selbst kein Ganzes werden,
als dienendes Glied schließ an ein Ganzes dich an.«

oder wie RUDOLF STEINER (1912) es aufgreift:

»Wir müssen spirituell bei jeglichem Wesen sorgfältig darauf kommen, ob es Teil oder in einer gewissen Weise Ganzes ist.«

»So sehen wir also, dass wir etwas außerordentlich Wichtiges haben in dem Grundsatz, dass wir immer zu dem Ganzen gehen müssen, dass wir bei einem jeden Wesen darauf sehen müssen, ob er Teil oder Ganzes ist.«

ZUR MORPHOLOGIE DER LIPPENBLÜTLER (LAMIACEAE)[1]

Allgemeiner Überblick der Familie

Bei den Lippenblütlern (Lamiaceen/Labiaten) handelt es sich um eine Familie, die weit über die Welt verbreitet ist in ca. 7000 Arten und rund 230 Gattungen, bevorzugt die Wärmegebiete der Erde bewohnt (besonders das Mittelmeergebiet) und die Arktis meidet. Um das Mittelmeer kommt ein Großteil der Gattungen der Labiaten vor. Es ist das Gebiet der sommerlichen Dürre und Trockenheit, des kurzen, feuchten Frühlings, mit dem schnellen vegetativen Aufsprießen und Sprossen und der nachfolgenden monatelangen Trockenheit des Bodens unter der übermäßigen Sonneneinstrahlung. Unter diesen Wachstumsbedingungen bilden sich vor allem viele Halbsträucher und Sträucher aus wie Rosmarin, Lavendel, Thymian,

---

[1] Der botanische Teil dieses Beitrags wurde z. T. bereits veröffentlicht in W. Schad (Hrsg.), Goetheanistische Naturwissenschaft, Bd. 2 (Botanik), S. 130-146. Verlag Freies Geistesleben, Stuttgart (1982).

Ysop und andere, indem die Pflanze verholzt. Bäume finden wir bei den Labiaten jedoch keine, auch Ruten- und Dornsträucher sind selten.

Neben diesen »typischen« Labiaten mit ihren duftenden Blättern (»Kinder der Wärme«) finden wir aber auch eine ganze Reihe von Arten, die ihren Standort bevorzugt in kühleren, schattigeren, feuchten Biotopen suchen und meist nur einjährige Kräuter sind (»Kinder der Kühle«), wie zum Beispiel Taubnessel, Ziest, Hohlzahn, Günsel etc. Bei ihnen tritt das »Laubige«, Blattartige stark in den Vordergrund, wobei die Blätter nicht riechen, sondern nur dumpf, teilweise bitter und streng schmecken.

Charakteristisch für die Labiatenpflanze ist die dekussierte oder kreuzweise gegenständige Blattstellung: Die Blätter wechseln dabei von Knoten zu Knoten um 90° gedreht ab. Wir haben hier also keine Blattspirale, wie dies bei vielen uns bekannten Pflanzen der Fall ist. Es tritt vielmehr eine gewisse Starre in der Pflanze ein. Der Stängel ist meist deutlich vierkantig und wird von starken Kollenchymsträngen in den Kantenleisten versteift. Dies ist vor allem bei den krautigen Vertretern mit Kerzenhabitus der Fall, während bei den verholzenden Vertretern mit Halbstrauchhabitus die Stängel meist rund werden. Dies erfolgt dadurch, dass außerhalb der vier Leitbündelstränge, die unter der Epidermis ausgebildet sind und eine Art »Außenskelett« bilden, sekundär weitere kleinere hinzukommen. Die Kollenchymzellen (Festigungsgewebe) bilden sich später in *Sklereiden* (Steinzellen) um, wodurch die Verholzung eingeleitet wird. Diese hat jedoch nichts mit dem für Holzpflanzen typischen sekundären Dickenwachstum mit Xylembildung zu tun.

Die *Blüte der Labiaten* ist besonders charakteristisch. Es ist eine verwachsenblättrige Blüte, die dadurch ausgezeichnet ist, dass sie durch ihre starke Dorsiventralität aus der strahligen Blütensymmetrie heraustritt und nur noch eine zweiseitige Spiegelsymmetrie aufweist. Damit verbunden ist die Neigung der Blütenachse aus der Senkrechten in die Waagerechte, wobei die eigentliche Pflanzenrichtung verlassen wird. Dadurch finden wir bei den Lippenblütlern (neben den Orchideen und Schmetterlingsblütlern) die am besten an Insekten angepassten Blüten des ganzen Pflanzenreiches. Wenn wir verschiedene Salbeiblüten betrachten, so fallen uns diese mechanischen Einrichtungen auf, die vor allem von den Staubgefäßen gebildet werden. Wir finden hier raffinierte Hebelmechanismen, welche auf ganz bestimmte Insekten bei der Blütenbestäubung eingerichtet sind. Ferner finden wir auch Blüten, die in ihrer Ausgestaltung, in ihrer Plastizität so ausgeprägt sind, wie wir sie eigentlich nur noch bei den Orchideen finden. Sehr farbenprächtige Blüten können das sein, zum Beispiel beim Hohlzahn (siehe *Abb. 14 unten*). Der Fruchtknoten ist oberständig und bildet winzig kleine Nüsschen (sog. Klausenfrüchte) aus, die oft nur stecknadelkopfgroß und kleiner sind. Eine deutlich ausgeprägte saftige Fruchtbildung tritt bei den Lippenblütlern (außer bei *Prasium* – einer Steinfrucht) überhaupt nicht auf. Das Fruchtelement als Eigengestaltendes tritt völlig zurück.

Der *Blattbereich der Labiaten* ist relativ starr, indem die Blätter meist einfach, ungeteilt gestaltet sind, ohne große Veränderungen. Nur bei wenigen Gattungen *(Leonorus, Lycopus)* treten gegliederte Blätter auf. Führt die eigentliche, durchgestaltete Blattmetamorphose uns in vier Schritten vom wässrigen zum wärmehaften Bereich der Pflanze, so scheint bei Pflanzen mit fehlender Blattmetamorphose der eigene Entwicklungszeitraum zwischen irdischen und kosmischen Kräften sehr weit gedehnt zu sein. Wenn wir für das sich metamorphosierende Blatt die Blüte als generativen Gestaltungspol annehmen können, so lässt sich vermuten, dass bei fehlender Blattmetamorphose, wie bei den Labiaten, das Verhältnis von Blattbereich zum Blütenbereich ein völlig anderes wird. Tatsächlich dringt der Blütenbereich bei vielen Labiaten bis weit in den Blattbereich vor, ohne dass wir dessen Wirkung an der Gestaltveränderung der Blätter wahrnehmen können. Was auffällt, ist die oft gleichartige, rhythmische Wiederholung fast gleicher Blatt-Blüten-Wirtel, die oft bis zu 20 zählen können. (SCHARFETTER 1953, PELIKAN 1958, HEGI 1964, SCHAETTE 1968, 1982, GROHMANN 1981)

Dass Blätter am Stängel gegenständig oder wirtelig angeordnet sind (und nicht in einer Blattspirale wechselständig), führt zu der Frage, wo denn diese »Wirteligkeit« urständet? Und dies führt uns zur Blüte. »Die wirtelige Stellung der Blattorgane ist für alle Organe der *Blüte* charakteristisch. Wenn dieses Merkmal im Laubblattbereich auftaucht, ist das ein Zeichen, dass hier aus kosmischen Kräften stammende Impulse die Laubblattstellung zur Blütenartigkeit umbildet« (GÖBEL 1985). Dies ist das Haupt-Thema der Lippenblütler, welches in aller Konsequenz und nach allen nur möglichen Durchgestaltungen erscheint.

Die Metamorphoseprinzipien der Lippenblütler

Hier tritt nun die Frage auf, zwischen welchen Polen diese Metamorphose spielt und von welchen Gestaltimpulsen sie geprägt wird. *Typisch für die Familie ist die Durchdringung von Blütenbildung und Sprossbildung.* Es herrscht also nicht das Kompensations- bzw. Dominanzprinzip vor, indem sich ein Pflanzenteil auf Kosten anderer besonders stark entwickelt (wie z. B. die Blüte bei den Monocotyledonen, das Blatt bei den Ranunculaceen, der Spross bei den Rosaceen oder die Wurzel bei den Fagaceen), sondern es tritt ein fast unabhängiges *Durchdringen* von Blüten und Sprossbereich auf. Da sich die Blätter unter diesem Einfluss der Blüte nicht wandeln, zeigen sie damit ein Verhalten, wie es für »offene« Pflanzengestalten typisch ist. Wir verstehen darunter diejenigen Gestaltungen, die nicht in einer Endblüte zum Abschluss kommen (und damit auch ihre vegetative Entfaltung beenden), sondern diejenigen, welche stets vegetativ weiterwachsen und aus Seitentrieben blühen. Diese Pflanzentypen sind meist stark von den Elementen Erde und Wasser beherrscht (z. B. die Brunnenkresse). Anders bei den Lippenblütlern: Obwohl sie diesen »offenen« Sprossaufbau zeigen, bilden sich keine einfachen, radiären, strahligen Blüten, die immer wieder in Blattachseln gebildet werden, während der Spross an der Spitze weiterwächst, sondern außergewöhnlich ausgeformte, charakteristische Blüten. Diese können in den Blattbereich integriert oder aber von diesem völlig losgelöst sein, so dass sich Bildungen ergeben, die für »geschlossene« Pflanzengestalten typisch sind. Diese Frage des Verhältnisses des blühenden Bereiches zum Spross spielt durch die ganze Labiatenfamilie hindurch eine wesentliche Rolle, wobei das metamorphosierende Moment einer Kompensationsmetamorphose weniger an der Umgestaltung der Blätter innerhalb einer Art ansetzt als vielmehr quer durch die Gattungen wirkt und eine Gesamt-Blattmetamorphose der Familie zu Folge hat *(Abb. 1)*.

Prinzipiell »verrät« sich aber die Durchdringung des vegetativen Bereiches der Blätter vom generativen Bereich der Blüten und ihre prinzipielle Blütennähe durch die »Aromatisierung« der Blätter.

Pelikan (1958) weist mit Nachdruck darauf hin, dass das Haupt-Wachstums- und Lebensgebiet der Labiaten die vom Wärmewirken geprägte mittlere Klimazone des Mittelmeerraumes – die »rhythmische Mitte des Erdenleibes« – ist und dass sie aus diesem Wärmewirken heraus ihr etherisches Öl in der eigenen rhythmischen Region, dem Laubblattbereich, bilden. Die Tropen sind (bis auf wenige Ausnahmen, z. B. einige *Salvia*-Arten) nicht der Lebensraum dieser Familie. In den kühleren Zonen des mitteleuropäischen Nordens verlieren sie ihr Aroma, und Bitterstoffe und Harzartiges sowie Mineralisches (wie zum Beispiel Kiesel) überwiegen.

Die artübergreifende Metamorphose des Sprosses nach dem Kompensationsprinzip

Die Gesamtmetamorphose der Familie geht von krautigen, großblättrigen Typen wie *Lamium, Stachys, Galeopsis* aus und endet bei schmalblättrigen, nadelförmigen Typen wie *Lavandula, Rosmarinus, Hyssopus* etc. Dabei fällt auf, dass die Vertreter des ersten Typus den »Kältepol« der Familie darstellen und vorwiegend Gerbstoffe, Harze und Bitterstoffe bilden, während die Vertreter des zweiten Typus den »Wärmepol« der Familie bilden mit einer Fülle von etherischem Öl in der ganzen Pflanze. Bis auf wenige Ausnahmen besitzen die Vertreter mit viel etherischem Öl kleine Blüten, die meist in dichten Scheinwirteln zusammengedrängt sind, während die Vertreter des »Kältepols« oft große Blüten entwickeln, die häufig nur vereinzelt den tragenden Blattachseln entspringen.

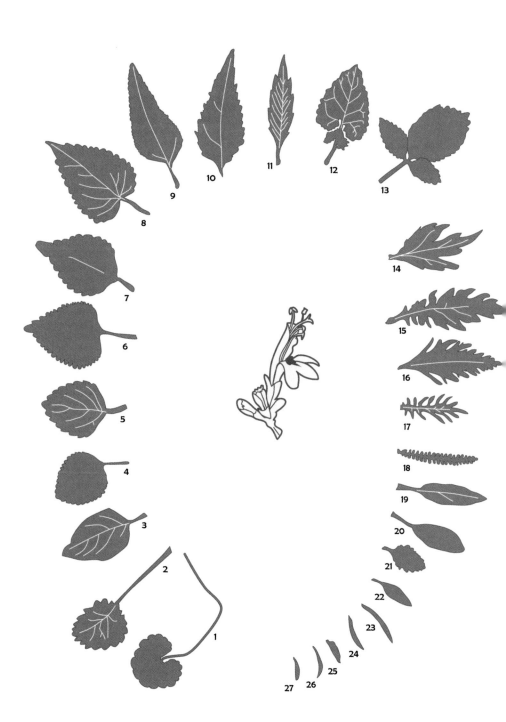

Abb. 1[1]: Innerfamiliäre Blattmetamorphose der Lamiaceen nach dem Kompensationsprinzip.
Pflanzenarten:
  1 = Gundermann *(Glechoma hederacea)*
  2 = Großblütiger Ziest *(Stachys grandiflora)*
  3 = Basilikum *(Ocimum basilicum)*
  4 = Mottenkönig *(Plectranthus fruticosus)*
  5 = Zitronenmelisse *(Melissa officinalis)*
  6 = Mexikanischer Salbei *(Salvia patens)*
  7 = Buntnessel *(Coleus scutellarioides)*
  8 = Mexikanischer Busch-Salbei *(Salvia leucantha »Anthony Parker«)*
  9 = Echter Salbei *(Salvia officinalis »Non-Flower«)*
  10 = Goldmelisse/Scharlach-Monarde *(Monarda didyma)*
  11 = Katzenbart *(Orthosiphon stamineus)*
  12 = Quirlblütiger Salbei *(Salvia verticillata)*
  13 = Rotwurzel-Salbei *(Salvia miltiorrhiza)*
  14 = Echtes Herzgespann *(Leonurus cardiaca)*
  15 = Ufer-Wolfstrapp *(Lycopus europaeus)*
  16 = Fiederschnittige Perowskie *(Perovskia abrotanoides)*
  17 = Ufer-Wolfstrapp *(Lycopus europaeus)*, nasser Standort
  18 = Kanarischer Lavendel *(Lavandula pinnata)*
  19 = Echter Salbei *(Salvia officinalis)*
  20 = Herbst-Salbei *(Salvia greggii)*
  21 = Katzengamander *(Teucrium marum)*
  22 = Ysop *(Hyssopus officinalis)*
  23 = Echter Lavendel *(Lavandula angustifolia)*
  24 = Rosmarin *(Rosmarinus officinalis)*
  25 = Sand-Thymian *(Thymus serpyllum subspez. serpyllum)*
  26 = Sommer-Bohnenkraut *(Satureja hortensis)*
  27 = Echter Thymian *(Thymus vulgaris)*

Eine solche überartliche Metamorphoselinie, die im Wesentlichen das Spektrum der in Europa vertretenen Lippenblütler widerspiegelt, sei hier als Beispiel gezeigt. Um den Vorgang klarer ins Bewusstsein zu bekommen, ist es gut, von dem Vergleich gegensätzlicher Formen auszugehen. So wollen wir zuerst den *Echten Lavendel (Lavandula angustifolia* Mill., *Abb. 2)* und den *Bunten Hohlzahn (Galeopsis speciosa* Mill.*)* betrachten *(Abb. 3)*.

Der *Lavendel* ist eine typische Pflanze des mediterranen Raumes. Er wächst auf trocken-steinigen, kalkigen Böden in der starken Sonneneinstrahlung dieses Gebietes. Seine Blütezeit liegt im Zeitraum Juni bis August. Bei ihm ist in besonders auffälliger Weise der Blütenbereich vom Blattbereich getrennt. Das immergrüne Kraut bildet bald einen Halbstrauch, verholzt also. Die Blätter sind schmal, lanzettlich, oft leicht eingerollt und von relativ fester Beschaffenheit; der Stängel im

---

[2] Quellennachweise aller Abbildungen am Schluss des Beitrages.

Blattbereich ist meist rund. Der Halbstrauch neigt dazu, eine kugelige Gestalt anzunehmen, über der sich dann – im Hochsommer – weit emporgehoben die Blütenstände ausbilden. Sie bestehen aus kleinen, blauen, nahezu radiären Blüten, die – in Scheinwirteln stehend – eine ährenförmige Gestalt zeigen. Nach W. Troll (1964) handelt es sich bei allen Blütenständen der Labiaten streng genommen um offene Thyrsen[2]. Die Blüten und besonders der Kelch – weniger die Blätter – besitzen einen sehr starken, prägnanten Duft, der die Pflanze vor allen anderen Lippenblütlern auszeichnet. Der Blütenstand ist also völlig vom Blattbereich abgehoben, steht »wie im ersten Stock«, wobei die kleinen Hochblätter ebenfalls blau gefärbt sind wie Kelch und Blüte. Durch diese Faktoren erscheint der Lavendel außerordentlich »schönblütig«, wobei Schönblütigkeit von der Pflanze dadurch erreicht wird, dass sich der generative Blütenbereich vom vegetativen Blattbereich deutlich absetzt, sich ihm fernhält. Dies formt sich umso deutlicher, als sich die Blütenachse blattlos zwischen den mehr oder weniger gestauchten Vegetativbereich und den ebenfalls mehr oder weniger gestauchten Blütenbereich schiebt (Göbel 1988): Er kann so äußeres Bild werden für die Prozesse des Schlafzustandes beim Menschen, in dem sich die oberen Wesensglieder (Astralleib und Ich) von den unteren Wesensgliedern (Physischer Leib und Ätherleib) trennen. Kann der Prozess bei Schlafstörungen nicht richtig ablaufen, ist Lavendelöl das richtige Heilmittel.

Im Gegensatz zum ausdauernden, verholzenden Lavendel sind alle Vertreter der Gattung *Hohlzahn (Galeopsis)* einjährige Kräuter. Sie wachsen schnell empor und bilden rasch geschlossene Bestände. Die Stängel sind vierkantig und fleischig und werden weniger durch 4 Kollenchymstränge versteift, wie dies sonst bei den Labiaten erfolgt, als vielmehr durch einen hohen Druck des Zellsaftes auf die Zellwand (Turgor). Dies macht deutlich, wie sehr diese Pflanzen das Bodenwasser brauchen, welches sie durch ihr weitverzweigtes Wurzelwerk kräftig aufnehmen. Der Hohlzahn besitzt oft große, gestielte, eiförmige, gesägte, meist dünne, fiedernervige Blätter, die nicht in Stängel- und Hochblätter differenziert sind. Die Blätter können bis 8 cm Länge aufweisen. Die Blüten sitzen zu mehreren oder auch nur vereinzelt in Scheinquirlen an den oberen Blattpaaren. Die Blüten sind äußerst stark plastisch ausgestaltet (Name Hohlzahn!) und lebhaft farbig. Die Blütezeit liegt im Spätsommer von Juli bis Oktober. Obwohl die Pflanzen behaart sind, fehlen ihnen die typischen Labiaten-Öldrüsen fast ganz und somit auch die etherischen Öle. Dadurch tritt kein Duft auf, nur beim Schmecken verraten sich Bitter- und Gerbstoffe sowie reichlich Flavone. Einige Vertreter (z. B. *Galeopsis dubia*) gedeihen ausschließlich auf kalkfreiem Boden und sammeln viel Kieselsäure an (in der Asche bis 17%). Die äußerst geringe Blattmetamorphose zeigt sich nur im Verkürzen des Blattstieles und in einer Verschmälerung des Blattes zur Blattspitze hin.

---

[2] Thyrsus: offener Blütenstand (ohne Endblüte = razemöse Hauptachse) mit mehreren, meist dichasialen Seitenverzweigungen.

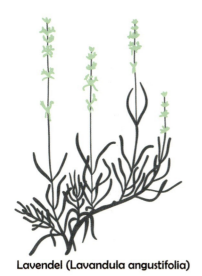 

Abb. 2: Echter Lavendel *(Lavandula angustifolia* Mill.*)*. *Links* Darstellung der vegetativen und generativen Bereiche, *rechts* blühende Pflanze, mit Nahaufnahme einer Blüte.

Abb. 3: Bunter bzw. Gelber Hohlzahn *(Galeopsis speciosa* Mill.*)*. *Links* blühende Pflanze, mit Nahaufnahme einer Blüte, *rechts* Darstellung der vegetativen und generativen Bereiche.

Ysop (Hyssopus officinalis)

Abb. 4: Ysop *(Hyssopus officinalis* L.*). Links* Darstellung der vegetativen und generativen Bereiche, *rechts* blühende Pflanze, mit Nahaufnahme einer Blüte.

Melisse (Melissa officinalis)

Abb. 5: Zitronenmelisse *(Melissa officinalis* L.*). Links* blühende Pflanze, mit Nahaufnahme einer Blüte, *rechts* Darstellung der vegetativen und generative Bereiche.

Mit dem bisher Beschriebenen können wir nun an andere Arten der Lippenblütler herangehen und uns jeweils fragen, welcher Seite sich die vorliegende Form mehr zuwendet. So sehen wir beim *Ysop (Hyssopus officinalis L., Abb. 4)*, wie die Pflanze von einer deutlich ausgebildeten Scheinähre abgeschlossen wird, die jedoch nach und nach in den Blattbereich übergeht. Die Blätter sind schmal, weisen aber eine feinere Beschaffenheit auf als beim Lavendel. Die dunkelblauen Blüten sind deutlich zygomorph. Der Geschmack ist scharf aromatisch.

Wenden wir uns der *Zitronenmelisse (Melissa officinalis L., Abb. 5)* zu. Sie geht recht stark ins Krautige mit rundlich-elliptischen Blättern. Vom Frühjahr an bis in den Hochsommer bildet sie nur vegetative Sprosse, erst relativ spät – zur Zeit der größten Wärme – beginnt sie ihre Blütenstände auszubilden. Dabei streckt sich die ganze Pflanze und festigt sich. In den kleinblättrigen oberen Sprossteilen bilden sich nun die einseitswendigen, im Knospenstadium oft gold-schimmernden, beim Aufblühen kleinen weißen Blüten, ebenfalls in Scheinwirteln in den Achseln der dekussierten Blätter stehend. Die Blüten sind deutlich in den Blattbereich eingesenkt; dieser ändert seine Gestalt nur insoferne, als sich die Blätter in ihrer Größe (nicht in ihrer Gestaltung) verkleinern. Es ist eigenartig zu bemerken, wie beim Einsetzen des Blütenimpulses der feine, balsamische Geruch der Laubblätter deutlich abnimmt, die Blätter ihr frisches Grün verlieren und grün-gelb werden und die Pflanze verholzt.

Wir sehen vor uns eine Metamorphose-Reihe, deren Pole durch ganz bestimmte Eigenschaften charakterisiert sind. Auf der einen Seite stehen die verholzenden Sträucher mit ihrer eigenraumbildenden Gestalt. Sie wachsen meist auf kalkreichem Boden und verkörpern so den terrestrisch offenen Pflanzentypus. Am anderen Pol stehen die Kräuter mit ihrer meist aufrechten, umweltoffenen Kerzengestalt. Eine ganze Anzahl von Arten mit dieser Gestaltung sind einjährig, wie zum Beispiel alle *Hohlzahn-Vertreter (Galeopsis)* und ein Teil der Gattung *Lamium (Taubnesseln)*. Sie bevorzugen einen kühl-feuchten, sauren Boden. Die kalkholden Vertreter besitzen meist eine Pfahlwurzel, während die säureliebenden oft stark verzweigte Wurzeln bzw. Ausläufer aufweisen. Bei den verholzenden Vertretern der Familie treten eher asymmetrische Gestalten auf, die sich oft zum Kugelbusch entwickeln und starke Gestaltindividualität der Einzelpflanze zeigen. Der andere Pol bildet stark symmetrische Einzelpflanzen aus, die oft mit großen Blüten geschmückt sind und kerzenartigen Wuchs aufweisen. Meist bilden viele dieser kerzenförmigen Einzelpflanzen zusammen einen ganzen Bestand, der als solcher eine individuelle Gesamtgestalt zur Erscheinung bringt. Diese Differenzierung zeigt sich bis in die Bildung der Pflanzensubstanzen, denn die Vertreter der verholzenden Gruppe bilden in ihren meist schmalen, ledrigen, nadelförmigen Blättern große Mengen an etherischem Öl (bis ca. 5%), während die Vertreter der krautigen Gruppe nur wenig etherisches Öl entwickeln, jedoch viel Harze, Gerbstoffe, Bitterstoffe und Mineralstoffe (z. B. Kiesel) in ihren meist großen, oft behaarten Blättern anreichern *(Schema 1)*.

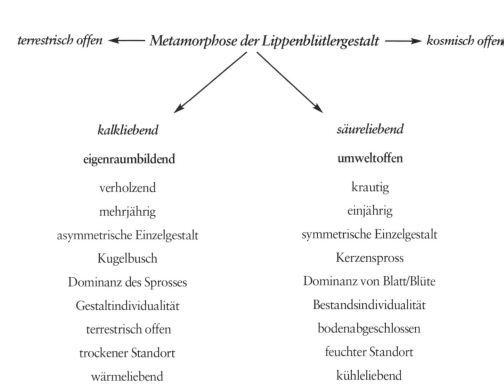

Schema 1: Die beiden Pole der Lippenblütlergestalt

Die Metamorphose der Einzelpflanze der Lippenblütler nach dem Durchdringungsprinzip

Die so geschilderte Metamorphose-Reihe zeigt die Entwicklung des Sprosses der Labiaten *artübergreifend*. Wäre sie die alleinige Metamorphose dieser Pflanzenfamilie, so wären die Lippenblütler der sprossmetamorphosierenden Ordnung der Rosales ähnlich, die den Einflüssen des Kompensationsprinzips unterliegt. Bei genauerem Studium der Familie kann man jedoch bemerken, dass diese »einfache« Metamorphose überlagert ist von einer anderen. Diese zweite Metamorphoselinie ist beherrscht vom Eingreifen des Blütenimpulses in das Sprosssystem der Einzelpflanze. Bekanntlich bewirkt dieser Einfluss eine Metamorphosereihe, deren Pole zum einen durch »offene« (monopodiale) und zum anderen durch »geschlossene« (sympodiale) Pflanzengestalten repräsentiert werden. Der »offene« Pflanzentypus ist stärker irdisch geprägt, besonders vegetativ kräftig, dem Langtrieb ähnlich und dem Wurzelhaften zugeneigt, so dass sich die oft kriechenden Sprosse dieses Typus leicht an den Knoten bewurzeln. Eine ganz andere Prägung zeigen die »geschlossenen« Pflanzentypen, die stark kosmisch gebildet sind und dadurch mehr das Blütenhafte, Generative entwickeln und dem Kurztrieb ähnlich sind. Die Labiaten sind ihrem Sprossaufbau nach »offene« Pflanzentypen, werden jedoch vom kosmischen Blütenimpuls so durchdrungen, dass sie diesen Typus verlassen und sich zu Gestalten umbilden, welche dem »geschlossenen« Pflanzentypus äußerst nahe kommen.

In diesem Spiel der beiden sich durchdringenden, grundsätzlich verschiedenen Bereiche Wurzel/Spross und Blüte/Blatt können die Gewichte jeweils verschieden ausgeprägt sein. Dies führt bei Dominanz des »unteren« Pols zu Bildungen, bei denen die Spross-Blatt-Region so stark ausgebildet wird, dass sie quasi die Blütenregion »verschluckt«. Es ergeben sich Gestalten wie die *Weiße Taubnessel (Lamium album* L.*)*, der *Andorn (Marrubium vulgare* L.*)*, das *Herzgespann (Leonurus cardiaca* L.*)*, die *Melisse (Melissa officinalis* L.*)* und ähnliche. Überwiegt der »obere« Pol, so sind die Metamorphosekräfte der Blüte doch so stark, dass sie die Blattentwicklung zum Abschluss bringen und sich der Blütenstand mehr oder weniger stark über den Blattbereich erhebt. Das ergibt Gestalten wie den *Echten Lavendel (Lavandula angustifolia* MILL.*)*, den *Dost (Origanum vulgare* L.*)*, verschiedene *Minzen (Mentha)*, die *Goldmelisse/Scharlach-Monarde (Monarda didyma* L.*)* und ähnliche.

Beim *Dost (Origanum vulgare* L., *Abb. 6)* fällt besonders auf, dass in dem sich entwickelnden Blütenstand eine Ausdehnungstendenz sichtbar wird, wodurch die sonst in den Blattachseln sitzenden Scheinquirle vom Hauptspross abgehoben werden, so dass sich eine ausgedehnte trugdoldenartige Rispe ergibt. Die Blüten selbst sind sehr klein, rosarot und kaum zygomorph. Wohlgemerkt, es wird bei keiner Labiate eine Blütendolde ausgebildet, doch ist zu erkennen, dass hier – wenn auch im Gesamten der Familie nur vereinzelt auftretend – eine deutliche Streckungstendenz der Internodien im Blütenbereich auftritt, die im Gegensatz zur Köpfchenbildung steht, die auf einer Reduktion der Sprossachse beruht. Bei der *Wasserminze (Mentha aquatica* L., *Abb. 7)* bemerken wir, dass ein Blütenköpfchen den Spross beendet, gebildet von einer Vielzahl rosa, fast radiärer Blüten, die ganz dicht zusammengedrängt sind. Auch hier ist wieder der Blütenstand ganz deutlich vom Blattbereich abgehoben. Anstelle einer Verzweigung findet hier eine so starke Zusammenziehung im oberen Sprossbereich statt, dass die Scheinquirle so dicht aufeinander folgen, wodurch das Gesamtbild einem

Wilder Dost (Origanum vulgare)

Abb. 6: Dost *(Origanum vulgare* L.*). Links* Darstellung der vegetativen und generativen Bereiche, *rechts* blühende Pflanze, mit Nahaufnahme von Blüten.

Wasserminze (Mentha aquatica)

Abb. 7: Wasserminze *(Mentha aquatica* L.*). Links* blühende Pflanze, mit Nahaufnahme einer Blüte, *rechts* Darstellung der vegetativen und generativen Bereiche.

Abb. 8: Heilsalbei *(Salvia officinalis* L.*)*. *Links* Darstellung der vegetativen und generativen Bereiche, *rechts* blühende Pflanze, mit Nahaufnahme einer Blüte.

Abb. 9: Waldziest *(Stachys sylvatica* L.*)*. *Links* blühende Pflanze, mit Nahaufnahme einer Blüte (Foto: Andreas Trepte, http://www.photonatur.net), *rechts* Darstellung der vegetativen und generativen Bereiche.

Köpfchen gleicht. Wir haben hier also zwei Formbildungen vor uns, die uns auf analoge Bildungen bei den Doldengewächsen (Umbelliferae/Daucaceae) und Körbchenblütlern (Compositae/Asteraceae) hinweisen, wenn auch die Tendenz zur Köpfchenbildung die weitaus häufigere Form des Blütenstandes bei den Labiaten ist. Diese stammt immer aus einer zymösen Infloreszenzbildung (Seitenachse ist gegenüber der Hauptachse gefördert), kann aber zu kerzenartigen (monochasialen) oder gedrungen Blütenständen führen (= Wickel oder Doppelwickel) oder in doldenförmigen (pleiochasialen) Bildungen, wie beim Dost, erscheinen.

Beide Bildungen lassen sich aus der Mittelform des Heilsalbeis *(Salvia officinalis* L., *Abb. 8)* ableiten. Als Zwischenstufen können wir einmal den *Waldziest (Stachys sylvatica* L., *Abb. 9)* betrachten, der bereits eine deutlich verzweigte Gestalt mit endständigem Blütenstand aufweist, und zum anderen die Großblütige Braunelle *(Prunella grandiflora* L., *Abb. 10)*, die ihre großen, stark zygomorphen Blüten in eng aufeinanderfolgenden Scheinwirteln mit noch deutlich ausgebildeten Hochblättern köpfchenähnlich aufeinandertürmt; auch hier ist der Blütenstand über den Laubblattbereich gehoben.

Bei den zuletzt betrachteten Labiaten sahen wir ein verschiedenartiges Eingreifen der Blütenregion in die »kosmisch« offene krautige Sprossregion. Nunmehr wollen wir eine Pflanze betrachten, bei der die Blütenregion tief in die Sprossregion einer »terrestrisch« offenen holzigen Labiate eingreift. Es handelt sich um den *Rosmarin (Rosmarinus officinalis* L., *Abb. 11)*. Der Rosmarin ist ein typischer Vertreter der Mittelmeerflora. Er wächst auf den trocken-steinigen, sonnendurchglühten, kalkreichen Böden dieses Raumes, der durch die Bildung der Macchien gekennzeichnet ist. Der Rosmarin bildet immergrüne, bis 2 m hohe Kleinsträucher mit meist reich verzweigten, sparrigen Ästen. Die Blätter sind stark zusammengezogen, nadelförmig, ledrig, nach unten eingerollt und sitzen direkt am Zweig an, ohne Blattstiel. Die jüngeren Zweige, die nach dem »offenen« Pflanzentypus gebaut sind, weisen zunächst eine stumpf vierkantige, flaumig behaarte Gestalt auf, die sich mit zunehmendem Alter rundet und verholzt. Tief in der Rinde werden Korkschichten eingezogen, so dass sich das ausdorrende Rindengewebe als Ringelborke ablöst. Die Blüten stehen zu 5 bis 10 an Kurztrieben, die sich aus den Blattachseln entwickeln. Da diese Blütenstandsbildung unterschiedlich gefördert oder gehemmt wird, blüht der Rosmarinstrauch oft als Ganzer, von der Peripherie bis in den Zweigbereich hinein oder aber tief im Inneren der Zweige, sich nach oben ausdehnend. Als zusätzliche Eigenart ist zu erwähnen, dass die Blütezeit völlig atypisch für die Labiaten verläuft. Die Hauptblütezeit liegt – je nach Temperatur – zwischen Februar und April. Meist kann jedoch eine zweite Blühperiode von September bis November beobachtet werden, also immer um die Zeitpunkte der Tag-und-Nachtgleiche (Ostern und Michaeli). Die Blüten sind relativ groß, deutlich dorsiventral gestaltet

Große Braunelle (Prunella grandiflora)

Abb. 10: Großblütige Braunelle *(Prunella grandiflora* L.*)*. *Links* Darstellung der vegetativen und generativen Bereiche, *rechts* blühende Pflanze.

Rosmarin (Rosmarinus officinalis)

Abb. 11: Rosmarin *(Rosmarinus officinalis* L.*)*. *Links* Blütentrieb, *rechts* Darstellung der vegetativen und generativen Bereiche.

mit mächtig entwickelter Unterlippe und zart hellblauer bis hellvioletter Farbe. Sie bilden insgesamt in ihrer Zartheit einen deutlichen Gegensatz zu den holzigen Zweigen und ledrig-nadelförmigen Blättern. Die ganze Pflanze riecht kräftig balsamisch-aromatisch. Sie enthält ca. 2% etherisches Öl, ferner bis 1,2% Bitterstoffe und auch gewisse Mengen an Gerbstoffen (MEYER 2009). So wird uns Rosmarin zum Form-gewordenen Prozessbild einer ganz spezifischen Heilpflanze, bei der die Wärme- und Blütenprozesse der generativen Pflanze den Vegetationsbereich tief durchdringen, ihn intensiv zusammenziehen, mit Duft-, Gerb- und Bitterstoffen erfüllen und in einen verholzten Dauerbusch formen. Er kann dadurch therapeutisch unter anderem dort eingesetzt werden, wo im Menschen die unteren Wesensglieder zu stark überwiegen (Physischer Leib und Ätherleib) und dadurch am Tag Schläfrigkeit, Schlaffheit, Blutunterdruck und fehlende Vitalität verursachen. Rosmarin zieht die oberen Wesensglieder (Astralleib und Ich) tief herein in den Körper und macht den Menschen dadurch wach und »fit für den Tag«.

Ganz anders tritt uns die *Weiße Taubnessel (Lamium album L., Abb. 12)* entgegen. Wir finden sie an feuchten, oft halbschattigen Plätzen, gern an Grabenrändern oder im Gebüsch. Ihre Blütezeit spannt sich von April bis Oktober. Sie stellt eine sehr stattliche, krautige Pflanze dar mit breiten, herzförmigen Blättern und einem scharf ausgebildeten vierkantigen Stängel. Die Blüten sind sehr groß, weiß und deutlich dorsiventral gebildet. Diese Blüten stehen in den Blattachseln der großen Laubblätter, sind also vollständig in den Blattbereich hineingesenkt. Blatt- und Blütenbereich durchdringen sich vollkommen, ohne sich gegenseitig wesentlich zu beeinflussen. Die Pflanze endet nicht mit einem Blütenstand, sondern monopodial mit einem Blattschopf. Eigentlich müsste man erwarten, dass sich der Blattbereich unter dem Blüteneinfluss – bzw. auf die Blütenbildung hin – metamorphosiert. Dies tut er aber nur in unwesentlicher Weise. Alle Blätter sind in der Form ähnlich und unterscheiden sich nur in ihrer Größe voneinander. Als einzigen Hinweis auf die sich vollziehende Blütenbildung bemerkt man, dass die Blattstiele sich zunehmend verkürzen und die Blattspitze schmal-keilförmig wird; am deutlichsten tritt dies bei der Stängelumfassenden Taubnessel *(Lamium amplexicaule L.)* auf, bei der die oberen Blattpaare den Hauptspross direkt umschließen. Dieses Merkmal kann durchaus als eine beginnende Hochblattbildung gewertet werden. Die Blüten wie die ganze Pflanze besitzen einen wenig ausgeprägten, dumpf harzigen Geruch und Geschmack.

Es erhebt sich nun die Frage, ob nicht eine Form gefunden werden kann, die eine harmonische Mittelstellung zwischen den beiden Extremformen bildet. Aus dem Dargestellten ergibt sie sich in folgender Weise: Der Blattbereich müsste kontinuierlich in den Blütenbereich übergehen, wobei die oben am Spross stehenden Blätter typische Hochblattformen annehmen sollten. Die Blattform müsste die Waage halten zwischen nadelförmiger und stark ausgebreiteter Gestalt bzw. fester und weicher Beschaffenheit. Die Pflanze sollte eine ausdauernde Staude sein, die mit der Zeit im unteren Bereich verholzt und so zu einem Halbstrauch wird, wobei der obere Sprossteil grün bleiben müsste.

Aus dem bisher Geschilderten ergibt sich, dass diese »Mitte« der Lippenblütlerfamilie in doppelter Weise auftreten muss: einmal für den »offenen« krautigen Pflanzentypus und zum anderen für den mehr »geschlossenen« verholzten Typus. Tatsächlich finden wir zwei Gattungen dieser Mittelstellung, *Salvia* und *Majorana*, wobei *Salvia* die artenreichste Gattung der Labiaten ist (mit ca. 1000 Arten) und am meisten Gestaltwandlungen durchläuft an den verschiedensten Habitaten (Standorten) der warm-gemäßigten Zonen südlich und nördlich des Äquators, während die Gattung *Majorana* mit etwa 6 Arten ausgesprochen klein und monotypisch ist. Ihr Verbreitungsgebiet liegt hauptsächlich im Mittelmeerraum.

Ein Vertreter der mehr zum »geschlossenen« Pflanzentypus tendierenden Mitte ist der *Heilsalbei (Salvia officinalis* L., *Abb. 8)*. Er ist ein typischer verholzender Vertreter der Mittelmeerflora. Zunächst im jugendlichen Stadium von aufrechter buschiger Gestalt, verholzt er mit zunehmendem Alter im unteren Sprossbereich immer stärker. Die Blätter sind lanzettlich-eiförmig, derb, kurz gestielt und besitzen einen würzig-zusammenziehenden Geruch und Geschmack. Der Stängel ist zunächst vierkantig und später in der verholzenden Zone rundlich. Der Blattbereich geht kontinuierlich in den Blütenbereich über, der in Gestalt einer Blütenrispe den Spross abschließt. Die Blüten sind nicht extrem ausgebildet und besitzen eine helle blau-violette Farbe. Die Blütezeit liegt im Frühsommer von Mai bis Juli.

Der *Majoran (Origanum majorana* L., *Abb. 13)* wird an seinem natürlichen Standort ein mehrjähriges, meist halbstrauchartiges Kraut bis 50 cm Höhe, das nur im unteren Sprossabschnitt leicht verholzt. Die dünnen, biegsamen Äste tragen rundlich-ovale Blätter, die teilweise kurz gestielt sind. Die winzig-kleinen, fast radiär ausgebildeten, weißen Blüten stehen in zapfenförmigen Blütenständen meist an kleinen Seitenästen im oberen Bereich der Pflanze, werden jedoch noch deutlich von Laubblättern begleitet. Diese haben eine eigentümliche grau-grüne Färbung, sind meist filzig behaart und tragen in die Blattoberfläche eingesenkte Öldrüsen, die einen eigenartig würzig-balsamischen Duft entfalten (Gehalt an etherischem Öl im frischen Kraut ca. 0,4%). Die ganze Pflanze scheint von dem Blütenprozess nur leicht durchzogen zu werden, denn das Blühen geht so unscheinbar vonstatten, dass es manchem Betrachter kaum auffällt. Die Blütezeit liegt im späten Hochsommer von Juli bis September. Vom pflanzlichen Bildungsprozess her gesehen überwiegt beim Majoran der Stängel-Blatt-Bereich, ohne sich üppig zu entfalten (die Laubblätter sind 0,5 bis 2 cm lang) und lässt den Blütenimpuls harmonisch ordnend von oben leicht eingreifen. Wir haben es also mit einer Pflanze der rhythmisierenden Mitte zu tun, die nur leicht vom Wärmepol her ergriffen wird.

Taubnessel (Lamium album)

Abb. 12: Weiße Taubnessel *(Lamium album* L.*). Links* Darstellung der vegetativen und generativen Bereiche, *rechts* blühende Pflanze, mit Nahaufnahme einer Blüte.

Majoran (Majorana hortensis)

Abb. 13: Majoran *(Origanum majorana* L., syn. *Majorana hortensis). Links* Trieb mit gegenständigen Blättern, mit Nahaufnahme einer Blüte, *rechts* Darstellung der vegetativen und generativen Bereiche.

Die Gesamtmetamorphose der Sprossgestalt der Lippenblütler

In dem Dargestellten zeigt sich uns sehr deutlich, warum es so große Schwierigkeiten bereitet, die Gesamtmetamorphose der Labiaten zu greifen. Diese besteht nämlich aus *zwei sich überlagernden Metamorphosen, die sowohl dem Kompensationsprinzip* als auch gleichzeitig dem *Pervasions- bzw. Durchdringungsprinzip* unterliegen. Dabei scheinen beide Metamorphoselinien von grundlegend verschiedenem Charakter zu sein.

Die Bildungen nach dem *Kompensationsprinzip* sind stärker auf die »irdische« Pflanze bezogen und wirken sich auf den physisch-ätherischen Teil im Zeitverlauf (sukzedan) aus. Daraus folgt, dass selbst der »kosmische« Pol dieser Metamorphosereihe, die Orchideen, zwar eine unglaubliche Vielzahl der herrlichsten Blütenbildungen hervorbringt, die Blüten selbst jedoch meist von großer Vitalität bleiben und daher oft wochenlang blühen (GÖBEL 1985, 1988) *(Schema 2).*

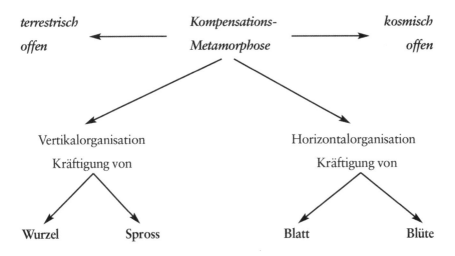

Schema 2: Die Metamorphose nach dem Kompensations-Prinzip

Die Metamorphose nach dem *Pervasions- oder Durchdringungsprinzip* ergreift stärker die »kosmisch« offene Blütenseite der Pflanze und wirkt sich mehr auf deren »ätherisch-astralischen« Teil organbildend (simultan) aus. Am einen Pol dieser Metamorphose wirken Kräfte, die von der kosmisch-blütenhaften Seite so stark in die vegetative Pflanze eindringen, dass sie diese in wenigen Schritten zur Blüte führen und dann verdorren lassen, wodurch meist eine »geschlossene« sympodiale Sprossbildung entsteht (einjährige Kräuter). Beide Kräfte sind demnach zeitlich ineinandergeschoben. Am anderen Pol dieser Metamorphose wirken die »kosmisch-blütenhaften« Kräfte so, dass sie räumlich in die vegetative Pflanze eindringen und diese oft bis in die Wurzel durchdringen. Es entstehen im Gegensatz zur ersten Wirkung jetzt Pflanzen des »offenen« monopodialen Typus, die ihre vegetative Kraft behalten und im Kraut »erblühen« (mehrjährige Pflanzen). Ein Beispiel für diese Möglichkeit der Pervasions-Metamorphose zeigte BRETTSCHNEIDER (1980) anhand der Metamorphose der Enziangewächse (Gentianaceae). Wie bei den Enziangewächsen der wesentliche »Schauplatz« der Durchdringung das Wurzelsystem ist, so befindet er sich bei den Lippenblütlern im Bereich des Blattes! Ein Anzeichen hierfür ist die starke Entwicklung von *Duftstoffen* in den Blättern der Lippenblütler, wobei es interessanterweise kaum duftende Blüten in dieser Familie gibt – von den Blütenkelchen des Lavendels einmal abgesehen. Haben wir gelernt, den Duft bestimmter Blüten als »typisch« zu identifizieren (z. B. Rosen, Flieder, Lilien), so sind es bei den Labiaten die Blätter, die »typisch« duften (z. B. Rosmarin, Thymian, Bohnenkraut, Salbei, Minze etc.). Dabei tritt aber das Phänomen auf, dass diese Düfte je nach Standort, Art und Sorte stark differieren können und oft sogar »chamäleonartig« andere Düfte nachahmen (z. B. Zitronen-Thymian, Rosen-Thymian etc.). Uns tritt hier geradezu eine »Spielfreude« der Labiaten entgegen (ähnlich wie in der Blüte), jede Art von Düften »auch« hervorbringen zu können! Das macht die Labiaten zur typischen *Gewürz-Familie*, denn weitaus mehr ihrer Arten werden zu Gewürzen als zu Heilmitteln genutzt.

In geringerem Maße trifft diese Beweglichkeit aber auch für den Blattbereich zu, der zwar insgesamt als »langweilig« erscheint, da er an der Einzelpflanze keine deutliche Metamorphose zeigt, jedoch interfamiliär sehr wohl die unterschiedlichste Gestaltung aufweist, vom rundlichen *Glechoma*-Blatt über gekerbte und gestielte, eiförmige Blätter (wie bei *Lamium, Galeopsis, Stachys, Salvia*) über gegliederte Blätter (u. a. bei *Lavandula, Leonurus, Salvia*) bis hin zu nadeligen Blättern (wie bei *Thymus, Rosmarinus, Lavandula, Satureja* etc.) (siehe *Abb. 1*).

Wir finden also Metamorphosekräfte, die aus der Vergangenheit kommen (Keimpflanze) und schrittweise in die Zukunft (Blüte) führen, wobei natürlich die Zukunftsimpulse im Moment der Pflanzenbildung sinnlich nur schrittweise in Erscheinung treten und sich immer mit den Gegebenheiten der Umwelt in der gegenwärtigen Gestalt unter dem Impuls der Familie zum Ausdruck bringen. Diese drücken sich innerartlich als *Kompensations-Metamorphose* aus (HUECK 2012). Und wir finden Metamorphose-Kräfte, die jeweils die einzelne Art ergreifen und in besonderer Weise in einem bestimmten, festgelegten Verhältnis den Blattbereich durchdringen. Dies können einerseits Kräfte aus dem Bereich der Blüte sein, sodass in den Blättern Duft (etherische Öle) und Farben (Flavonoide, Anthocyane) gebildet werden, oder andererseits Kräfte aus dem Bereich der Wurzel, sodass »verdichtete« Stoffe als Gerbstoffe (Labiatengerbstoffe, z. B. Rosmarinsäure) oder als Bitterstoffe (z. B. Diterpene) auftreten *(Durchdringungs-, Pervasionsmetamorphose)*.

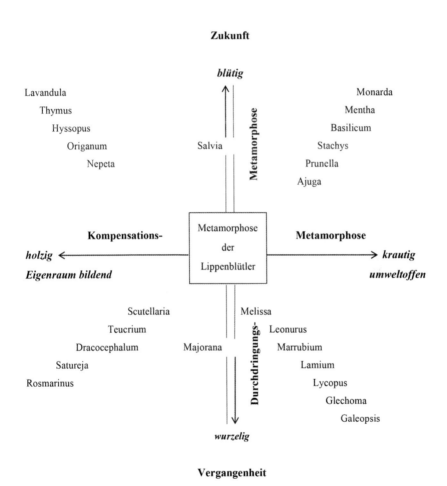

Schema 3: Die Gesamt-Metamorphosen der Lippenblütlergestalt

Abb. 14: *Oben* eine Minzen-Blüte *(Mentha aquatica* L.*)*, *unten* eine Hohlzahn-Blüte *(Galeopsis speciosa* Mill.*)* zum Vergleich.

Die vom generativen Pol der Pflanze her impulsierten Arten kommen typischerweise aus den trockenen Wärmezonen der Erde (Mittelmeer, Afrika, Mittelamerika, Mittelasien) – dies ist die Mehrheit der meist ausdauernden Lippenblütler-Arten –, während die vom Wurzelpol geprägten Lippenblütler alle mehr die kühleren, bergigen und feuchten Gegenden Europas, Nord-Amerikas und Asiens bewohnen und meist Kräuter oder mehrjährige, unverholzte Stauden bilden.

Die Metamorphose der Labiaten lässt sich demnach im *Schema 3* darstellen, welches beide Metamorphose-Typen vereint. So findet sich bei einer genauen Betrachtung der Phänomene eine sinnvolle Gliederung der Labiaten-Gattungen, die rein aus dem Gegebenen entwickelt wurde!

Die Metamorphose der Lamiaceen-Blüte

Mit gleicher Methodik wollen wir uns der Bildung der Einzelblüte in dieser Pflanzenfamilie zuwenden. Schon die deutsche Bezeichnung dieser Blüte weist auf ein besonderes Merkmal hin, und zwar ihrer speziellen Formung zu einer »Lippen-Blüte«. Wir können wiederum von zwei extremen Bildungen ausgehen: von der Minzen- und der Hohlzahnblüte *(Abb. 14, 17)*.

Die *Blüte der Minze (Mentha)* ist klein, fast radiär, zartlila und lässt auf den ersten Blick gar keine Lippenblüte vermuten. Anders bei der *Blüte des Hohlzahns (Galeopsis)*: Sie ist groß und sehr stark räumlich ausgestaltet, wobei die Gestaltung in Ober- und Unterlippe so weit geht, dass aus der Unterlippe noch zwei »Zähne« nach oben ausgestülpt werden. Die behaarte Blüte ist meist stark gefärbt, oft gefleckt von gelb bis dunkelviolett. Fällt die Minzenblüte als Einzelblüte kaum auf, so gilt das für die Hohlzahnblüte umso mehr. Schritt für Schritt können wir verfolgen, wie sich die Minzenblüte bis hin zur Hohlzahnblüte umformt. Der Gesichtspunkt ist dabei, wie sich aus der fast strahligen Blüte der Minze 2 Blütenblätter zur Oberlippe und 3 Blütenblätter zur Unterlippe zusammenschließen und Schritt um Schritt mehr Innenraum gestalten. Ein nicht sichtbarer Raum wird von unten und oben durch die Ausgestaltung der Blütenorgane so umgestaltet, dass er »Wohnraum«, ja »Behausung« wird. Die damit in Zusammenhang stehenden Wohnungsinsassen sind Insekten (Schmetterlinge, Bienen, Hummeln), die sogar eine passende optische, geruchliche und spezifisch geformte Ausgestaltung vorfinden. Es wird der geformte Raum zum »Seelenraum«, der – ähnlich wie bei vielen Orchideenblüten – perfekt mit den ihn besuchenden seelentragenden Tieren (den Insekten) harmoniert. Letztlich ist es wohl immer der Nektar, der als Nahrung die Blütenbesucher anlockt. Aber es muss noch mehr sein, da auch auf kleinen, wenig durchgestalteten Labiaten wie Thymian, Bohnenkraut und Origanum sich eine Fülle von Bienen tummelt.

Abb. 15: Übertriebene Ausbildung der Oberlippe der Lamiaceen-Blüte: *Oben* Wiesensalbei *(Salvia pratensis* L.*), unten links Catoferia capitata* Benth. *Unten rechts* Honigmelonen- bzw. Ananas-Salbei *(Salvia elegans* Vahl*)*.

Abb. 16: Überwiegende oder alleinige Ausbildung der Unterlippe der Lamiaceen-Blüte: *Oben links* Salbei-Gamander *(Teucrium scorodonia* L.*), oben rechts* Kriechender Günsel *(Ajuga reptans* L.*), unten links* Salvia spathacea *und unten rechts* Salvia urica.

Blicken wir auf die bisher gefundene Blütenmetamorphose, so bildet der Heilsalbei *(Salvia officinalis* L.*)* die Mitte. Dessen zart lilablaue Blüte ist zwar schon deutlich zygomorph, doch ist sie weder so stark räumlich ausgebildet wie die Hohlzahnblüte noch fast radiär wie die Minzenblüte.

Betrachten wir andere Blütenformen, so werden wir noch zwei weitere Blütentendenzen finden können: Die eine führt zur *übertriebenen Ausbildung der Oberlippe (z. B. Salvia pratensis, Catoferia capitata; Abb. 15, 17)* und die andere zur übertriebenen oder *alleinigen Ausbildung der Unterlippe (z. B. Teucrium, Ajuga; Abb. 16, 17)*. Beide Sonderformen sind Bildungen, die in extremer Weise auf ihre Blütenbesucher hinweisen. Alle diejenigen Blütenbildungen, die die Oberlippe forcieren und oft lange Blütenröhren aufweisen (wie *Salvia splendens, S. vanhouttei, S. holwalyi, S. elegans, S. pulchella, S. dorisiana*), werden von Kolibris besucht (Ornithophilie). Wie P. WESTER (2007) zeigt, werden 20% der ca. 1000 *Salvia*-Arten, die vorwiegend in Mittel- und Südamerika vorkommen, von Kolibris bestäubt!

Die zweite Entwicklungsrichtung der »einseitigen« Labiaten-Blüte mit der *immer stärkeren Ausbildung der Unterlippe* geht über *Rosmarinus, Teucrium* zu *Ajuga*, wobei unter anderem *Salvia interrupta, S. spathacea, S. urica* ebenfalls in zunehmendem Maß die Unterlippe betonen und *Rosmarinus* wie *Salvia urica* geradezu – von vorne betrachtet – »menschenähnliche« Blüten-Gesamtgestalten hervorbringen. Interessant ist auch eine Bewegungsgeste, die rotblühende (spät im Jahr im Kurztag blühende), stark laubige Salbei-Arten aus Südamerika zeigen. Sie bilden einen ährigen Blütenstand (ähnlich demjenigen vieler Ziest-Arten), der aber im Knospen-Entwicklungsstadium 180° nach unten geneigt ist und erst im Aufblühen sich langsam aufrichtet, bis die aufgeblühte Blütenstandsähre dann kerzenartig-gerade den oberen Bereich der ca. 100–150 cm großen Büsche schmückt.

Interessant ist, dass in beiden Blütenmetamorphose-Reihen der *Arznei-Salbei* eine Mittelstellung einnimmt, die er auch bei der Gestaltmetamorphose des Sprosses zugewiesen bekam und von dem also vier Bildungsrichtungen ausgehen *(Abb. 17)*:

a) die Tendenz zur radiären Blüte *(Mentha)*,
b) die Bildung der stark räumlich ausgeformten, zygomorphen Blüte *(Galeopsis)*,
c) die übertriebene Ausbildung der Oberlippe *(Catoferia)*,
d) die alleinige Ausformung der Unterlippe *(Ajuga)*.

Was die *Blütenfarben der Labiaten* betrifft, treffen wir auf ein eindrucksvolles Farbgesamtspektrum, das von dunkelviolett *(Salvia jodantha)* über dunkelblau, mittel- bis hellblau, blauweiß, gelbweiß, weiß-rosa, rosa-violett, orange, orange-rot, leuchtend rot bis dunkelrot und schwarzrot reicht! Am eindrucksvollsten sind die stark intensiv bunt gefärbten Blüten von *Galeopsis* (gelb, rot, dunkelblau, violett) und *Salvia indica*, bei der die Oberlippe hellblau gefärbt ist, während die große Unterlippe dunkelviolett und gelb gefleckt erscheint.

Interessant ist besonders das Studium der fast 1000 Arten zählenden Gattung *Salvia*, die alle aufgeführten Metamorphosen der Sprossgestalt, des Standortes, der Blütenbildungen, Blütenfarben, Düfte und Gerüche bis hin zu den Inhaltsstoffen (etherische Öle, Bitter- und Gerbstoffe, Diterpene, Triterpene etc.) zeigt! Deshalb würde es der Familie der Lippenblütler wohl anstehen, als Familienname mit »*Salviaceae*« anstatt Lamiaceae genannt und geadelt zu werden!

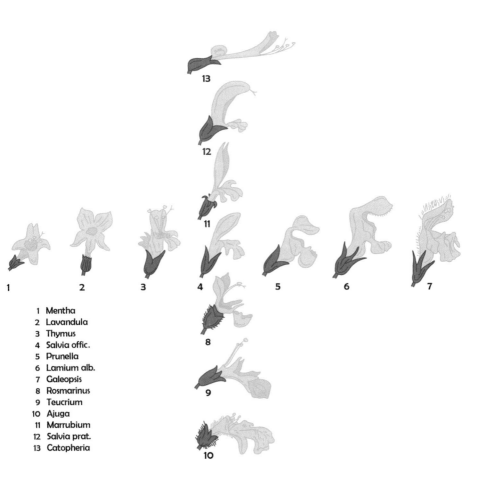

1 Mentha
2 Lavandula
3 Thymus
4 Salvia offic.
5 Prunella
6 Lamium alb.
7 Galeopsis
8 Rosmarinus
9 Teucrium
10 Ajuga
11 Marrubium
12 Salvia prat.
13 Catopheria

Abb. 17: Gesamt-Blütenmetamorphose der Lamiaceen

ÜBER DIE STOFFPROZESSE DER LIPPENBLÜTLER

Der Slogan der Bauhaus-Kultur »*Form folgt Prozess*« kann auch für die »stoffliche« Seite unserer Pflanzenfamilie gelten: Stoffstruktur folgt Prozessablauf.

Die Bildung etherischer Öle

Vielfältig wurden und werden die Labiaten als die wesentlichste etherisch-Ölreiche Pflanzenfamilie bezeichnet. Das ist wohl wahr, denn kaum eine größere Pflanzenfamilie – außer den Doldenblütlern (Apiaceae) – besitzt einen solchen Reichtum an diesen flüchtigen Stoffen, an Gerüchen wie die Lippenblütler. Dabei kommt es nicht nur auf die Quantität dieser Stoffklasse, sondern besonders auch auf die Qualität ihrer Verbindungen an. Alle diese duftenden und riechbaren Verbindungen von Kohlenstoff (C), Wasserstoff (H) und Sauerstoff (O) gehören den terpenoiden Pflanzenstoffen an, was unter anderem auch meint, dass sie alle einer gleichen oder ähnlichen Bildungskaskade entstammen. Diese sogenannten sekundären Inhaltsstoffe haben ihren Ursprung im primären Zuckerstoffwechsel der Pflanzen. Dies bedeutet, dass sich neben den wichtigen und ubiquitären Aufbaustoffen der Pflanze – Zucker, Eiweiß und Fett (die die Grundstruktur der Pflanze bilden) – hieraus eben spezielle sekundäre Stoffe bilden, die der jeweiligen Besonderheit *dieser* konkreten Pflanze mit ihrer Familienzugehörigkeit, dem Klima und dem Standort sowie der Jahreszeit entsprechen. So können wir tief in das Wesen der Pflanze hineinblicken, die neben der Formung ihrer je spezifischen äußeren Gestalt auch ihr Inneres entsprechend ausstattet, um sich wesenhaft darzustellen, zu behaupten und sich in ihrer Umwelt durchzusetzen. Hinzu kommt, dass die Pflanzen in vielfältiger Weise *direkt* über Blätter und Wurzeln kommunizieren. Dies erfolgt natürlich nicht über »Worte«, sondern über Stoffe – oder sollten wir sagen: Substanzen, die das Ergebnis innerer Wahrnehmungsprozesse sind und tatsächlich »sub«, das heißt unter deren Formprozessen stehen (»stare«) und die Botschaften in entsprechende Stoffbildungen umsetzen. Diese »Botschaften« werden meist über Terpene oder terpenoide Stoffe vermittelt. Dabei gehen alle diese Stoffbildungen vom Zuckerstoffwechsel der Pflanze aus, bilden daraus über Acetyl-Coenzym A eine erste Grundsubstanz, einen C_5-Körper (= Isopren in Form des Isopentenyldiphosphates – also einer sehr energiereichen Substanz) und gestalten daraus die Vielfalt der terpenoiden Verbindungen:

- Monoterpene mit einem C_{10}-Grundgerüst
- Sesquiterpene mit einem C_{15}-Grundgerüst
- Diterpene mit einem C_{20}-Grundgerüst
- Triterpene mit einem C_{30}-Grundgerüst

Verdoppelung der Diterpene führt zum Carotin (C_{40}-Grundgerüst) und Polymerisation von Isopreneinheiten (100- bis 10000-fach) zu den Polyterpenen, zum Beispiel Kautschuk.

Dies ist die »Grundausstattung« des Terpens-, zu dem vielfache Möglichkeiten des Zufügens oder Herausnehmens von Wasserstoff und Sauerstoff kommen.

Die Fülle der flüchtigen Verbindungen (etherische Öle) werden in dem Bereich der Monoterpene und Sesquiterpene gebildet. Viele Bitterstoffe finden wir unter anderem bei den Diterpenen (z. B. Carnosol – bei Rosmarin und Salbei), andere Bitterstoffe leiten sich von Monoterpenen ab (Secoiridoide und Iridoide, z. B. aus der Brechwurz [Loganin], aus Spitzwegerich, Ehrenpreis und Keuschlamm [Aucubin] sowie der Enzian-Verwandtschaft [u. a. Amarogentin, Gentiopikrin u. ä.]) und Sesquiterpenen (z. B. viele Bitterstoffe der Körbchenblütler) (HEGNAUER 1996/2013, WAGNER & AL. 2007).

Hervorzuheben ist hierbei, dass der Bilde-Ursprung der Geruchssubstanzen (Monoterpene) natürlich die Blüte ist, die als »Impulsator« mit ihrer besonderen wärmedurchzogenen Gestaltungskraft hinter diesen Stoffprozessen und Umwandlungen steht! In ihr urständet der Geruch! Und wenn bei den Labiaten die Blätter duften, sagt uns das nicht mehr oder weniger, als dass die Wärmeprozesse der Blüte (durch die Substanz »verduftet«) in den Blattbereich eingezogen sind und diesen durchdringen (Prozesse der Durchdringungsmetamorphose). Die Art und Weise, wie nun die Hunderte von Einzelstoffen der etherischen Öle gebildet werden und auftreten, weist uns auf die Vielfältigkeit der Möglichkeiten hin, wie diese *Wärmeprozesse aus dem Bereich der Blüte*, die dort ein direkter Ausdruck für das Eindringen von seelischen Prozessen in den Bereich des Lebendigen sind, den Blattbereich ergreifen. In der Blüte werden Vitalprozesse aus dem unteren Bereich der grünen Pflanze zu Ende geführt (entvitalisiert) und einer Seelenwelt aufgeschlossen, die sie zwar »ertötet«, aber auch eine Stufe höher entwickelt, indem sie nun für riechfähige Organismen (z. B. Insekten), also für Seelenprozesse, zur Verfügung stehen. Treten nun entsprechende Substanzprozesse im Blatt auf, ist dies für uns ein Hinweis, den inneren Gestaltungsprozessen der Pflanze zu folgen und sie in ihrer jeweiligen Besonderheit zu beschreiben.

»Wärme durchdringt Blättriges« heißt aber auch, darauf aufmerksam zu werden, in welcher Vielfalt und Differenziertheit die Wärme als im Menschen Ich-tragende Qualität sich in der Pflanze ausdrückt und damit auch – als Heilmittel eingesetzt – in großer Vielfalt das Verhältnis der Lebensorganisation (Ätherleib) zur Seelenorganisation (Astralleib) des Menschen und zu seinem Ich beeinflussen, gestalten, unterstützen und wiederherstellen kann (MEYER 2009).

Die Bedeutung der Blütenfarben hinsichtlich der Stoffprozesse

Ein weiteres eigenständiges Merkmal der Blüten ist ihre Farbigkeit. Diese ist – auch für uns – das Signal des Besonderen, Einmaligen, Anziehenden, was die Einzelpflanze als »Eigenwesen« aus dem Bereich der grünen »Allgemeinheit« des Blattes und des »Krautes« hervorhebt. Blüten sprechen das Auge an, wie Gerüche die Nase und Geschmäcker den Mund, und richten sich dabei an sehende beseelte Wesen (meist Insekten), die innerlich mit diesen Farben korrespondieren können. Grün ist allgemein die Farbe des Lebens, andere Farbigkeit speziell der Ausdruck für seelische Berührung!

Suchen wir das stoffliche Äquivalent auf, finden wir ebenfalls terpenoide Verbindungen: die Stoffklasse der *Flavonoide*. Ihre Bildung geht ebenfalls auf den *Abbau von Zuckern* zurück, deren Abbauprodukte durch Einwirkung mehrerer Enzyme über die Shikimisäure, Prephensäure und Zimtsäure zum Flavonoid (Flavanon) umgebildet werden (MEYER 2009).

Ihren Namen leiten die Flavonoide von ihrer gelben Farbe (lat. flavus = gelb) ab, die bei ihrer Entdeckung zuerst auffiel. Von deren Grundstruktur kommen wir zu den Anthocyanen (rote und blaue Blütenfarbstoffe), zu gelben Auronen und Chalkonen, zu cremefarbigen Flavonen etc.

Hier sehen wir einen zweiten Weg, wie aus der Grundsubstanz »*Zucker*« durch Einwirkung von *abbauend* wirkenden Prozessen neue »*Stoffe*« gebildet werden, die der Blüte ihren weiteren besonderen Aspekt, nämlich die »*Farbigkeit*« verleihen. Wir finden also bei diesen Substanzen auch ein »sub-stare« der Stofflichkeit als Formungsprozess unter dem Einfluss des *Lichtes*.

Bildung und Wirkung von Bitterstoffen

Was beim Beschreiben der Lippenblütler oftmals zu kurz kommt (da nicht direkt erlebbar), ist die Seite des *Geschmackes*. Wer je frische Rosmarinblätter gekaut hat, weiß, worauf hingewiesen wird. Uns kommt eine fast überwältigende *Bitterkeit* entgegen, die nichts mehr von Lieblichkeit oder Angenehmem besitzt. Diese Bitterkeit durchzieht oft die ganze Familie und ist in den mehr krautigen »kühlen« Vertretern der Familie genauso enthalten wie in ihren »heißen« Verwandten mit vielen Duftstoffen (= ebenfalls ein Ausdruck der Durchdringungsmetamorphose). Es handelt sich bei den Labiaten-Bitterstoffen meist um Substanzen, die im Terpenstoffwechsel ihren Ausgangspunkt haben und – wie schon erwähnt – meist zu den Diterpenen (C_{20}-Verbindungen) gehören, wie zum Beispiel Carnosol, Carnosolsäure und Rosmarinol aus Salbei und Rosmarin. Gegenüber den Bildeprozessen des etherischen Öls (die von Licht- und Wärmeäther bewirkt werden) machen diejenigen, die zu den Bitterstoffen gehören, eine »*Verdichtung*« durch, das heißt, *der Weg zu den Blüten-gemäßen Stoffbildungen (Mono- und Sesquiterpene) wendet sich wieder wurzelwärts*, verdichtet sich und kommt wieder mehr in die erdentsprossenen Kräftewirkungen des Lebensäthers und des chemischen Äthers. Und tatsächlich finden wir bei vielen Wurzeln diese eigenartig bitter-erdigen Geschmacksrichtungen (zum Beispiel bei *Salvia miltiorrhiza*, dem Rotwurzelsalbei aus China), die in offensichtlichem Gegensatz zu den wärme- und luftgetragenen Düften der Blütenprozesse stehen.

Da das *Prinzip der »Durchdringung« aus den Prozessen der Blüten- und Fruchtbildung* herrührt, wundert es kaum, dass wir beim Kraut der Lippenblütler sowohl *hell-süßliche Geschmacksnuancen* antreffen, wie bei *Melisse, Majoran und Katzenminze*, als auch *harzige, bittere, rauchige, zusammenziehende Geschmacksnuancen* wie bei *Rosmarin, Salbei, Ysop und Thymian*. So kann sich eine ganze »Klaviatur« von Geschmacksdifferenzierungen ergeben, die beim Menschen von der Zungenspitze bis tief in die Verdauungsorgane reichen. RAPP & ZEHNTER (2012) beschreiben dies in ihrer Studie folgendermaßen:

»Der Geruchssinn und der Geschmackssinn, die in unseren alltäglichen Erlebnissen eng miteinander verflochten zusammenwirken – grenzen an die unteren Sinne. Das tritt besonders an den Polen der oben angelegten Wahrnehmungsspektren in Erscheinung, was uns veranlasst, sie zu biegen, also die Sinnesqualitäten in einem Bogen anzuordnen, dessen Schenkel auf dem Boden der unteren Sinne stehen, in dem die Befindlichkeitsformen der beiden Sinne wurzeln. An diesen Polen wirken die Eindrücke tiefer in die eigenleibliche Verfassung ein, indem sie vom Anzüglichen / Widerwärtigen, Angenehmen / Unangenehmen (Lebenssinn) bis zum warm Umhüllenden / stechend Abstoßenden (Tastsinn) reichen und schließlich bei Überreizung in Schmerz und Betäubung enden. Die Empfindungen auf dem Scheitel der Bögen erscheinen eher als objektive Umweltqualitäten, als *Wahrnehmung des reinen Dufts und der einen Würze*. Insofern liegen sie oben auf dem Scheitel, tiefer im Bereich der mittleren Sinne, fast so objektiv wie die Farben, die Erscheinungen des nächst höheren Sinnes« *(Schema 4).*

Im 8. Vortrag von »Geisteswissenschaft und Medizin« ging RUDOLF STEINER (1920) auf die Prozesse des Riechens und Schmeckens ein und führte aus:

»Aber Sie müssen sich zugleich klar sein, dass das Schmecken ein viel organisch-innerlicherer Prozess ist als das Riechen. *Das Riechen* spielt sich mehr an der

Schema 4: Differenzierung von Geruch und Geschmack (nach RAPP & ZEHNTER 2012)

Oberfläche ab. Durch das Schmecken kommen Sie mehr auf gewisse Eigenschaften, die innerlich in den Substanzen liegen müssen, die also mit dem Substantiellen selber verbunden sein müssen. Sie kommen mehr durch das Schmecken darauf, (...) was die Dinge, die Pflanzen also in diesem Fall, im Inneren sind. (…) alles dasjenige, was mit den organischen Prozessen des Festwerdens in den Pflanzen zusammenhängt, enthüllt sich, offenbart sich durch das Schmecken alles desjenigen, was in der Pflanze ist. (…), der Geschmack ist [also] ein Vorgang, der zusammenhängt mit der Beziehung des Ätherischen zum Physischen.« (Hervorhebung u. Einfügung: R. S.)

Das Ätherische steht also zwischen dem Physischen und dem Astralischen, was wiederum im Menschen seinen Abdruck findet in den seelengetragenen Prozessen des Schmeckens und Riechens.

Im Riechen »richten wir unseren Sinn auf dieses Aromatische der Flora, (...) wo die Flora das Pflanzensein noch über sich hinaustragen will, wo die Pflanze (...) ihre Geistigkeit hinaussetzt in die Atmosphäre. (...) Was ist denn das eigentlich, (...) wenn (die Pflanze) aus der Blüte noch etwas hinaussendet, (...) was sich in dem Flüchtigsein erhält? Das ist nichts anderes als ein zurückgehaltener Verbrennungsprozess. Sie sehen auf der einen Seite die Verbrennung und auf der anderen Seite das Aromatisieren [= das Schmeckbare, Anm. R. S.] der Pflanzenwelt an, dann erkennen sie darin zwei Metamorphosen einer gemeinsamen Einheit. (...) es ist einfach im Aromatisieren auf einer anderen Stufe das Verbrennen gegeben«.

Daher treffen wir auch bei allen etherischen Ölen die Eigenschaft der »Verbrennlichkeit« an, die als das »sulfurische« Prinzip der Pflanzensubstanz gekennzeichnet wird.

Nun zum *Schmecken*: Hier blickt Rudolf Steiner auf Pflanzenprozesse, die tief im Innern liegen und die Pflanze veranlassen, ihre »Pflanzenbildungskraft« zusammenzuhalten und sie »zur inneren Bildung zu verwenden«. Machen wir also diesen Prozess der inneren Pflanzenbildung im Schmecken mit, so offenbart sich uns dieser Prozess, »der unterhalb des Festwerdens des Pflanzlichen liegt« in der Stoffqualität des »Salzwerdens«. »Und das, was Sie in der Pflanze schmecken, ist dasjenige, was noch zurückgehaltenes Salzwerden ist«.

Wie setzt sich der Vorgang des »Schmeckens« nun in den menschlichen Organismus fort? Hier blickte Rudolf Steiner auf eine innere Metamorphose des Geschmacksvorganges nach unten/innen, die die Verdauung bedingt. »Sie werden gewahr, wie der Verdauungsvorgang verwandt gedacht werden muss dem Schmeckvorgang«, sodass man den Schmeckvorgang nicht versteht, wenn man ihn nicht so vorstellt, »dass das gute Verdauen auf einer Fähigkeit beruht, die gewissermaßen mit dem ganzen Verdauungstrakt zu schmecken versteht, dass das schlechte Verdauen gewissermaßen auf der Unfähigkeit beruht, mit dem ganzen Verdauungsapparat zu schmecken«.

Wir haben schon im 6. Vortrag desselben Zyklus erfahren, dass Pflanze und Mensch polarisch orientiert zu denken sind, denn »dasjenige, was in der Pflanze von unten nach oben wächst, wächst beim Menschen von oben nach unten, sodass in dem Sexuellen und in den Ausscheidungsprozessen beim Menschen das Blütenhafte und Samenhafte nach unten geht, während das Einwurzeln nach oben geht. *Nur ist es beim Menschen funktionell, bei der Pflanze ist es ein materieller Prozess«!* (Hervorhebung: R. S.)

Auf diesem Funktionsbild baute nun Rudolf Steiner im 8. Vortrag auf, wenn er auf die inneren Bezüge des Aromatisierens und des Festwerdens bei der Pflanze in Bezug auf die Vorgänge im Menschen eingeht und klarstellt, dass hierbei eine Umkehrung der geschilderten Prozesse in Mensch und Pflanze geschieht:

»(...) daher werden wir hier [oben beim Menschen] zu der Anerkennung einer Verwandtschaft der Vorgänge mit dem Salzwerden kommen und hier [unten] zu einer Verwandtschaft mit dem Feuerwerden oder mit dem Verbrennen. (...) Leiten Sie also dasjenige, was geeignet ist, das Aromatisieren (...) in den Pflanzen zu bewirken, nach dem Unterleibe, so helfen Sie dem Unterleibe. Leiten Sie (...) den in der Pflanze zurückgehaltenen Salzprozess (...) nach dem oberen Menschen, so helfen Sie den Vorgängen des oberen Menschen. Hier sehen Sie die ganze Pflanzenheilkunde zunächst im Prinzip charakterisiert«. (Einfügungen in eckigen Klammern: R. S.)

Und als konkretes Beispiel blickte Rudolf Steiner auf die beiden Lippenblütler *Melisse* und *Gundelrebe*, bei denen man

»eigentlich eine Synthese [beim Riechen und Schmecken] zwischen Geruch und Geschmack wahrnimmt, (...) und findet, dass da drinnen schon etwas vom Salzwerden liegt, (...) schon ein Zusammenwirken zwischen dem Salzwerden [= Bitterstoffe und Gerbstoffe] und dem Aromatisieren [= etherische Öle] ist. Das weist darauf hin, dass die Organe, die zu diesen Pflanzen Verwandtschaft haben müssen [wie Melisse usw.], mehr nach dem Äußeren, nach der Brust zu liegen, während diejenigen Organe, die verwandt sein müssen mit dem, was stark aromatisch ist [Linde oder Rose], verwandt sein müssen mit dem, was mehr in den Unterleib eingegraben ist oder mehr nach dem Unterleib hin liegt. Dieses Verfolgen von Prozessen in Natur und Mensch führt in den ganzen Menschen hinein, während dem man heute gewöhnlich nur von den vorliegenden Organen aus den Menschen betrachtet. Hier suchen wir von den Prozessen aus und von dem ganzen Zusammenhang als Menschen mit der außermenschlichen Welt diesen Menschen zu erkennen, zu durchschauen und wir finden in der Tat Zusammenhänge, die uns wirklich *unmittelbar* ein Bild sind des ganzen Äther-[leib]wirkens im Menschen.« (Hervorh. und Einfügungen in eckigen Klammern: R. S.)

Der Stoffprozess der »Salzwerdung« als typisch für die »geschmeckten« Stoffe weist uns auf einen zunächst schwer fassbaren physiologischen Vorgang in der Pflanze hin, dem kaum ein äußerlich ähnlicher Strukturprozess entspricht! Daher tun sich alle »Insider« mit den Bitterstoffen so schwer! Denn Bitterstoffe gibt es quer durch mehrere Pflanzenfamilien und auch quer durch manche Inhaltsstoffklassen, wenn auch die *Bildungen aus dem terpenoiden Stoffprozess deutlich dominieren*, das heißt, dass die unter der Einwirkung von *Licht und Wärme entstandenen Duft- und Farbstoffe* durch einen Prozess der inneren »Salzbildung« eine Verdichtung und oftmals eine deutliche Komplexierung ihrer Molekülstrukturen erfahren. Dieser Vorgang kann sich sowohl auf die Monoterpene (Umstrukturierung zu den Iridoiden), die Sesquiterpene (Sesquiterpenlaktone) oder auf die Diterpene beziehen, die selbst meist schon bitter schmecken und (z. B. im Destillat der Enzianwurzel, Enzianschnaps) als eigentliche Bitterstoffe wahrgenommen werden: Komplexierung und Vergrößerung der Molekülstrukturen weisen den inneren Weg der »Verdichtung« als Prozess in den Pflanzen.

Bei den Lippenblütlern ist es interessant zu bemerken, dass das Eingreifen der Wärme- und Lichtkräfte in die Pflanzenbildung jeweils sehr unterschiedlich intensiv erfolgen kann und dadurch einmal mehr, einmal weniger etherisches Öl auftritt (Thymian bis Taubnessel), dass aber die Bitterstoffbildung die *ganze* Familie deutlich ergreift und durchzieht. Wir können diese als einen Prozess schildern, der wohl für die Pflanzen typisch ist, die der *Durchdringungs-Metamorphose* unterliegen, von unten her die für die Kräfte des Irdischen und Wässrigen offene Wurzel ergreift und nach oben den *Blattbereich* der Pflanze durchdringt (BRETTSCHNEIDER 1980). Gleichzeitig »von oben« aus dem *Blütenbereich* entgegenwirkende Prozesse können zusätzlich den *Blattbereich zur Bildung von etherischen Ölen* veranlassen, sodass sich hierbei Schmecken und Riechen begegnen. In ähnlicher Weise schildert Brettschneider (Loc. cit) auch die Wesensart der Durchdringungsprozesse beim Gelben Enzian. Bei dieser kraftvollen Gebirgspflanze ist darauf hinzuweisen, dass ihre vegetative Seite sich 10–15 Jahre lang vorbereitet, den Blütenprozess aufzunehmen, dann aber 40–60 Jahre lang weiterhin Jahr für Jahr blüht. Besonders ist darauf hinzuweisen, dass die Dissertation von SCHULZE (1980) dem Bildungsverlauf der Bitterstoffe im Jahresgang nachgegangen ist und gefunden hat, dass der Bitterstoffgehalt der Wurzel des *Gelben Enzians (Gentiana lutea L.)* signifikant bis Mitte Mai ansteigt, das heißt etwa verdoppelt gegenüber den Werten von April, und dann bis Juni wieder fast auf den April-Wert abfällt, während gleichzeitig der Zucker-Gehalt (Saccharose) im Mai mit ca. 5% in der Trockensubstanz am niedrigsten ist und bis in den August um das fast 5-fache auf ca. 24% in der Trockensubstanz ansteigt *(Abb. 18)*. Dies bestätigt eine Aussage R. STEINERS (1924a), der die Prozesse des Jahreslaufes in Beziehung bringt zu den Aufbau- und Abbauprozessen des Menschen: Frühling Aufbau- und Ernährungsprozesse im Menschen; Herbst Abbau- und Bewusstseinsprozesse im Menschen.

»Nehmen wir an, wir suchen nach Pflanzenheilmitteln (…) Der Enzian ist ein gutes Heilmittel gegen Dyspepsie. Pflücken wir ihn im *Frühling*, dann werden wir (...) auf das wirken können, was von dem physischen und ätherischen Leib aus geht. Haben wir [beim Menschen] gestörtes Wachstum, gestörte Ernährungskräfte, so werden wir Enzianwurzeln auskochen und (…) verwenden, um die Ernährungskräfte zu verbessern und die Störungen zu beseitigen. Verwenden wir aber die Enzianwurzeln, in dem wir sie im *Herbst* ausgraben – wo der ganze Enzian daraufhin organisiert ist, gerade abzubauen, dem ähnlich zu werden, was der astralische Leib im Menschen bewirkt – dann wird nichts aus der Heilung; im Gegenteil: dann verstärken wir die Verdauungs-Unregelmäßigkeit!« (Hervorhebungen: R. S.)

Und nochmals, für den Pharmazeuten besonders wichtig dargestellt:

> »Man muss also wissen, wenn man seine Präparate herstellt, dass man etwas anders macht, wenn man die Pflanzen im *Herbst* sammelt und verwendet (...) Denn was der Mensch im Verlauf von 24 Stunden in sich trägt: Frühling-Sommer-Herbst und Winter, das ist draußen in der Natur über 365 Tage ausgedehnt.«

Wir blicken hier bei dem »*Bitteren*« auf einen *Stoffbildungsprozess*, der von den »älteren« Medizinern und Pharmazeuten deutlich als ein *drei-gegliederter* beschrieben wurde, in dem die »Bittermittel« in die drei Kategorien der *Amara tonica*, der *Amara aromatica* und der *Amara acria* eingeteilt werden. Dabei können wir von der Qualität der Stoffbildung her eindeutig die *Amara aromatica* (mit ihrem zusätzlichen Gehalt an etherischen Ölen, wie bei Salbei, Wermut) den wärmedurchdrungenen Blütenprozessen, die *Amara tonica* (als »reine Bittermittel«, z. B. bei Enzian, Artischocke, Tausendgüldenkraut, Bitterklee) dem Blattbereich und die *Amara acria* (mit ihrer zusätzlichen scharfen Geschmackskomponenten, z. B. bei Ingwer und Galgant) dem Wurzelbereich zuordnen *(Schema 5).*

Das bedeutet aber auch, dass der therapeutische Einsatz dieser drei unterschiedlichen Bitterstoff-Drogen deutlich zu differenzieren ist. Darauf gehen mehrere Autoren in verschiedenen Arbeiten ein (WECKENMANN 1978, MATTHES 2002, ZWIAUER 2006, MEYER 2009, GIRKE 2010, FELENDA & AL. 2012, RAPP & ZEHNTER 2012) und weisen sowohl auf die Differenzierung der Geschmackswahrnehmung als auch die Differenzierung beim therapeutischen Einsatz beim Menschen hin. Dabei wird klar, dass der Hauptbereich der Heilmittelwirkung im Bereich

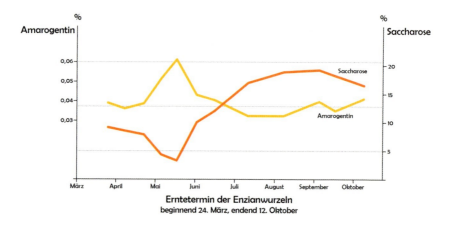

Abb. 18: Gegensätzlicher Verlauf der Konzentrationen von Amarogentin und Saccharose im Jahreslauf, aus drei Jahrgängen gemittelt. (Nach SCHULZE 1980)

der Verdauungsorgane liegt – soweit sie von rhythmischen Vorgängen ergriffen und durchzogen sind – sowie auch bei tieferliegenden Störungen rhythmischer Prozesse, bei denen ein Missverhältnis von Ätherleib und Astralleib festzustellen ist. Ein entsprechendes Bild der »Menschenseite« mit ihren unterschiedlichen Erkrankungsmöglichkeiten als Leitsymptome für bitterstoffhaltige Arzneipflanzen hat GIRKE (2010) erstellt *(Abb. 19)*. Es reicht vom Bereich des Bewusstseinspoles der Verdauung mit der Störung »Übelkeit« (hier wäre der Ingwer einzusetzen) bis zu den Bewegungs- und Stoffwechselprozessen mit »gastrointestinalen« Störungen (hier wäre Wermut einzusetzen).

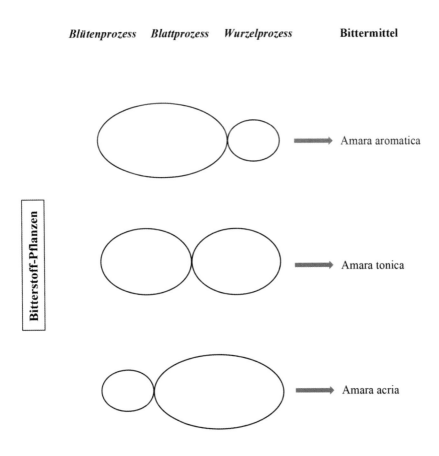

Schema 5: Gliederung der Bitterstoff-Pflanzen bzgl. ihrer Anteile am Blüten-, Blatt- und Wurzelprozess und ihrer jeweiligen Beziehung zu den verschiedenen Bittermitteln. (In Anlehnung an VOGEL 1997)

Dabei geht die Wirkung von Bitterstoffen weit über die Anregung von Verdauungsdrüsen hinaus. Dass »bitter« am Zungengrund geschmeckt wird, ist bekannt (WAGNER & AL. 2007). Hier befinden sich bis zu 2000 Geschmacksknospen (Bitterstoffrezeptoren). Dass sich diese Bittersensoren jedoch – neben dem Magen – auch im Bereich des Gaumens, des Rachens, des Kehlkopfs und der Bronchien finden lassen, wurde erst 2010 durch die Arbeitsgruppe von PROF. MEYERHOF in Potsdam-Rehbrück entdeckt (DEUTSCHES INSTITUT FÜR ERNÄHRUNGSFORSCHUNG 2010). M. Sommer greift diese neuen wissenschaftlichen Forschungsergebnisse auf, die zeigen, dass eine Aktivierung der Bitterrezeptoren im Bereich der Atemwege »zu einer Erweiterung der Atemwege führt, und die Muskulatur der Bronchien entspannt sich dreimal stärker als bei der Anwendung üblicher Asthmasprays (SOMMER 2011). Er schreibt weiter: »schon vor 90 Jahren hat Rudolf Steiner die Anwendung von Bittermitteln beim Asthma bronchiale empfohlen, jetzt belegt die aktuelle Forschung diesen Therapieansatz«. Auch in einem in der Therapie vielverwendeten Phytotherapeutikum für den Bereich der Sinusitis und Bronchitis (Sinupret®) ist unter anderem Enzianwurzel enthalten.

Ferner ist darauf hinzuweisen, dass Bitterstoffe das darmassoziierte Immunsystem aktivieren (ZIMMERMANN & AL. 1986) und damit erfolgreich bei urtikariellem Exanthem eingesetzt werden. Alle diesen neuesten Forschungsergebnisse erhellen auch die seit altersher bekannte anregende Wirkung von Bitterdrogenzubereitungen in der Rekonvalenz, wodurch eine Kräftigung des ganzen Organismus erreicht wird. Hierfür sind wässrige Zubereitungen aus Salbeiblättern oder dem Andornkraut (*Marrubium vulgare*, Herba; ebenfalls eine Labiate) hilfreich.

Blicken wir hier besonders auf die Bitterstoffpflanzen der Labiaten, dann sind Bemerkungen R. STEINERS (1921) aus dem »Heileurythmiekurs« zur Charakterisierung der Verdauungstätigkeit wichtig:

»Was ist eigentlich (…) die Verdauungstätigkeit? Sie ist Stoffwechseltätigkeit, die nach dem Rhythmischen hin stößt, nach dem Rhythmischen hin sich entfaltet. Verdauungstätigkeit ist Stoffwechsel, der gewissermaßen aufgefangen wird vom Rhythmus der Zirkulationsorgane. Es spielt sich da fortwährend ein Prozess ab, der eine Zusammensetzung ist aus Stoffwechseltätigkeit und dem Rhythmischen.«

Und gerade aus dem gefestigten Rhythmus der sich immer wiederholenden Blattpaare, Blattetagen der Lippenblütler (vom Thymian-Nadelblatt bis zum breiten Taubnesselblatt) ergibt sich, dass sie besonders geeignet, ja prädestiniert sind, *rhythmische Prozesse* im Menschen zu beeinflussen – bei den Bitterstoff-geprägten andere als bei den etherisch-Öl-geprägten.

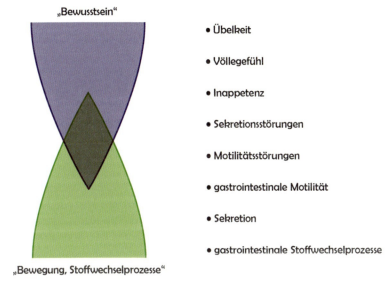

Abb. 19: Polare Wirksamkeiten der astralischen Organisation im Verdauungstrakt vor dem Hintergrund der Dreigliederung: Leitsymptome für die bitterstoffhaltigen Arzneipflanzen. (Nach GIRKE 2010)

Die Bildung der Gerbstoffe der Lamiaceae

Ein besonderer Blick sei zuletzt bei der Betrachtung der »Stoffe« der Labiaten in Verbindung mit den zugrunde liegenden Pflanzenprozessen auf die *Gerbstoffe* gerichtet. Allgemein und kurz geschildert entstammen die als »normale« Gerbstoffe verstandenen Pflanzensubstanzen ebenfalls dem *terpenoiden Aufbauweg*, der zu den Flavonoiden führt in zwei verschiedenen Bildungsstrukturen:

a) über die Shikimisäure zur Gallussäure und den Gallotanninen,
b) über die Zimtsäure und Anthocyanidine zu den Catechin-Gerbstoffen.

Wiederum begegnet uns ein Stoffbildungsprozess, der von *blütennahen Stoffbil-*

dungen ausgeht und in einer Vielzahl von kondensierten und vernetzten Molekülstrukturen zur Ruhe kommt. Beiden gemeinsam ist die Ausbildung vielfältiger Phenol-Verbindungen und das teilweise Hereinholen von Zucker in die Verbindungen.

Zu a): Bei den *Gallotanninen* (auch als hydrolisierbare Gerbstoffe bezeichnet) geht die Kondensation der Strukturen von der zum Beispiel in der Eiche vorkommenden Gallussäure aus und führt letztendlich bei mehrfachem Wasserentzug zum Gallotannin, bei dem sich 8 Gallussäureeinheiten mit einem Glucose-Molekül verbinden (kommt in türkischen und chinesischen Pflanzengallen sowie der Blutwurz vor). Zwischenprodukt ist teilweise die Ellagsäure, die auch ohne Veresterung mit Zucker vorkommt.

Zu b): Einen zweiten Gerbstoffbildungsweg wählen die Pflanzen, in denen die Blütenfarbstoffe der Anthocyane ebenfalls verdichtet, kondensiert werden, aber jetzt nicht vornehmlich unter Wasserausscheidung in Form der Veresterung von Säure- und OH-Gruppen, sondern durch direkte C-C-Verknüpfungen der Einzelmoleküle, was entweder zur Bildung der sogenannten Oligomeren Proanthocyanidine (OPC) oder aber zu den *Catechin-Gerbstoffen* führt, die ihre großen Molekülstrukturen ohne den Einbau von Zucker bilden.

Beide Gerbstofftypen kommen entweder in unterschiedlichen Pflanzen vor (so enthalten die Galläpfel nur Gallotannine) oder in verschiedenen Teilen der Pflanze (beim *Hamamelis*-Strauch enthalten die Blätter Catechine und Procyanidine, während in der Zweigrinde vorwiegend Gallotannine zu finden sind), oder es kommen beide Verbindungsklassen gemeinsam vor (so bei Eichenrinde, Heidelbeersträuchern und Blutwurz).

Den Namen haben die Gerbstoffe aufgrund ihrer gerbenden Wirkung von Häuten, das heißt Eiweißfällung und -vernetzung. Des Weiteren treten adstringierende Wirkungen besonders an Schleimhäuten auf, was zu einer durchfallhemmenden (antidiarrhoischen) und antisekretorischen Wirkung führt. Ferner können Gerbstoffe antimikrobiell und antiviral, entzündungshemmend (antiphlogistisch) und stark antioxydativ wirken (MEYER 1997, 2007, WAGNER & AL. 2007, SCHEMPP & AL. 2015).

Labiaten-Gerbstoffe

Einen völlig anderen Weg in die innere Verfestigung schlagen die Labiaten (Lamiaceae) ein. Ihr Bildungsweg verläuft anfänglich, wie bei den Catechin-Gerbstoffen, auch ausgehend von der *Zimtsäure* (also einer »aromatischen« Substanz), wird aber zunächst *nicht so »blütenhaft« wie beim Weg zu den Catechin-Gerb-*

stoffen, sondern bleibt eher »in der Mitte«, indem die Kondensation nur zu zweimolekularen Verbindungen (sog. Depsiden) führt, die aus dem Umfeld der Kaffeesäure gebildet werden (SCHEMPP & AL. 2015). Dabei scheinen sich bei den Labiaten zwei verschiedene Typen herauszubilden:

a) die Rosmarinsäure-haltigen Familien-Vertreter,
b) die Verbascosid-haltigen Familien-Vertreter.

Zu a): *Rosmarinsäure* ist ein Depsid, das aus Kaffeesäure und einer Dihydrokaffeesäure besteht und eine große Verbreitung innerhalb der Labiaten aufweist. Sie wird vor allem von den saturejoiden Labiaten gebildet: unter anderem Majoran *(Majorana)*, Melisse *(Melissa)*, Minze *(Mentha)*, Basilikum *(Ocimum)*, Dost *(Origanum)*, Rosmarin *(Rosmarinus)*, Salbei *(Salvia)*, Bohnenkraut *(Satureja)*, Thymian *(Thymus)*, Gundermann *(Glechoma)*, Katzenminze *(Nepeta)*, Monarde *(Monarda)* und Duftnessel *(Agastache)* *(Abb. 20)*. (GAO & AL. 2015)

Sehr intensiv hat sich SILKE ANNELIE NOLKEMPER (2007) in ihrer Dissertation mit der Wirkung verschiedener wässrig/alkoholischer Extrakte einiger Lamiaceen-Arten auf verschiedene behüllte (Herpes simplex-)Viren und unbehüllte (Adeno-)Viren befasst. Dabei führte sie umfangreiche Inhaltsstoffanalysen der eingesetzten Drogen durch und fand dabei Rosmarinsäure-Gehalte in den von ihr hergestellten Extrakten von 2861 mg/l bei der Braunelle, über 2961 mg/l bei der Melisse und nur bis zu 142 mg/l bei der Pfefferminze. Zusätzlich war interessant, dass in ca. 757 m ü. M. auf der Schwäbischen Alb angebauter Salbei der Firma WALA gegenüber im Tal auf 403 m ü. M. angebautem Salbei nur ca. 30% des Rosmarinsäure-Gehaltes aufwies. Dies ist ein Hinweis darauf, dass wohl die »kühlen« Labiaten wie zum Beispiel Braunelle und Melisse stärker von diesem Stoffprozess ergriffen werden als die im mediterranen Klima wachsenden, die dafür wesentlich mehr etherische Öle bilden. Es ist auch hier der jeweils unterschiedliche und unterschiedlich intensive Inhaltsstoffbildungsprozess innerhalb der differenzierten Arten ein Ausdruck für die »innere Befindlichkeit« der jeweiligen Arten, wobei der kühlere Standort und die oftmals spätere Entwicklung der Blühphase zu einem Anstieg der Rosmarinsäure und somit zu einer Intensivierung dieser inneren Konzentrationsprozesse führt.

Zu b): Zur *Verbascosid*-Gruppe gehören besonders die ajugoiden Labiaten mit unter anderem Günsel *(Ajuga)*, Hohlzahn *(Galeopsis)*, Brandkraut *(Phlomis)*, Helmkraut *(Scutellaria)*, Ziest *(Stachys)*, Gamander *(Teucrium)* *(Abb. 21)*, die als Labiaten-Gerbstoff nur Verbascosid bilden, ebenfalls ein Depsid aus Kaffeesäure und der nahe verwandten Ferulasäure unter Einbezug von 2 Zuckermolekülen. Deren Wirkung ist ähnlich derjenigen der Rosmarinsäure-Gruppe.

Abb. 20: Einige Rosmarinsäure-haltige Lippenblütler: *Oben links* Basilikum *(Ocimum basilicum* L.*), oben rechts* Sommer-Bohnenkraut *(Satureja hortensis* L.*), Mitte links* Thymian *(Thymus spec.), Mitte rechts* Gundermann *(Glechoma hederacea* L.*), unten links* Echte Katzenminze *(Nepeta catarica* L.*)* und *unten rechts* Goldmelisse/Scharlach-Monarde *(Monarda didyma* L.*).*

Abb. 21: Einige Verbascosid-haltige Lippenblütler: *Oben links* Kriechender Günsel *(Ajuga reptans* L.*), oben rechts* Russel-Brandkraut *(Phlomis russeliana* (Sims) Benth.*), unten links* Hohes Helmkraut *(Scutellaria altissima* L.*),* mit Nahaufnahme von Blüten des Hohen Helmkrauts, *unten rechts* Salbei-Gamander *(Teucrium scorodonia* L.*),* mit Nahaufnahme einer Blüte.

Generell kann man die Labiaten-Gerbstoffe so charakterisieren, dass sie keine »*Gerbstoffe« im klassischen Sinne* sind, das heißt, sie sind nicht geeignet zum Gerben, haben aber – ähnlich wie die klassischen Gerbstoffe – sowohl antioxidative, antiphlogistische, antimikrobielle (antibakterielle und antivirale) sowie leicht antidiarrhoische Wirkung (MEYER 2009).

ANTHROPOSOPHISCHE ASPEKTE BEIM EINSATZ VON LIPPENBLÜTLERN

Über die Heilverwandtschaft von Lippenblütlern mit dem menschlichen Organismus

Es ist bemerkenswert, dass sich die Lamiaceen so intensiv dem Wärmeimpuls der Seelenträger »Insekten« öffnen, ohne von dieser astralischen Berührung »wesensmäßig« von innen ergriffen zu werden und hierbei Giftstoffe zu bilden. Dies ist nur zu verstehen durch den intensiv durchgestalteten und fast akribisch ausgeprägten Rhythmus im Blattbereich, der mal mehr, mal weniger stark vom Blühimpuls ergriffen wird. Durch das vielgestaltige rhythmische Eingreifen des Blühimpulses – Knoten für Knoten – und des Beibehaltens des Blatt-Vital-Impulses – Knoten für Knoten – kann sich ein rhythmischer astralisch-ätherischer Ausgleich ergeben, wie wir ihn im Herz-Lungen-System des Menschen als entsprechenden Bildimpuls finden. RUDOLF STEINER (1922) blickt auf diesen Organbereich des Menschen und schildert seine gesunde Struktur folgendermaßen:

> »Für jeden Organismus ist ein bestimmtes Maß von Gleichgewicht zwischen diesen vier [Pulsschlägen] und eins [Atemzug] vorhanden (…) je nachdem der Mensch so oder so organisiert ist, ist ein gewisses Maß von Gleichgewicht vorhanden (…) es ist ja niemals genau eins zu vier, sondern es sind alle möglichen Verhältnisse (vorhanden); danach individualisieren sich die Menschen. Aber für jede menschliche Individualität ist ein bestimmtes Verhältnis vorhanden. Wird das gestört (…) und würden Verhältnisse eintreten, wodurch das Verhältnis nicht eins zu vier, sondern eins zu viereinsiebtel ist [also ca. 4,5 : 1], dann arbeitet die auflösende Kraft zu stark [aus dem Blutstrom heraus], dann kann der Mensch nicht genug Bildsäule werden. Und Sie brauchen sich nur an gewisse Formen von Erkrankungen zu erinnern, wo der Mensch zu stark in sich zerfließt, so haben Sie den Typus solcher Krankheiten.
>
> Ebenso gut kann aber auch das andere zu schnell vor sich gehen [der Atemim-

puls]. Dann entstehen diejenigen Erscheinungen, die sich als Krampfartiges darstellen. Wenn das Astralische durch den ätherischen und physischen Organismus zu schnell durchvibriert, wenn das Astralische zu schnell durchzuckt (...) dann entstehen die krampfartigen Erscheinungen.« (Einfügungen in eckigen Klammern: R. S.)

Beachten wir den *Blüten-Blatt-Rhythmus der Labiaten*, so können wir ihn in vielfältiger Weise abgewandelt vorfinden, wodurch die Lippenblütler in ihrer *Heiltendenz und Heilkraft* als besonders geeignet erscheinen, *gestörte rhythmische Prozesse im Menschen* wieder in ihr jeweiliges Normalmaß zurückzuführen, von der Verdauung bis in den Nerven-Sinnes-Bereich.

Die Wirkungsweise von Gerbstoffen im Sinne der anthroposophischen Menschenkunde und Medizin

Über die geschilderten physiologischen Wirkungen der Gerbstoffe hinaus wies Rudolf Steiner noch auf einen übergeordneten Wirkungsaspekt der Gerbsäuren hin. Denn die Frage ist: Wie ist die Wirkung dieser Pflanzenstoffe im menschlichen Gesamtorganismus zu verstehen? Bei Ärztevorträgen im Januar 1924 (STEINER 1924b) wies er bei der Besprechung des Asthmas darauf hin, dass beim zu geringen Eingreifen der Seelenorganisation (Astral-Leib) in die Lebensorganisation (Äther-Leib) der Organismus innerlich wie »appetitlos«, quasi innerlich apatisch wird:

»Nun ist es gut, wenn man überhaupt weiß, was man in Form von Gerbsäuren gewinnen kann zum Beispiel aus Salbeiblättern, Nussblättern, aus Eichenrinden oder Weidenrinden, wenn man dasjenige (...) eben prozentig an Gerbsäure dem menschlichen Organismus beibringt. Das ist (...) ganz besonders wichtig für den Astralleib in einem solchen Falle«, denn »der wird angeregt, seine Tätigkeit auf den Ätherleib auszudehnen, wenn man ihm diese Gerbsäure beibringt.«

Aber diese Anwendung genügt bei Asthma allein nicht, sondern man müsste auch den Ätherleib ansprechen, um sich dem Astralleib zu öffnen. Das kann man nun mit Bitterstoffen versuchen und durch abwechselnde Gabe (zum Beispiel morgens/abends) »dann den Rhythmus regeln zwischen astralischem und ätherischem Leib und auf diese Weise die Heilung einleiten.«

Zum anthroposophischen Heilmittel Betonica D3 / Rosmarinus D3 Amp.

Schon sehr früh (wohl noch vor 1910) war Rudolf Steiner mit M. Ritter in München in Verbindung hinsichtlich der Herstellung besonders zubereiteter Arzneimittel. Aus diesen Kontakten entstand dann ein Präparat »bei Lähmungserscheinungen, ähnlich Tabes, entstanden durch Verletzungen, Verschiebungen von Rückenwirbeln: Betonica Mittelpotenz / Rosmarin 1 Mittelpotenz, später Betonica 1 niedere Potenz, Rosmarin 2 Hochpotenz« (KRÜGER 1969). Aus den »WELEDA-Korrespondenz-Blättern für Ärzte «(PELIKAN 1968) geht aus dem Beitrag von Otto Wolf hervor, dass dieses Arzneimittel wohl erst in den 60er Jahren des letzten Jahrhunderts in den Arzneimittelschatz der WELEDA als Rosmarinus D3 / Betonica D3 aufgenommen wurde. Darin berichtet er von einer 52-jährigen Patientin, die vorher bereits »seit 10 Jahren Beschwerden seitens der Wirbelsäule« hatte. Nach verschiedenen anderen Medikationen setzte er »Betonica/Rosmarin« als Injektion ein. »Danach bedeutend weniger Schmerzen.«

Etwa 20 Jahre später wird ebenfalls in den »WELEDA-Korrespondenz-Blättern« (DAEMS 1984) das Thema »Wirbelsäule« erneut aufgegriffen und von Gerhard Natterer aus Waldkirch ein umfangreicher Bericht »Aus der orthopädischen Praxis« zum Thema »Behandlung der Wirbelsäule« gegeben. Hierin schildert er den Einsatz von Betonica D3 / Rosmarinus D3 (allerdings jetzt als Dilution – siehe dazu auch die im selben Heft angeführten »Präparate-Angaben«) bei entsprechenden Wirbelsäulen-Problemen sowohl bei Kindern im Schulalter (Skoliose bei einem 11-jährigen Mädchen, Scheuermannsche Erkrankung eines 12-jährigen Jungen) als auch im mittleren Lebensalter bei Haltungsstörungen der Halswirbelsäule mit verstärkter Lordose und entsprechenden Schmerzen.

Erneut wird dieses Thema wiederum 20 Jahre später von MICHAEL HÜBNER (2006) als Bericht aus der orthopädischen Facharztpraxis aufgegriffen. Seine therapeutischen Erfahrungen beziehen sich auf Probleme, die Patienten mit der Wirbelsäule haben. Diese wird als ein Organ des mittleren Menschen beschrieben. Wird die Wirbelsäule in ihrer rhythmischen Organfunktion durch ein Trauma (z. B. Prellung, Sturz) gestört, kann es zu einer graduellen Chaotisierung im Wesensgliedergefüge kommen, was Schwellung, Schmerz, Rötung und Überwärmung zur Folge hat.

Der Heilbedarf liegt nun darin, »dass die reguläre Einschaltung von Ich-Organisation und Astralleib das Gesamtgefüge der Wirbelsäule wiederherstellt«. In der Kasuistik berichtet Hübner von zwei unter anderem mit Betonica D3 / Rosmarinus D3-Injektionen behandelten Fällen einer 70-jährigen und einer 47-jährigen Patientin, deren Beschwerden deutlich gebessert wurden.

Abb. 22: Die Echte Betonie *(Betonica officinalis* L. bzw. *Stachys officinalis)* – auch Heil-Ziest genannt – hat ihr Verbreitungsgebiet in der gemäßigten Zone vom Atlantik bis zum Ural vor allem in lockeren Gehölzen, verschiedenen Wäldern und Halbtrockenrasen, in Europa bis 58° nördlicher Breite, im Nordwesten ist sie jedoch selten. *Unten* blühende Betonie im Botanischen Garten von München, *oben* Blüten einer Betonie in Volčji Potok, Slowenien.

Wie ist der therapeutische Erfolg des Heilpflanzenpaares Rosmarin und Betonie zu verstehen? Es soll hier zunächst aus dem vorangehend Dargestellten ein eigenständiger Deutungsversuch gewagt werden: Bei dem »Organ« Wirbelsäule haben wir es mit einem physisch gewordenen Abdruck des *Rhythmischen Systems* zu tun. Dieses »physische Organ der rhythmischen Mitte« erhält seine Bedeutung für den Menschen in der Aufrichte, die Ich-bewirkt ist. Treten Störungen in den Aufrichteprozessen dieses Organs auf (z. B. durch Traumata), wird die Rhythmik schwer gestört und es kommt zu chaotischen Prozessen zwischen physischem Leib, Ätherleib, Astralleib und Ich. Der Heilbedarf ist nun darin zu suchen, diese Missbildungen wieder »zurechtzurücken« und den Patienten die Möglichkeit zur *Aufrichte* als Gesundungsprozess zu geben. Insoferne ist der therapeutische Zugriff auf die am *stärksten rhythmisierte Heilpflanze der Lippenblütler* mit ihrer Betonung der mittleren rhythmischen Prozesse in ihrer ständigen Durchdringung »von oben« und »von unten« her verständlich und sachgemäß. Beide Anforderungen erfüllen die beiden Lippenblütlerpflanzen in besonderem Maße!

Über den *Rosmarin (Rosmarinus officinalis L., Abb. 11)* wurde vorne bereits berichtet. Er zeichnet sich aus als *der Pol der wärmeliebenden und verholzenden Lippenblütler* mit der inneren Kraft zur Strauchbildung und dauerhafter nadelartiger Beblätterung, die zwar dekussiert angelegt ist, deren starre Sprossrhythmik aber am wenigsten auffällt. Obwohl bis zu 2 Meter hoch aufwachsend, erscheint der Einzelbusch wie innerlich gestaucht. Das Blühen an den beiden gegenüberliegenden Jahreszeitpunkten Ostern und Michaeli scheint tief in die Kraut-Holz-Zone hereingesenkt zu sein. Aber man kann die hellblauen Blüten als seelische Befreiung aus der »strengen« Zweigumgebung mit der Bildung *streng riechender etherischer Öle und stark bitterer und herber Geschmacksstoffe* erleben. Insofern ist Rosmarin auch Symbol für »Hochzeit und Beerdigung«. Rudolf Steiner bezeichnete den Rosmarin als »ein gutes Mittel, die Unregelmäßigkeiten im physischen Leib zu beseitigen« (KRÜGER 1969). Seelisches wird vom physischen Leib frei und kann im Menschen eine innere Rhythmik neu entfachen!

Ganz anders geht es uns bei der Betrachtung der *Betonie (Betonica officinalis L.)* – früher auch *Stachys officinalis* oder Heilziest genannt *(Abb. 22)*. Bei ihr haben wir es mit der Vertreterin des *zweiten Labiaten-Poles* zu tun, die aus dem vegetativen laubigen Staudentypus und den mehr nördlichen bis voralpinen Wachstumsregionen vom Atlantik bis zum Ural stammt. Sie war seit dem Altertum eine sehr geschätzte und verehrte Heilpflanze (PELIKAN 1968, DAEMS 1984). Ihr therapeutischer Einsatz ging in den letzten 200 Jahren stark zurück und ist heute praktisch Null! *Betonica* ist eine sehr *lichtliebende* Pflanze, die auf Moorwiesen, mageren Bergwiesen, aber auch in Heidegesellschaften der asiatischen Mittelmeerküste in lichtem Gebüsch vorkommt. Ihr bevorzugter Standort ist halbtrocken. Pelikan weist schon auf die besondere Wachstumsentwicklung der Betonie hin, die HEGI (1964) genauer beschreibt:

> »Durch ihren Sprossbau (...) weicht sie von den meisten übrigen Labiaten ab. Im ersten Jahr wird ein kurzer Stängel mit wechselständigen (!) Laubblättern gebildet, der in den folgenden Jahren zu einem schiefen, mit dekussiert stehenden Niederblättern besetzten Wurzelstock auswächst, während die Primärwurzel abstirbt (!). Die Blütensprosse gehen ausschließlich von dem unbegrenzt fortwachsenden (!) Rhizom aus, das wiederum eine von Laubblättern gebildete grundständige Rosette trägt. Die Blütensprosse streben geradlinig mit nur 2–3 »Zwischenstationen« von kleinen gegenständig stehenden, schmal-lanzettlichen Blättern bis 60 cm hoch auf und bilden eine endständige, bis 6 cm lange Scheinähre mit einer Vielzahl dicht gedrängter, relativ kleiner, karmin-roter Lippenblüten.« (Hervorhebungen: R. S.)

Man bekommt den Eindruck, als ob die Betonie dreimal in die Erde gestaucht ist, dann eine Blattrosette bildet und sich mit den hohen, schlanken, aufrechten Blütensprossen wie »befreit« dem Lichte zustrebt. Da nicht Wärme-durchdrungen (wie der Rosmarin), bildet sie auch praktisch kein etherisches Öl aus, sondern *Bitter- und Gerbstoffe*.

Die Phytochemie beschreibt als Inhaltsstoffe neben Polyphenolen (Bitter- und Gerbstoffe des Labiatentypus = 0,5%) auch stickstoffhaltige Verbindungen aus dem Bereich der Betaine (Stachydrin, Betonicin, Cholin, Betain = ca. 0,5%) und eine größere Anzahl von Flavonoiden. Es tritt in unserer Betrachtung der Familie der Lamiaceen zum ersten Mal der *Stickstoff als substanzprägend* auf, was bei der Fülle an Arten dieser Familie schon eine Besonderheit ist. Er stammt aus der Aminosäure Prolin und ist eingebunden in die Bildung von (nicht-toxischen) Pyrrolidin-Alkaloiden der Betain-Gruppe. Wir sehen also, wie hier bei Vertretern der eher kühlen, krautigen Seite der Labiaten das »überblütenhafte« Seelische nicht eine Stoffverwandlung bis zu den *wärmetragenden*, entflammbaren etherischen Ölen bewirkt, sondern *lichtgeprägt* das Eiweißwesen nur so weit ergreift, dass ungiftige Alkaloide entstehen, die stoffwechselaktiv im menschlichen Organismus zur Wirkung kommen können.

Tritt man der Betonie gegenüber, kommt sie einem mit ihren hochaufgereckten Blütenähren wie »hoheitlich« aus dem umgebenden schütteren Wiesenbestand entgegen. Die Mühe der Ergreifung des Physisch-Irdischen bei der in mehrfachen Anläufen erfolgenden Bildung von Rhizom und Blattrosette scheint überwunden und eine abgeklärte Blütenschönheit umgibt sie. Ist es da ein Wunder, dass unsere für solche Erscheinungsbilder noch offenen Therapie-Vorfahren in ihr die »100-Tugenden-Pflanze« sahen? Ein tugendsamer Mensch wird in Italien mit dem Sprichwort bedacht: »He piu virtu che Betonica.« (»Er hat so viele Talente/Tugenden wie die Betonie.«), und wenn er diese noch nicht besitzt: »Vende la tunica en compra la Betonica.« (»Verkaufe den Mantel und kaufe die Betonie.«) (DAEMS 1984).

Die Betonie zeigt uns das Wahrbild der enormen Stauchung ins Physische und ihre Befreiung in den aufrechten lichtdurchstrahlten Umraum! Dies hat nach HÜBNER (2006) die therapeutische Folge: »Injiziert man die gerbstoffreiche Betonie als Heilmittel, so entlastet man den zu stark mit dem physischen Leib verbundenen Astralleib (= Luft-Leib) durch einen entsprechenden Naturprozess, und er kann sich wieder lösen mit der Folge, dass die Schmerzen in der Wirbelsäule nachlassen.«

Literatur

BRETTSCHNEIDER, H. (1980): Die Metamorphose der Enziangewächse. Ein goetheanistischer Beitrag zur rationellen Therapie mit Natursubstanzen. In: Anthroposophisch-Pharmazeutische Arbeitsgemeinschaft (Hrsg.), Der Heilmittelbegriff bei Rudolf Steiner (Referate der Tagung 1979 der Anthroposophisch-Pharmazeutischen Arbeitsgemeinschaft). Verlag Freies Geistesleben, Stuttgart
DAEMS, W. F. (1984): Rosmarin und Betonie. In: Weleda AG, Arlesheim / Schwäbisch Gmünd (Hrsg.), Weleda Korrespondenzblätter für Ärzte 110
DEUTSCHES INSTITUT FÜR ERNÄHRUNGSFORSCHUNG (2010): Pressemitteilung v. 01.06.2010, Potsdam-Rehbrücke (Prof. Meyerhof)
FELENDA, J., BECKMANN, C., STINTZING, F., MEYER, U. (2012): Gentiana Magen Globuli velati in der ärztlichen Praxis. Der Merkurstab 65(5): 465–470
GAO, Y. Y., SIEHL, H.-U., PETZOLD, H. & AL. (2015): Über Rosmarin und Rosmarinsäure. Chemie in unserer Zeit 49: 302–311. Wiley-VCH Verlag, Weinheim
GIRKE, M. (2010): Innere Medizin. Grundlagen und therapeutische Konzepte der Anthroposophischen Medizin. Salumed Verlag, Berlin (1. Aufl.)
GÖBEL, T. (1985): Zum Herzheilmittel Cardiodoron: Metamorphoseprinzipien im Pflanzenreich und die Primelgewächse. In: Anthroposophisch-Pharmazeutische Arbeitsgemeinschaft (Hrsg), Tycho de Brahe-Jahrbuch für Goetheanismus 1985, S. 122. Verlag Freies Geistesleben, Stuttgart
GOETHE, J. W. (1963): Vierjahreszeiten: Herbst, S. 225. dtv Gesamtausgabe 1
GROHMANN, G. (1981): Die Pflanze, Bd. II. Verlag Freies Geistesleben, Stuttgart
– (1988): Die Pflanzenidee als Organon. Tycho Brahe-Verlag, Niefern-Öschelbronn
HEGI, G. (1964): Illustrierte Flora von Mitteleuropa. Carl Hanser Verlag, München, Nachdruck 1964, Band V, 4.Teil, S. 2428
HEGNAUER, R. (1996, 2013): Chemotaxonomie der Pflanzen, Bd. 4 (1996) bzw. Bd. 8 (2013). Birkhäuser Verlag, Basel
HÜBNER, M. (2006): Gedanken über Betonica / Rosmarinus und therapeutische Erfahrungen mit dieser Heilmittelkomposition. Der Merkurstab 59(2): 163–165
HUECK, C. (2012): Evolution im Doppelstrom der Zeit. Verlag am Goetheanum, Dornach
KRÜGER, H. (1969): Heilmittel Angaben Rudolf Steiners. Hrsg. Medizinische Sektion am Goetheanum, Dornach
MATTES, H. (2002): Anthroposophische Medizin in Diagnostik und Therapie der funktionellen Darmerkrankungen. Der Merkurstab 55(1): 2–11
MEYER, U. (1997) : Eiche und Birke – Heilmittel für allergische und dermatologische Erkrankungen. Der Merkurstab 50(3): 169–174
– (2007): Die Gerbstoff-Therapie des Asthma bronchiale – Pharmazeutische Gesichtspunkte zu Quercus, Salix, Juglans und Salvia. Der Merkurstab 60(2): 131–137
– (2009): »Tau des Meeres« – Rosmarinus officinalis als Heilpflanze. Der Merkurstab 62(5): 455–469
NOLKEMPER, S. A. (2007): Vergleichende Untersuchungen zur antiviralen Wirkung von wässrigen und alkoholischen Extrakten ausgewählter Lamiaceen-Arten gegen das behüllte Herpes simplex Virus Typ 1 unter besonderer Berücksichtigung von Salbei. Dissertation, Universität Heidelberg
PELIKAN, W. (1958): Heilpflanzenkunde, Bd. 1. Rudolf Steiner Verlag, Dornach
– (1968): Rosmarin und Betonie. In: Weleda AG, Arlesheim / Schwäbisch Gmünd (Hrsg.), Weleda Korrespondenzblätter für Ärzte 68
RAPP, D., ZEHNTER, H.-C. (2012): Der Geruchsinn und der Geschmacksinn. Die Drei 5/2012. Merkurial-Publikationsgesellschaft, Frankfurt a. M.
SCHAETTE, R. (1968): Vergleichende Studien im Bereich der Lippenblütler. Elemente der Na-

turwissenschaft 9: 20–26. Philosophisch-Anthroposophischer Verlag am Goetheanum, Dornach
- (1982): Vergleichende Studien im Bereich der Lippenblütler. In: Schad, W. (Hrsg.), Goetheanistische Naturwissenschaft Bd. 2 (Botanik), S. 130–146. Verlag Freies Geistesleben, Stuttgart

SCHARFETTER, R. (1953): Biographie von Pflanzensippen, S. 298–307. Springer Verlag, Wien

SCHULZE, J. (1980): Quantitative Untersuchungen und jahreszeitliche Schwankungen der wertbestimmenden Inhaltsstoffe von Gentiana lutea Wurzeln. Dissertation, TU München-Weihenstephan

SCHEMPP, C., MANDERA, R., HUBER, R. & AL. (2015): Die Blutwurz. Der Merkurstab 68(4): 296–305

SOMMER, M. (2011): Heilpflanzen, S. 214–215. Verlag Freies Geistesleben, Stuttgart

STEINER, R. (1912): Die Welt der Sinne und die Welt des Geistes (GA 134). Vortrag vom 1.1.1912. Rudolf Steiner Verlag, Dornach, 6. Auflage (2009)
- (1920): Geisteswissenschaft und Medizin (GA 312), Vorträge März/April 1920. Rudolf Steiner Verlag, Dornach (7. Aufl. 1999)
- (1921). Heileurythmie (GA 315), Vortrag vom 14.4.1921. Rudolf Steiner Verlag, Dornach (5. Aufl. 2003)
- (1922): Physiologisch-Therapeutisches auf Grundlage der Geisteswissenschaft. Zur Therapie und Hygiene (GA 314), Vortrag v. 28.10.1922. Rudolf Steiner Verlag, Dornach (4. Aufl. 2010)
- (1924a): Die Kunst des Heilens. In: Anthroposophische Menschenerkenntnis und Medizin (GA 319), Vorträge Juli/August 1924. Rudolf Steiner Verlag, Dornach (3. Aufl. 1994)
- (1924b): Physiologisch-Therapeutisches auf Grundlage der Geisteswissenschaft. Zur Therapie und Hygiene (GA 314), Vortrag vom 2.1.1924. Rudolf Steiner Verlag, Dornach (4. Aufl. 2010)

VOGEL, H. H. (1997): Beiträge zu einer medizinischen Menschenkunde, 2 Bände. Stuttgart

WAGNER, H., VOLLMAR, A., BECHTHOLD, A. (2007): Pharmazeutische Biologie 2. WVG Stuttgart

WECKENMANN, M. (1978): Die offizinellen Lamiaceen (Labiaten). Beitrage zu einer Erweiterung der Heilkunst 31(4) 122–130. Hrsg. Medizinische Sektion am Goetheanum, Dornach

WESTER, P. (2007): Ornithophyly in the genus Salvia L. (Lamiaceae). Dissertation, Johannes Gutenberg-Universität Mainz

ZIMMERMANN, W., GAISBAUER, G., GAISBAUER, M. (1986): Wirkung von Bitterstoff-Drogen auf das darmassoziierte Immunsystem. Z. Phytotherapie 7: 56–59

ZWIEAUER, J. (2006): Bittermittel – Wirkung astraler Kräfte auf die Pflanze. Der Merkurstab 59(2): 166–168

Der Autor

Dr. rer. nat. ROLAND SCHAETTE, geb. 1942, Besuch der Rudolf-Steiner-Schule in München, Studium der Pharmazie und Promotion über ein Heilpflanzenthema in München.

1971–1973 Mitarbeiter im Carl Gustav Carus-Institut in Pforzheim; seit 1973 Mitarbeiter und ab 1980 Geschäftsleitung der Gebrüder Schaette KG (Schwerpunkt komplementäre Tiermedizin und Wirkkräuter-Futtermittel). Ab 2003 Umwandlung in die Dr. Schaette AG und 2007 Übertragung der Unternehmensanteile an die WALA-Gruppe.

2006 Gründung der Schaette-Stiftung für nachhaltige Agrikultur durch die Geschwister Edelgard und Dr. Roland Schaette.

Seit den 70er Jahren Teilnahme in verschiedenen Gremien der anthroposophischen Pharmazie und Medizin. Langjährige Vortrags- und Seminartätigkeit über Heilpflanzen nach goetheanistischen Grundprinzipien. Schwerpunkt: Charakterisierung von Pflanzenfamilien nach deren Gestaltungs- und Stoffbildungsprinzipien.

Seit 1982 begleitende Tätigkeit in SEKEM, Ägypten. Vorstandsvorsitzender des seit 1983 bestehenden Vereins SEKEM-Freunde Deutschland / Verein zur Förderung kultureller Entwicklung in Ägypten e. V.

Diverse Publikationen zu Heilpflanzen vor allem in anthroposophischen Zeitschriften.

Abbildungsnachweis

Zeichnungen der *Abb. 1–13, 17, 18, 19*: Matthias Emde, Freiburg

Abb. 2: Foto: Angelika Heinze, integrierte Nahaufnahme: Norbert Nagel, CC-BY-SA 3.0, engl. Wikipedia (Ausschnitt)

Abb. 3: Foto: Christian Fischer, CC-BY-SA 3.0, Wikipedia (Ausschnitt), integrierte Nahaufnahme: André Karwath, CC-BY-SA 2.5 Generic, Wikipedia (Ausschnitt)

Abb. 4: Fotos: Holger Casselmann, CC-BY-SA 3.0, Wikipedia (Ausschnitte)

Abb. 5: Foto: Angelika Heinze, integrierte Nahaufnahme: Gideon Pisanty, CC-BY-SA 3.0, engl. Wikipedia (Ausschnitt)

Abb. 6: Fotos: Roselies Gehlig

Abb. 7: Fotos: Jörg Hempel, CC-BY-SA 3.0 DE, Wikipedia (Nahaufnahme: Ausschnitt)

Abb. 8: Foto: J. H. Mora, CC-BY-SA 3.0, frz. Wikipedia, integrierte Nahaufnahme: Johan, CC-BY-SA 3.0, niederländ. Wikipedia (Ausschnitt)

Abb. 9: Foto: Angelika Heinze, integrierte Nahaufnahme: Andreas Trepte, http://www.photo-natur.net, CC-BY-SA 2.5 Generic, Wikipedia (Ausschnitt)

Abb. 10: Foto: Bernd Haynold, CC-BY-SA 3.0, Wikipedia

Abb. 11: Foto: Angelika Heinze

Abb. 12: Fotos: Roselies Gehlig

Abb. 13: Foto: Dobromila, CC-BY-SA 3.0, Wikipedia, integrierte Nahaufnahme: SKsiddhartthan, CC-BY-SA 4.0 International, engl. Wikipedia (Ausschnitt)

Abb. 14: *Oben:* Jörg Hempel, CC-BY-SA 3.0 DE, Wikipedia, *unten:* André Karwath, CC-BY-SA 2.5 Generic, Wikipedia

Abb. 15: Fotos *oben links und rechts:* Roselies Gehlig, *unten links:* Michael Kesl, CC-BY-NC, www.biolib.cz (Ausschnitt), *unten rechts:* Gabriele Kothe-Heinrich, CC-BY-SA 3.0, Wikipedia

Abb. 16: Foto *oben links:* Michael Becker, CC-BY-SA 3.0, Wikipedia, *oben rechts:* Roselies Gehlig, *unten links:* Curtis Clark, CC-BY-SA 2.5 Generic, Wikipedia, *unten rechts:* Scott Zona, CC-BY-SA 2.0 Generic, Wikipedia (Ausschnitt)

Abb. 20: Fotos *oben links und rechts:* H. Zell, CC-BY-SA 3.0, Wikipedia (Ausschnitte), *Mitte links:* Roselies Gehlig, *Mitte rechts:* Agnieszka Kwiecie , CC-BY-SA 2.5 Generic, Wikipedia (Ausschnitt), unten links: KENPEI, CC-BY-SA 3.0, Wikipedia, unten rechts: Smartbyte, CC-BY-SA 3.0, Wikipedia

Abb. 21: Fotos *oben links und rechts:* Roselies Gehlig, *unten links:* Franz Xaver, CC-BY-SA 3.0, Wikipedia, integrierte Nahaufnahme: Roselies Gehlig, *unten rechts:* AnRo0002, CC0 1.0 Universal Public Domain Dedication, Wikipedia (Ausschnitt), integrierte Nahaufnahme: Frank Vincentz, CC-BY-SA 3.0, Wikipedia (Ausschnitt)

Abb. 22: *Unten:* Orjen, CC-BY-SA 3.0, Wikipedia, *oben:* Benjamin Zwittnig, CC-BY-SA 2.5 Slowenia, Wikipedia

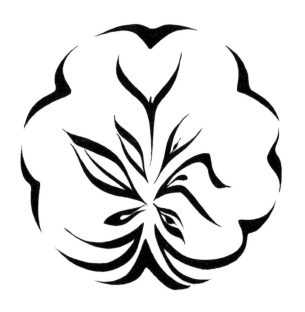

MANFRID GÄDEKE

Einige botanische Beobachtungen zur Entstehung des Zweckmäßigen durch Degeneration

Beobachtungen am Götterbaum und Ähnliches

Wenn die Triebentwicklung einer Ulme, Linde, Weide, eines Haselnussstrauches oder Götterbaums auf ihrem Höhepunkt angekommen ist, verkümmert die Sprossspitze und wird abgeworfen *(Abb. 1)*. Ein erstaunlicher Vorgang! Die Pflanze hat hier etwas »umsonst« angelegt. Diese Feststellung bringt, wenn wir sie nur ernst genug nehmen, unsere so nahe liegende Annahme planvoll gesteuerter Wachstumsvorgänge ins Wanken. Andererseits erscheint der Vorgang auch wiederum durchaus verständlich. Wir können bemerken, dass die am Trieb aufeinander folgenden Blätter zunehmend an Stärke gewonnen und dadurch das zunächst dem Spross zur Verfügung stehende Wachstumspotenzial absorbiert haben. Bei der Bergulme *(Ulmus glabra, Abb. 2)* verrät die Mehrspitzigkeit der dem Triebende nahen Blätter sogar recht konkret jene innere Verwandtschaft dieser Blätter mit dem Spross, die das Konkurrenzverhältnis beider Bildungen verständlich macht: Bereits das einzelne Blatt hat den Charakter einer Mehrheit angenommen, eines Zusammenschlusses mehrerer Blattanlagen, die sich ansonsten nacheinander als Einzelblätter am Spross hätten ausbilden können.[1] Es bildet gewissermaßen die Alternative zum weiteren Sprosswachstum. Die Phänomene am Einzelblatt und am Gesamtspross beginnen, sich gegenseitig zu beleuchten.

---

[1] An Langtrieben, die nicht nur die bereits in der Winterknospe angelegten Blätter zur Entfaltung bringen, wird die mit der anfänglichen Blatterstarkung einhergehende Krise des Sprosswachstums allerdings überwunden, und das Letztere kann noch längere Zeit eine Folge relativ gleichförmiger weiterer Blätter hervorbringen.

Abb. 1: Regulär verkümmerte Sprossspitze eines Götterbaums *(Ailanthus altissima)* kurz vor dem Abgeworfenwerden. (Fotos, wenn nicht anders angegeben: Manfrid Gädeke)

Abb. 2: Kurzer Jahrestrieb einer Bergulme *(Ulmus glabra)* mit den an seinem Ende großen, mehrspitzigen Blättern, deren Ausbildung die Triebfortsetzung verkümmern lässt.

Abb. 3: Ende eines jungen Blattes vom Götterbaum *(Ailanthus altissima)*. Der jüngste Teil hat sich ähnlich der in Abb. 1 gezeigten Triebspitze abgelöst.

Abb. 4: Ende eines Blattes vom Götterbaum mit dominierender Endfieder

Die Blätter des Götterbaums[2] *(Ailanthus altissima)* sind zweigähnlich genug, um an ihrer Spitze selber jenes Phänomen in ähnlicher Weise zu wiederholen, das dem Zweigwachstum eigen ist: das Abwerfen der jüngsten Fortsetzungs-Anlagen *(Abb. 3)*. Rätselhaft mag es allerdings erscheinen, dass neben Fiederblättern mit verkümmerndem Ende auch solche mit besonders kräftiger und komplexer Endfieder an der gleichen Pflanze nicht selten sind *(Abb. 4)*. Einleuchtend erscheint ja doch zur Erklärung verkümmernder Spross- und Blattenden das Prinzip der allmählichen Erschöpfung zunächst vorhandener Wachstumsmöglichkeiten. Aber wie wir am Ulmenspross *(Abb. 2)* schon bemerken konnten, spielt hier zugleich das entgegengesetzte Prinzip der Erstarkung endnaher Organe eine wesentliche Rolle. Wir könnten also prüfen, ob sich eine Endfieder vielleicht als eine letzte Seitenfieder auffassen lässt, die durch die Verkümmerung des Blattendes dessen Rolle übernommen hat. Blätter mit deutlich vorhandener Abwurfnarbe ihres Endes, aber bereits in die Fortsetzungs-Richtung der Blattachse gestellter letzter Fieder, können uns als Verständnisbrücke dienen *(Abb. 5, 6)*. Das rudimentierende Blatt*ende* ist hier an die Basis des neuen Endorganes gerückt. Die letzte Fieder setzt das Blatt fort, wie es eine letzte erhalten bleibende Seitenknospe im Folgejahr auch mit dem »gekappten« Spross tun wird.

---

[2] Er ist ein Einwanderer aus China und verbreitet südliches Flair auf Brachflächen, Bahngeländen, Autobahn-Mittelstreifen und an ähnlichen Örtlichkeiten auch in den wärmeren (hauptsächlich städtischen) Gebieten Mitteleuropas mit seinen palmwedel-ähnlichen, besonders an jungen Exemplaren riesigen (bis über einen Meter langen) gefiederten Blättern.

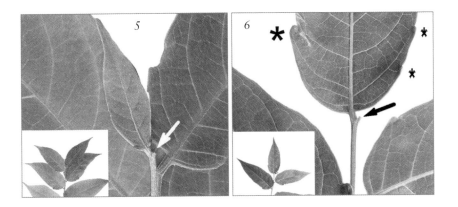

Abb. 5: Ende eines jungen Blattes vom Götterbaum *(Ailanthus altissima)* mit Abwurfnarbe (Pfeil). Die letzte verbliebene Fieder ist dabei, sich in die Fortsetzungsrichtung der Blattachse zu stellen. Eingerückt: Übersichtsbild.

Abb. 6: Der Stumpf der Blattspitze (Pfeil) in der Folge der extrafloralen Nektarien (*) an der Basis der letzten Fiedern eines Götterbaum-Blattes. Auf seiner Seite folgen oft zunächst noch kümmerliche Nektarien, die mit ihm zusammen den Gegenpart eines größeren Nektariums auf der anderen Seite der Fiederblattbasis bilden. Eingerückt: Übersichtsbild.

Wer sich das Blatt eines Kirsch-, Pfirsich- oder Pflaumenbaumes genauer ansieht, wird an dessen Spreitenbasis anstelle der untersten Blattrandzähne Drüsen entdecken; sogenannte extraflorale (außerhalb der Blüte befindliche) Nektarien. Auch viele andere Pflanzen besitzen solche Nektardrüsen, nicht zuletzt unser Götterbaum. Ein Synonym seines wissenschaftlichen Artnamens ist daher auch *Ailanthus glandulosa*, der Drüsige. Man erkennt diese Bildungen an der Basis der Fiederblättchen. In merkwürdiger Weise gliedert sich die zuvor erwähnte Abwurfnarbe des Blattendes als unterste in die Gruppe der Nektarien an der endständigen Blattfieder ein *(Abb. 6)*. Können wir sie als ein noch unvollkommenes Nektarium bzw. die Nektarien als metamorphosierte Endnarben auffassen? Auch die Tatsache der Offenheit, der Saftabgabe an den Drüsen, spräche für deren Narbencharakter. Wir müssten uns allerdings mit dem zunächst gewöhnungsbedürftigen Gedanken anfreunden, dass es – nicht nur an der Endfieder, sondern ebenso an den Seitenfiedern – mehrfach zu einem Abbruch des Spitzenwachstums und zu einer Übergipfelung der dabei entstandenen Narbe kommen kann.[3] Wir müssten ferner akzeptieren,

---

[3] Es liegt nahe, zu prüfen, ob zumindest mikroskopisch bei der Entstehung der Nektarien ebenso ein Abwurf eines verkümmernden Endes nachzuweisen ist wie am Spross- oder Blattende. Doch

dass am konkreten einzelnen Fall gar keine kategorische Unterscheidung zwischen Blättern *mit* rudimentiertem Ende und solchen ohne, also mit vorhandener Endfieder (wie in *Abb. 4)* möglich ist. In letzteren wäre das sonst als Abwurfnarbe erkennbare Blattende ebenfalls, aber eben sogleich in Form eines basalen Nektariums, zu finden.

Die Nektarien befinden sich an der Basis der Blattfiedern auf etwas umgestalteten, vergrößerten Blattrand-Zähnen. So ist anzunehmen, dass auch die folgenden »normalen« Randzähne als eine Metamorphoseform dessen aufgefasst werden können, was sich zuvor in der Form der Nektarien, in der Form des Blattenden-Stumpfes oder gar des rudimentierenden Sprossendes präsentiert hatte. Unter diesem Gesichtspunkt mag auffallen, dass auch die normalen Randzähne mit ihren sogenannten Hydathoden (Wasserdrüsen) durchaus einen Drüsencharakter haben. Bei genügend hoher Boden- und Luftfeuchtigkeit finden wir am Morgen die Blattränder verschiedenster Pflanzen mit Wassertröpfchen besetzt, die man für Tautropfen halten könnte *(Abb. 7)*. Sie stammen aber aus dem Inneren der Pflanze selbst. (Der Vorgang ihrer Absonderung wird Guttation genannt.) Über die Hydathoden, denen die Tröpfchen entquellen, kann die Pflanze bei Bedarf und Vorhandensein auch umgekehrt Wasser aus der Umgebung (Tau oder Regen) aufnehmen, ähnlich wie über ihre Wurzeln.

Auch die extrafloralen Nektarien haben ihren ökologischen Sinn. Oft – auch beim Götterbaum – sind es Ameisen, die sich von dem Nektar angezogen fühlen und mit ihrer Wehrhaftigkeit die Pflanze schützen. Doch wie anders beginnen wir nach Entdeckung gewisser in ihrer Art durchaus logischer Metamorphosen auf solche Nützlichkeiten zu schauen! Die Nektarien wie die Hydathoden verlieren dabei den Charakter eines bloßen Zubehörs, das die Pflanze zu ihrer Existenz braucht und gewissermaßen »montiert«, wie wir bei Bedarf etwa Schneeketten oder eine Anhängerkupplung an unser Auto montieren können. Alle Organe werden Ausdruck des Lebens und seiner Gesetzmäßigkeiten selber. Als engstens miteinander verknüpft stellt sich auch die Zweckmäßigkeit der Drüsenorgane mit der »Sinnlosigkeit« gesetzmäßig verkümmernder Endorgane heraus.

---

[3] gibt es genügend Beispiele dafür, dass Rudimente etwa von Blütenstandsenden oder Blüten-Tragblättchen auch ganz ohne Abwurf der dort zu suchenden Organanlage entstehen können. Die Letztere bleibt dann im Rudiment enthalten. So ist auch bei den Nektarien, je vollkommener sie ausgebildet sind, keine tatsächliche Abstoßung eines Triebendes mehr zu erwarten. Nur ideell, im Vergleich mit einer mutmaßlich verwandten Bildung wie dem Triebspitzen-Stumpf, wäre auch im Nektarium noch der Narbencharakter erkennbar. Immerhin gibt es aber tatsächlich Nektarien, deren Ausbildung noch der Abwurf einer rudimentierenden Blattanlage vorausgeht. Eine nahe Verwandte des Basilikums beispielsweise, *Ocimum carnosum*, besitzt solche Nektarien unterhalb ihrer Blüten anstelle der abgefallenen Anlagen des Blüten-Tragblattes (TROLL 1939: 1288).

Abb. 7: Guttationstropfen an den Fiederrändern eines Rosenblattes (oben) und eines Gierschblattes *(Aegopodium podagraria)* am Morgen.

Dornen und Stacheln

Bei Stacheln »sind im Gegensatz zu Haaren außer der Epidermis auch tiefere Schichten beteiligt, sie sind jedoch keine umgebildeten Organe (dies sind Dornen). Stacheln können im Gegensatz zu Dornen relativ leicht von der Pflanze abgestreift werden. Da sie keine umgebildeten Organe sind, ist ihre Verteilung auf der Pflanze auch nicht gesetzmäßig.« Diese definierenden, begrifflich unterscheidenden Hinweise auf Unterschiede bei einander ähnlichen Bildungen an Pflanzen kann man bei »Wikipedia« und ebenso in den einschlägigen botanischen Fachbüchern (etwa dem »Strasburger«, KADEREIT & AL. 2014) finden. Die Rose, deren sprichwörtliche »Dornen« recht leicht von der Oberfläche der Stängel abgebrochen werden können und darauf auch relativ ungleichmäßig verteilt sind, hätte also im botanisch »korrekten« Sinne *Stacheln* – anders als in der Umgangssprache.

Den Dornen im akademischen Sinne kann natürlich in vielen Fällen ein ganz ähnlicher ökologischer Sinn zugesprochen werden wie den Stacheln: Sie erschweren es Pflanzenfressern, die Pflanzen zu fressen. Oder sie ermöglichen das Klettern der Triebe in der umgebenden Vegetation usw. Aber darüber hinaus liegt bei den *Dornen* doch noch eine andere Betrachtungs- und Verständnisweise nahe als die auf Zwecke schauende, teleologische. Wir können uns dafür interessieren, wie und unter welchen Umständen denn zum Beispiel der gewohnte harmlose Pflanzenspross etwa bei einem Schlehdorn oder einer Wildbirne zum Dorn wird, oder wie dasselbe das Blatt etwa einer Berberitze tut, das Nebenblatt einer Robinie oder der vorzeitig verkümmernde und dabei verhärtende Blütenstand einer *Euphorbia horrida*, der wegen eben dieser Dornen so »schrecklichen« Wolfsmilch. Unser Blick kann hier leichter und leidenschaftsloser auf neutrale, objektive Gesetzmäßigkeiten fallen, als wenn sich allein der Gedanke an einen allgemeinen »Kampf ums Dasein« geltend macht. Wir könnten zum Beispiel daran denken, wie ein Spross, der normalerweise zum Dorn geworden wäre, sich harmlos-saftig weiterentwickelt, wenn er durch Rückschnitt der sonst mit ihm konkurrierenden Triebe oder durch besonders üppige Ernährung der ganzen Pflanze dazu in die Lage versetzt wird usw.[4]

Gegenüber den Stacheln in ihrer scheinbar regellosen Aufgesetztheit auf die Pflanzenoberfläche ist es viel schwerer, eine sachliche Betrachtungsalternative zur Annahme bloßer Zweckmäßigkeiten zu finden als bei den Dornen. Sie erscheinen tatsächlich leicht wie ein ganz äußerlich von der Pflanze gebrauchtes und mit ihrem Wachstumswesen in keiner inneren Beziehung stehendes Werkzeug der Verteidi-

---

[4] Das »Konkurrieren« ist hier durchaus nicht so gemeint, dass dabei die Entwicklung irgendwelcher »Kampfstrategien« durch ein allzu menschlich gedachtes Individualwesen der Sprosse postuliert werden müsste.

gung, als »Steigeisen« oder dergleichen.⁵ Wie steht es aber mit der Haltbarkeit der zunächst, zum Bewusstmachen unserer unterschiedlichen Meinung zu beiden Phänomenen, gewiss berechtigten Unterscheidung zwischen Dorn und Stachel? – Es sei im Folgenden gegenüber der üblichen Definition des Unterschieds zwischen beiden Bildungen die zugegebenermaßen ein wenig provokante Formulierung vertreten: Ein Stachel im akademischen Sinne ist ein Dorn, dessen Ableitbarkeit aus einem anderen, anerkanntermaßen zum regulären Bestand der Pflanze gehörenden Organ nur noch nicht erkannt worden ist. Diese Ableitbarkeit soll hier aufgezeigt werden.

Wer aufmerksam in die Natur schaut, kann besonders an gefiederten Blättern eine merkwürdige Beobachtung machen: Oft sind die Enden »ausgerandet«, das heißt an ihrer Spitze wie im Wachstum gehemmt. Die Seitenränder überflügeln die Spitze gewissermaßen *(Abb. 8)*. Natürlich sind die Enden junger Blattanlagen exponiert und können besonders leicht verletzt werden. Solche Verletzungen führen zu ganz ähnlichen Ergebnissen. Aber die hier zu betrachtenden Ausrandungen sind doch zu häufig und zu regelmäßig, um auf rein äußerliche Einwirkungen zurückgeführt werden zu können.

Abb. 8:
Blätter mit gehemmtem Spitzenwachstum an den Endfiedern,
a) von der Robinie *(Robinia pseudacacia)*,

---

⁵ Entsprechendes gilt für die oben im Wikipedia-Zitat auch erwähnten Pflanzenhaare. Sie könnten einer ähnlichen Betrachtung unterzogen werden, wie sie nachfolgend für die Stacheln skizziert werden soll. Doch wäre das noch um einen Grad anspruchsvoller. Eine sachliche Betrachtung der Stachelbildung wird schon die Richtung genügend deutlich machen, in der im Weiteren auch ein Verständnis der Haarbildungen angestrebt werden kann.

Abb. 8, Fortsetzung:
Blätter mit gehemmtem Spitzenwachstum an den Endfiedern,
b) von dem mittelmeerischen Johannisbrotbaum *(Ceratonia siliqua)*,

c) von einer Flügelnuss *(Pterocarya spec.*[6]*).*

---

[6] Die Flügelnuss, eine nahe Verwandte der Walnuss, findet man öfter in Parks mit Gewässern, wo sie gern als Uferbaum angepflanzt wird. Die hier gezeigten Blätter stammen von verschiedenen Exemplaren aus dem Ulmer Messegelände und dem angrenzenden Park *(Pterocarya x rehderiana?).*

Betrachtet man sie genauer, so wird daran die Tendenz auffallen, dass sich die die Spitze überflügelnden Randbereiche oberhalb des zurückbleibenden bisherigen Blattendes wieder zusammenschließen. Es kann zu trichter- oder napfartigen Bildungen kommen, auf deren Unterseite das rudimentäre Blattende heraussteht. Aber der runde Trichterrand kann auch, mehr oder weniger vollkommen, zu einer wirklichen neuen Spitze auswachsen *(Abb. 9)*[7].

Abb. 9: a) Von den beiden Blatträndern »umrundetes« und nach unten abstehendes Blattspitzen-Rudiment am Blatt einer Flügelnuss *(Pterocarya)*.
b) Ähnliche Bildung an einem Blatt des Johannesbrot-Baumes *(Ceratonia siliqua)*, bei der sich aber aus dem Zusammenschluss der Ränder eine wirkliche neue Spitze formiert hat.

Abb. 10: a) Die kleine Endfieder eines Blattes der Flügelnuss *(Pterocarya)* mit deutlich zweimaliger Wiederholung der Spitzenrudimentierung,
b) eine Serie von Spitzenrudimenten auf der Unterseite der Hauptader (Rhachis) einer Endfieder vom Blatt der Flügelnuss *(Pterocarya)*; nur als winzige dunkle Höckerchen ausgebildet (Pfeile).

---

[7] Die im Falle unvollkommener Spitzenregeneration napfförmigen Fiederenden erinnern durch ihre runde Form an die stumpfen Blattrand-Zähne mit extrafloralen Nektarien (vgl. *Abb. 4–6)*.

Abb. 11:
Junge Berberitze (Sauerdorn, *Berberis vulgaris*), an der der Übergang von vollspreitigen Stängelblättern zu Blattdornen (Pfeile) erkennbar ist. Im selben Maße, in dem die Blattspreiten reduziert werden, bilden sich die zugehörigen Achselsprosse als Kurztriebe mit wiederum flächigen Blättchen stärker aus.

Und die neue Spitze kann wiederum rudimentieren und »überflügelt« werden ... Selten sind Blätter mit so deutlichen Spuren der Wiederholung des Vorgangs wie das in der *Abbildung 10a* vorgestellte. Aber haben wir die Rhythmik von Neuformierung und Rudimentierung der Blattspitze einmal entdeckt, so werden auch feinere Spuren derselben unserer Aufmerksamkeit nicht mehr entgehen *(Abb. 10b)*.

Lässt man den Anblick der dunklen, in ihrer Größe und Verteilung auf der Unterseite der Mittelader durchaus etwas unregelmäßigen Höckerchen auch nur einigermaßen unbefangen auf sich wirken, so wird man kaum leugnen, dass hier erstaunliche Übereinstimmung mit charakteristischen Zügen der Bestachelung etwa an einem Rosen-, Brombeer- oder Mimosenblatt und vielen weiteren bestachelten Blättern besteht. Die Stacheln erscheinen nun (ganz ohne moralische Wertung) als »voreilige« Bildungen, die vom zunächst untergeordneten seitlichen Wachstum überholt und ersetzt wurden. Nicht anders sind die »klassischen« Dornen zu charakterisieren; etwa die ungewöhnlich zeitig (nämlich schon im gleichen Jahr wie der Hauptspross) austreibenden und dann sich zu Dornen zuspitzenden Seitentriebe einer Schlehe oder die von ihren belaubten, kurzen Achselsprossen zu Dornen »degradierten« Blätter einer Berberitze *(Abb. 11)*.

Auch die Stacheln entpuppen sich also als Dornen. So gibt es auch ihnen gegenüber einen Weg der wirklich lebensgemäßen Anschauung. Weder die populäre Annahme von »ausgeklügelten Strategien« eines allzu menschlich vorgestellten Pflanzenwesens noch die andere Annahme rein kausaler Hervorbringung der pflanzlichen Phänomene durch äußere Einflüsse führen zum Ziel.

Weitere »abgeleitete« Organe

In den beiden ersten Kapiteln haben wir mit den Nektardrüsen und Hydathoden (Wasserdrüsen) an Blättern, sowie den Dornen und Stacheln Bildungen betrachtet, die ein wenig speziell erscheinen mögen. Sie hatten sich als eine Art Rudimente anderer, größerer Bildungen, als verkümmernde bzw. im Zuge der Beendigung ihres weiteren Wachstums umgestaltete Triebenden entpuppt (wobei der Begriff des »Triebes« hier so allgemein gefasst sei, dass auch eine Blattachse und Ähnliches darunter fällt). Die so entstandenen Organe sind oft klein oder auch nur für einige Pflanzen charakteristisch. Es liegt daher nahe, sie als abgeleitete Organe zu betrachten und damit einer anderen Gruppe »ursprünglicher«, primärer Organe gegenüberzustellen. So spricht man vor allem bei den Dornen auch von Sprossdornen, Blattdornen, Nebenblatt-(Stipular-)dornen, Wurzeldornen usw., je nachdem, ob sie sich im Hinblick auf ihre Stellung im größeren Ganzen und ihre eigene innere Gliederung gut von den normalen Sprossen, von Blättern, Nebenblättern, Wurzeln oder anderem herleiten lassen. Ähnlich ist es mit weiteren Pflanzenorganen. So werden etwa die Sprossknollen der Kartoffel von den Wurzelknollen der Dahlie unterschieden, oder die Blattfieder-Ranken zum Beispiel einer Erbse oder Platterbse von den Blattstielranken einer Waldrebe *(Clematis)*, den Sprossranken eines Weinstocks oder den (Luft-)Wurzelranken einer Vanillepflanze.

Solche Herleitungen speziellerer Organe aus dem »allgemein Üblichen« haben, wie früher schon erwähnt, den Vorzug wirklich sachlichen In-Beziehung-Setzens der verschiedenen Phänomene. Es kann dabei – einer Maxime Goethes folgend – vermieden werden, irgendetwas »hinter den Phänomenen« zu suchen.[8] Ein Pflanzenwesen, das sich Haare, Stacheln, Ranken, Knollen usw. gewissermaßen »anschafft«, um im Kampf ums Dasein bestehen zu können, wäre deutlich ein hinter den Phänomenen Gesuchtes. Dennoch ist die Forschungsrichtung, die sich die Erkenntnis der inneren Beziehungen der verschiedenen Organe und Organismen (die Erkenntnis von deren »Homologien«) zum Ziel setzt, nämlich die Morphologie, durchaus noch nicht aus der Gefahr heraus. Die Versuchung ist groß, die morphologischen Herleitungen irgendeiner spezielleren Erscheinung aus einer weniger speziellen weiterhin unter dem (teleologischen) Gesichtspunkt der Zweckmäßigkeit oder andererseits auch der quasi mechanischen Ursächlichkeit (Kausalität) zu betreiben. Man denkt dann in etwa so: Die Vanille *braucht* als Kletterpflanze Organe, mit denen sie sich an anderen Pflanzen oder sonstigen Stützen festhalten kann, und sie verwendet zu deren Herstellung gewissermaßen das »Material« der Wurzeln – während andere Kletterpflanzen dazu eben anderes Material verwenden. Mehr kausal ausgerichtet wäre dagegen eine Erklärung wie diese: Blattgrün (Chlorophyll)

---

[8] »Man suche nur nichts hinter den Phänomenen, sie selbst sind die Lehre.«

kann sich auch an sonst grünen Pflanzenorganen ohne Licht nicht ausbilden; darum sind die unter der Erde befindlichen Pflanzenorgane frei von Chlorophyll. Bei beiden Erklärungsrichtungen sind durchaus unleugbar richtige Beziehungen zwischen verschiedenen Phänomenen im Blick. Aber es ist nicht das sich selbst bedingende Leben im Blick. Dass beispielsweise die Vanille nun mal eine Kletterpflanze sei, wird für die Erklärung ihrer Rankenbildung, die dadurch notwendig wird, einfach vorausgesetzt. Wer sich mit Evolutionsfragen beschäftigt, möge einmal darauf achten, wie häufig solche stillschweigenden Voraussetzungen dabei gemacht werden. Doch wäre bei solcher Denkweise natürlich zu fragen, warum die Vanille nicht statt der Entwicklung von Ranken zum Beispiel einen stärkeren Stängel entwickelt, der ihr, wie anderen Pflanzen, mehr Selbst-Ständigkeit ermöglicht. Oder warum sie nicht, wie wiederum andere Pflanzen, auf eigene Photosynthese und die damit verbundene Lichtabhängigkeit verzichtet und als Parasit im Schatten am Boden leben »lernt«. Man müsste dem Pflanzenwesen schon hochgradig menschliche Entscheidungskompetenzen andichten, um solche Rätsel teleologisch zu lösen. – Kurz: Die Rankenbildung kann gar nicht isoliert von anderen Eigentümlichkeiten desselben Lebenszusammenhanges verstanden werden. Diese Wechselbezüge machen das spezifisch Lebendige aus.

Wir haben bei der Betrachtung gewisser Drüsenorgane gesehen, dass sich die Saft- oder Wasserabsonderung oder auch die Möglichkeit der Wasser*aufnahme* unabhängig von ihrer Nützlichkeit einfach durch den Blick auf ihre Entstehung verstehen lässt. Der zum Leben mit seinen Wechselbezügen zwischen Teil – zum Beispiel Einzelblatt oder einzelne Blattfieder – und größerem Ganzen – zum Beispiel Spross bzw. gesamtes Blatt – unmittelbar hinzugehörige Abbruch von Entwicklungen konnte die Entstehung einer absondernden oder aufnehmenden Öffnung (anfänglich) verständlich machen. Ebenso konnte ohne Spekulation auf pflanzliche Zweckentscheidungen (anfänglich) plausibel werden, wie ein Dorn oder Stachel mit seiner Zuspitzung und Verhärtung aus solchem Wechselspiel, das Entwicklungen immer wieder zum Stillstand bringt, hervorgeht. Der zur Entwicklung einer Drüse, eines Nektariums führende *Abbruch* der Entwicklung stellt sich zwar als geradezu polar zur *Zuspitzung* einer zu Ende gehenden Entwicklung im Dorn dar, aber das ist hier ohne Belang. Wesentlich ist die beide Male mögliche lebensgemäße, weder auf Zwecke noch auf bloß physikalische Ursachen spekulierende Verständnismöglichkeit. Das (durchaus interessante) Zusammenspiel von Drüsen- und Dornenbildungen kann dann wiederum lebensgemäß für sich betrachtet werden.

Es kann wohl zugegeben werden, dass es alles andere als leicht ist, so offensichtlich zweckmäßig gestaltete, sich bewegende und je nach Erfolg ihrer »Suche« nach einem Halt sich weiterentwickelnde Gebilde wie die Ranken ebenfalls so sachlich zu betrachten, wie es hier als Ideal hingestellt wurde. Es muss aber möglich sein. Und es ist möglich.

Abb. 12: Scheinbar welke, in Wirklichkeit pendelnd sich krümmende (nutierende) Sprossspitzen einer jungen Fichte (*Picea abies*, 11. Juni 2017).

Wer aufmerksam durch eine Schonung mit jungen Fichten zur Zeit der allmählichen Beendigung des neuen Triebwachstums geht (hauptsächlich im Juni) oder gar einen solchen Baum im Garten stets vor Augen stehen hat, der kann ein zunächst durchaus beunruhigendes Phänomen beobachten: So manche Spitze der ansonsten so auffallend aufrechten Bäume scheint welk herabzuhängen *(Abb. 12)*. Verfolgt man die Sache über Stunden und Tage weiter, so stellt sich heraus, dass sich die Spitze bald in anderer Richtung krümmt. Es kommt zu pendelnd kreisenden Bewegungen, den sogenannten Nutationen. (Auch bei der Mistel, *Viscum album*, haben sie durch deren intensivere Untersuchung als Heilpflanze viel Aufmerksamkeit erfahren; *Abb. 13.*) Es ist im Prinzip dasselbe Phänomen, mit dem wir es bei einer Halt »suchenden« Bohnen-Sprossspitze oder einer in einem bestimmten Stadium ihrer Entwicklung kreisenden Passionsblumen-Ranke zu tun haben. Nur ist es bei der Fichte, Mistel und zahllosen anderen Pflanzen ganz »zwecklos«. Es ist offenbar in den Gesetzmäßigkeiten des Wachstums selber begründet.

Abb. 13:
Verlauf der Nutation eines Misteltriebes innerhalb von 50 Stunden.
(Nach GÖBEL & DORKA 1986, S. 183)

Wiederum geht es hier um Vorgänge des sich ankündigenden Entwicklungsstillstandes. So, wie gegen Ende der Entwicklung eines gefiederten Blattes, besonders charakteristisch also in der Endfieder, sich zunehmend Krisen des zuvor unauffällig fortschreitenden Wachstums in möglicherweise noch mehrfach wieder überwundenen Wuchshemmungen geltend machen, so ist es auch bei den Nutationen. Das Sprosswachstum stagniert bereits partiell, und die noch oder wieder wüchsigen Bereiche auf der Gegenseite krümmen die Achse über die stagnierende Seite hinweg. Dass das Ende des Bohnensprosses von einer gewissen Größe der Pflanze an kreist und nicht mehr damit aufhört, solange der Spross fortwächst, lässt sich leicht als eine – allerdings interessante – Metamorphose der nur scheinbar ganz anderen Verhältnisse an der Fichte oder Mistel begreifen: Der ausreifende, rhythmisch immer mehr stagnierende Teil der Sprossachse wandert mit deren weiterem Wachstum fortwährend weiter nach oben. Er erneuert sich ständig. Das ist bei dem viel stärker schon in der Winterknospe vorgebildeten und dann einmalig auswachsenden und ausreifenden Fichten- oder Misteltrieb anders. Auch die deutlicher kreisende als pendelnde Bewegung der Schlingpflanzensprosse dürfte damit zusammenhängen.

Außer ihren Nutationsbewegungen ist an den Ranken freilich noch manches sehr »Zweckmäßige« zu bemerken und zu bedenken.[9] Das eine oder andere mag im Zusammenhang mit weiteren Phänomenen später Erwähnung finden. Ebenso sei mit den schon erwähnten Knollen verfahren. Vorerst sei nur festgehalten, dass selbst so intentional erscheinende Phänomene wie Bewegungen durchaus als reiner Ausdruck des lebendigen Wachstums und seiner Gesetzmäßigkeiten verstanden werden können.

---

[9] Nicht von ungefähr haben die Weinreben und andere Kletterpflanzen Goethes Interesse in höchstem Grade gefesselt. Er hat in ihrem Studium auf einem der Dornburger Schlösser in der Nähe von Jena im Sommer 1828 erfolgreich Trost gesucht nach dem Tod seines Freundes und Gönners, des Großherzogs Carl August von Sachsen-Weimar, der selber für die Anlage dortiger Weingärten gesorgt hatte. Aufsätze, zahlreiche Notizen und Briefe geben Aufschluss über Goethes diesbezügliche interessante Ideen. (Eine ausführliche, liebevolle Darstellung dieser Forschungsperiode im Leben Goethes ist in der Festschrift Zoller von MARKUS RITTER 1993 erschienen.)

Die Blütenbildung als die »große Schwester« der Bildung speziellerer »Hilfsorgane«

Anders als bei den Drüsen-, Dornen- oder Rankenbildungen, die wir im Zuge gewisser Entwicklungskrisen aus anderen Organanlagen hervorgehen sahen, werden wir bei der Blütenbildung wegen ihrer allgemeinen Zugehörigkeit zumindest zum Organbestand der Blütenpflanzen kaum versucht sein, sie als ein abgeleitetes Phänomen anzusehen. Und dennoch wird auch sie erst recht verständlich, wenn wir dabei eine Art Mangelsituation ins Auge fassen, die durch das sich steigernde Wachstum der Pflanze selbst hervorgebracht wird.

Im §30 seiner Schrift »Die Metamorphose der Pflanzen« sagt GOETHE:

»Man hat bemerkt, dass häufige Nahrung den Blütenstand einer Pflanze verhindere, mäßige, ja kärgliche Nahrung ihn beschleunige. Es zeigt sich hierdurch die Wirkung der Stammblätter [...]. So lange noch rohere Säfte abzuführen sind, so lange müssen sich die möglichen Organe der Pflanze zu Werkzeugen dieses Bedürfnisses ausbilden. Dringt übermäßige Nahrung zu, so muss jene Operation immer wiederholt werden, und der Blütenstand wird gleichsam unmöglich.«

Heute schaut man in diesem Zusammenhang unter anderem auf das sogenannte C-N-, das Kohlenstoff-Stickstoff-Verhältnis, das durch die in den grünen Laubblättern der Pflanze stattfindende Assimilation zugunsten der Kohlenstoffverbindungen, der zuckerartigen Stoffe, verschoben werden muss, um die Blütenbildung zu ermöglichen. Eine stickstoffreiche Düngung während der Blütenbildung kann dagegen den schon angelegten Blüten nochmals einen irregulären vegetativen Impuls geben, der sie zum Beispiel in der in *Abbildung 14* gezeigten Art »durchwachsen« lässt.

Abb. 14:
Alpenveilchen, bei dem infolge einer stickstoffreichen Düngergabe während der Blütenanlegung eine Blüte unter Verlaubung der Kelchblätter zu einer Art Ableger mit mehreren, in einem neuen Anlauf gebildeten Blüten durchgetrieben ist. (Foto: Gisela Gädeke, mit freundlicher Genehmigung)

Was liegt nun bei der regulären Blütenbildung morphologisch, im Hinblick auf die Metamorphosen des Wachstums, vor? – Zunächst einmal führt die allmähliche Erstarkung der Pflanze durch die Assimilation der schon ausgereiften Blätter zur Bildung von immer mehr und immer kräftigeren neuen Blattanlagen. Diese bedürfen zu ihrer eigenständigen Ausbildung aber der »roheren«, über die Wurzel aufzunehmenden stickstoffreichen Nahrung. Bei Pflanzen, die im Zuge der Blütenbildung zu »schießen« beginnen – wo sich also aus einer Rosette großer, dicht gedrängter Blätter plötzlich ein gestreckter Stängel erhebt wie beim Radieschen, Kopfsalat und vielem anderen –, wird auf spezielle Weise recht deutlich, dass hier die zuvor gegebene Eigenständigkeit der einzelnen Organanlagen aufhört. Zum Beispiel geht den einzelnen Blättern ein Stück ihres eigenen Stieles zugunsten des nun sich streckenden, alle weiteren Blattanlagen integrierenden Stängels verloren. Der ganze Blütenstand wird nun eine Art »Blatt höherer Art« – auch im Hinblick darauf, dass er als Spross nun wie die Blätter zuvor ein begrenztes Wachstum hat. Ich habe die betreffenden Metamorphosen an anderen Stellen ausführlicher dargestellt und bin dabei auch darauf eingegangen, welches Licht der anzunehmende Zusammenschluss vieler Organanlagen zu einer größeren, neuen, auf die Gestaltung der eigentlichen Blüten und Früchte selber wirft (u. a. GÄDEKE 2011 und 2016). Dieser Zusammenschluss bedingt ja einen Einschluss von zunächst außen gelegenen Organanlagen ins Innere des neuen, »bündelnden« Gebildes. So entstehen außer dem kreisförmigen Zusammenschluss von Blattorganen, der in Kelch und Krone zum Ausdruck kommt, im Zentrum der Blüte mit den Fruchtblättern auch gewissermaßen nach innen gespiegelte Blattorgane als Abschluss des Sprosses. Hier möge nur besonders hervorgehoben werden, dass tatsächlich auch die Blüten- bzw. Blütenstandsbildung eine Art Mangelphänomen ist. Die sich exponentiell steigernde Entwicklung von Einzelanlagen führt durch sich selbst, wenn auch durch spezielle Außenfaktoren fördernd oder hemmend modifizierbar, zu einem »Versorgungsengpass«. Das macht sich bis in die Anatomie hinein bemerkbar: Die Entwicklung des Gewebes vieler Hochblätter (der obersten Stängelblätter) wird auf einem frühen (meristematischen) Stadium abgebrochen. Oftmals verkümmern diese Hochblätter als Blüten-Tragschuppen ja auch regulär und fallen frühzeitig ab. Die »Stammblätter« mit ihrer Tendenz, eine eigenständige, stärker vegetativ geprägte Entwicklung zu nehmen, konkurrieren mit der Blütenstandsbildung. Sie »führen die roheren Säfte ab«. Dadurch werden die noch weniger erstarkten Organanlagen zum Zu-

---

[10] Auch schon im vegetativen Bereich kommt es bei vielen Pflanzen zu einer Art Vorläufer der Blütenbildung in Form einer Annäherung zweier oder mehrerer Blätter zu Blattwirteln. So entspringen z. B. bei der mit den Laichkräutern nah verwandten Wasserpflanze *Groenlandia densa* gewöhnlich immer zwei Blätter auf einer »Etage« des Stängels. An besonders wüchsigen, gut genährten Sprossen aber wird diese Paarung häufig aufgehoben und jedes Blatt steht einzeln. Hier zeigt sich deutlich der Zusammenhang von Organvereinigung bzw. -vereinzelung einerseits und Ernährungssituation andererseits.

sammenschluss, zur Bildung eines neuen Ganzen gebracht.[10] Eine genügend kräftige Tendenz zum Konkurrieren, zum Ableiten der »roheren Säfte« in noch stärker vegetativ geprägtes Wachstum (z. B. in Form von Seitentrieben) ist sogar auch nach der eingeleiteten Blütenbildung notwendig, um dieselbe zu einem regulären Abschluss zu bringen und nicht wiederum »durchwachsen« zu lassen. Und diesem zum Zusammenschluss des Vielen in Eines nötigenden Versorgungsengpass verdankt die so zweckmäßig erscheinende Blütenbildung ihre Entstehung! So lässt sich an ihr auch mehr im Großen und im Detail verfolgen, was ebenso den früher betrachteten Bildungen speziellerer »Hilfsorgane« zugrunde liegt. Nicht von ungefähr haben ja die Nektarienbildungen gerade in den Blüten sozusagen ihr »Verbreitungszentrum«, und dornenartige Organe treten, die Blüten umgebend, selbst bei den sonst so saftigen Klettenpflanzen oder beim Stechenden Hohlzahn *(Galeopsis tetrahit)* auf.

Diese Blütenbildung ist ein Doppelphänomen. Zum einen bildet sich durch den Zusammenschluss an der Spitze die Blüte als ein Kreisgebilde aus vereinigten Blattanlagen. Wir könnten hier von einer Horizontalisierungs-, einer Horizontaltendenz sprechen. Die andere Seite des Phänomens ist die mit der seitlichen Vereinigung einhergehende Vertikalisierung – die Streckung des Stängels, die Verkleinerung der Blattorgane und deren Entfernung voneinander; das »Schießen«.

Bemerkenswert ist es nun, dass all die Phänomene an den früher schon in Betracht gezogenen kletternden Pflanzen, die Bildung von schlingenden Sprossen und Ranken, durchaus den Charakter einer vereinseitigten Tendenz des »Schießens« von Blütenständen haben. Die starke Verlängerung der Achsen, verbunden mit verspäteter oder überhaupt reduzierter Blattflächenbildung, ist dabei das Auffälligste. Tatsächlich finden sich auch immer wieder allerlei Übergänge zwischen Ranken und Blüten- bzw. Fruchtständen. Am bekanntesten sind sie wohl von den Wein»trauben« (die botanisch »korrekt« eigentlich als Rispen zu klassifizieren wären). Die basalen Verzweigungen derselben tragen häufig schon Blüten bzw. Beeren, obwohl ihre Achsen noch verlängert und dünn und rankenartig gewunden sind (Abb. 15 zeigt Entsprechendes auch an einem Trieb der mit dem Wein nah verwandten Gewöhnlichen Jungfernrebe, *Parthenocissus vitacea*). So entpuppen sich die eigentlichen Ranken als gewissermaßen primitivierte Blütenstände. Auch ihre Stellung im ganzen Sprossaufbau der Pflanze bestätigt diesen Charakter.

Es wäre freilich ein sehr anspruchsvolles Unternehmen, die ganze Fülle unterschiedlichster Kletterorgane, die besonders in den tropischen Regionen zu finden ist, in diesem Sinne detaillierter »auf einen Nenner« zu bringen. Es sind da die auf den ersten (und gewiss auch noch auf den zweiten) Blick schwierigsten Gegensätze zu bewältigen. Rankenden Hauptachsen mit großlaubigen, nicht-rankenden Seitentrieben stehen nichtrankende mit rankenden Seitentrieben gegenüber, Blättern oder Sprossen mit reizbaren verlängerten *Basal*teilen wiederum solchen, bei denen

Abb. 15: Links: Blütenstands- (Infloreszenz-) und Rankenbildung bei der Jungfernrebe *(Parthenocissus vitacea).* Zwischen der reinen Blütenrispe (noch in Knospe) an der Basis des Triebsystems und den jüngeren reinen Ranken befindet sich eine Ranke, die noch einige Blütenknospen trägt (Detailbild *rechts unten*).
Rechts oben: Tafeltraube (kleinerer Maßstab) mit deutlich verlängertem Grundglied des ersten Seitenastes, das ebenfalls die basale Tendenz zur Rankenbildung noch anzeigt.

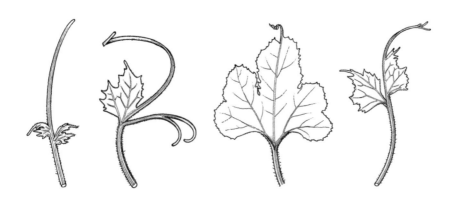

Abb. 16: Übergangsbildungen zwischen Ranken und Blättern beim Kürbis *(Cucurbita pepo).* (Nach TROLL 1937, S. 1974)

gerade die *Enden* zu Ranken werden. Doch sind wir ja eingangs schon auf vergleichbare Umkehrungen, Vertauschungen von Ende und Basis, bei der Betrachtung der Götterbaum-Blätter gestoßen und werden deshalb die gefundenen Zusammenhänge nicht vorschnell als irrelevant verwerfen. Detailliertere Auseinandersetzungen mit den Ausnahmen von der Regel in ihrer zunächst erfassten Form sind gewiss zur wirklichen Bestätigung dieser Regel, zu ihrer Fortbildung zu größerer Reinheit und Allgemeingültigkeit und zum Erfassen der dabei zu berücksichtigenden Metamorphosegesten wie speziellen Verschmelzungen und Trennungen usw. wünschenswert. Aber es tun sich dennoch schon jetzt die erfreulichsten Aussichten auf. Die Pflanze erscheint nicht mehr als ein sich selbst aus zweckmäßigen Teilen zusammenstückelndes Wesen. Hakenranken als Vermittler zu den eigentlichen Dornen, Klebstoff absondernde Haftscheiben an Rankenenden als Vermittler zu den Drüsen erscheinen im Hinblick auf die entdeckten nahen Beziehungen zwischen den jeweiligen Entstehungsweisen der Gebilde einleuchtend. Die Tatsache, dass die Ranken der Kürbisgewächse eine nahe Beziehung zur Blattbildung haben *(Abb. 16),* die Wein- oder Passionsblumen-Ranken und viele andere aber zur Sprossachsenbildung, lässt uns einmal mehr vermuten (d. h. Mut fassen), dass auch Blätter und Sprosse nicht unvermittelbar verschiedene Kategorien von »Zubehör« des Pflanzenlebens darstellen. Wir sind darauf ja auch schon angesichts des Aufbaues des Götterbaumblattes und -fiederblattes aus Triebendigungen gestoßen. Selbst zu den Wurzeln tun sich wiederum Verbindungen auf. Sie hier in der gebotenen Kürze darzustellen wäre allerdings allzu verwegen. Es würde die Glaubwürdigkeit des beabsichtigten Plädoyers für eine lebensgemäße Betrachtung der Wachstumserscheinungen noch mehr gefährden, als es das Ungewohnte einer nicht auf Zwecke rekurrierenden Erklärungsweise ohnehin auch schon bei den leichter zu vergleichenden Erscheinungen tut.

Die Löwenzähne

Wir sind zu Anfang der hier angestellten Betrachtungen von dem gewissermaßen unzweckmäßigen, aber regulären Phänomen des Abwurfs schon gebildeter Organanlagen, etwa beim Götterbaum, ausgegangen. Wir haben dann verfolgt, wie doch wiederum sehr zweckmäßig erscheinende Bildungen mit diesem Phänomen verwandt sind und ihre Erklärung ebenso im Hinblick auf das Zu-Ende-Gehen einer Entwicklung finden; ein Zu-Ende-Gehen, das jeweils im Wechselspiel der Organe eines und desselben Organismus' selbst seine Ursache hat. Im Folgenden möge ein weiteres »unzweckmäßiges« Phänomen vorgestellt werden. Es kann uns zu ergänzenden Ideen anregen.

Wer gern Chicoree isst und dabei dennoch nicht ganz die »weniger appetitlichen« Interessen zurückstellt, dem ist vielleicht schon einmal eine recht häufige merkwürdige Symmetrie in der Blattgestaltung bei diesen großen Knospen aufgefallen. Es kommen – vor allem an den stärkeren Exemplaren – immer wieder Blätter mit einer mehr oder weniger tiefen Kerbe im Blattrand vor. Und in aller Regel steht eine solche Kerbe einer anderen am benachbarten Blatt gerade gegenüber *(Abb. 17)*.

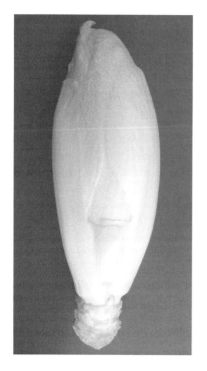

Der Chicoree ist eine Kulturform der Wegwarte *(Cichorium intybus)*. Diese hat an ihren großen Grundblättern ganze Reihen solcher Kerben, die die dazwischenliegenden Blattabschnitte wie spitze Zähne voneinander trennen. Die Löwenzähne *(Leontodon* und *Taraxacum)* haben von einer ebensolchen Gestaltung sogar ihren Namen. Auch in ganz anderen Pflanzenfamilien (z. B. bei den Kreuzblütlern) kommen solche »Löwenzähne« vielfach vor.

Abb. 17:
Sprossknospe des Chicoree *(Cichorium intybus)* mit zwei einander gegenüberliegenden Kerben an den Rändern benachbarter Blätter.

Zum Verständnis des Zustandekommens mancher botanischen Phänomene kann die »Küchenbotanik« durchaus wertvolle Beiträge leisten. Die Üppigkeit der Bildungen macht sonst kaum Erkennbares erkennbar. So auch beim Chicoree. Die Größe und beschränkte Zahl der Blattrandkerben lässt hier Überraschendes deutlich werden: Die Kerben bzw. die durch sie getrennten Zähne verdanken ihre Entstehung einem Zerreißungsprozess. Organisch Gewachsenes wird hier gewissermaßen zerstört, und zwar wiederum durch sich selbst. Die im Inneren sich streckende Knospe zerreißt den Rand eines sie eng umschließenden jungen Blattes, und der durchbrochene Widerstand gegen diese Streckung lässt sogleich auch den Rand des benachbarten Blattes einreißen. Denn allein kann er der Zugspannung noch weniger widerstehen als zuvor im Verein mit dem Nachbar-Blattrand. So kommt die symmetrische Paarung der Kerben zustande, die man allerdings bei der Vielzahl der Kerben am Blattrand einer wilden Wegwarte oder eines Löwenzahns schwerlich bemerken kann.

Da die betroffenen Blätter noch jung sind, schließen und runden sich auch die Rissnarben und fallen in der durchaus harmonisch-organisch anmutenden neuen Blattform nicht als Spuren einer stattgehabten Zerstörung auf. Immerhin aber findet dieser Zerstörungsprozess beim Chicoree doch zu einem so späten Zeitpunkt statt, dass wir mitunter bereits deutlich entwickelte Blattadern durchtrennt sehen *(Abb. 18)*. Solche Adern verlieren beim weiteren Blattwachstum allerdings ihre Bedeutung. Nur die sich in die Form der Zähne fügenden erstarken weiter. So entsteht auch im Hinblick auf die Aderung des Blattes durchaus der Eindruck eines ganz regulär rhythmischen Wachstumsgeschehens.

Abb. 18:
Blattrandkerbe vom Chicoree mit deutlich durch einen Riss nachträglich durchtrennter Aderung.

Goethe war die Tatsache der Zerreißung von Blättern im Zuge ihrer Entwicklung ebenfalls aufgefallen. Auch wie sich darin die Blätter einer jungen von denen einer älteren Pflanze unterscheiden, hat er mit größtem Interesse untersucht. Dieses sein Interesse hat die Zwergpalme *(Chamaerops humilis)* im Botanischen Garten von Padua während seiner italienischen Reise im Jahre 1786 eine Reihe von Blättern gekostet. Aber sie existiert noch heute und ist dadurch berühmt geworden. In der Tat bieten gerade die Palmen für eine Untersuchung der Blattgliederungs-Prozesse ausgezeichnetes, wenn auch spezielles Material. Unter anderem wird an ihnen deutlich, dass die Zerreißung nicht unbedingt von einer Streckung der eingeschlossenen Knospe verursacht sein muss wie bei den Doppelkerben des Chicorees. Auch die Streckung der Achse (Rhachis) des Blattes selbst spielt dabei oft eine wesentliche Rolle. – Im § 20 seiner Schrift über »Die Metamorphose der Pflanzen« hat Goethe das an den Palmen Erfasste zu allgemeinerer Bedeutung erhoben.[11]

Es soll nicht behauptet werden, dass die Formgebung jedes irgendwie gegliederten Pflanzenblattes auf tatsächliche Zerreißung schon gebildeten Gewebes zurückgeht. Das positive Auswachsen der einzelnen Anlagen von Blattfiedern, -lappen und -randzähnen ohne nachträgliche Zerreißung spielt dabei unzweifelhaft die Hauptrolle. Aber zuvor müssen die aus einem einheitlichen Vegetationspunkt hervorgehenden Anlagen dennoch vereinzelt werden. Zur Erklärung dieses Vorgangs genügt allerdings die Annahme, dass gewisse Bereiche der zunächst einheitlichen Anlage unter dem Einfluss einer leichten Zugspannung ihr Wachstum einstellen. Sie entlasten damit andere Bereiche, die nun verstärkt das weitere Wachstum aufnehmen können. Die Einstellung des Wachstums unter ungünstigen Bedingungen (Zugspannung) wäre dabei gewissermaßen eine abgemilderte Metamorphose tatsächlicher Zerreißung. Die so wunderbar dekorativen und harmonisch abgerundeten Durchbrechungen etwa eines *Monstera*-Blattes *(Abb. 19)* entstehen durch eine Art Mittelding zwischen Zerreißung und frühzeitiger, durch rhythmische Unterbrechung des Blattrand-Wachstums bedingter Kerbenbildung. Hier bilden sich in den betroffenen Bereichen dünne Membranen als Ergebnis eingeschränkten Blattflächenwachstums. Sie überspannen zunächst die Lücken zwischen den fortwachsenden Blattrippen, sterben aber frühzeitig ab und sind am erwachsenen Blatt längst verloren gegangen.

Abgesehen von der Ästhetik gegliederter Blätter haben dieselben zweifellos auch ihren Nutzen für die Pflanze – beispielsweise dadurch, dass sie mechanisch flexibel auf Wind, Starkregen oder gar Hagel reagieren. Doch hat sich wiederum gezeigt, dass die dadurch (und natürlich auch durch die Phänomene der Vererbung) naheliegende Annahme eines Programmes, das in der Pflanze liegt und deren zweckmäßige Entwicklung gewährleistet, sich nicht gut mit der paradoxen Tatsache regulär-unregelmäßiger (Zer-)Störung im Werden des Organismus' verträgt.

Abb. 19: Blätter des Lochblattes *(Monstera deliciosa)*

Welche Möglichkeit sich bietet, die hier am Blatt beobachteten Prozesse mit den zuvor beschriebenen der Beendigung von Triebentwicklungen zusammenzudenken, das soll später erörtert werden. Wir werden dabei anstreben, uns der Goethe'schen »Urpflanze« als einer umfassenden Idee des Wachstums ein gutes Stück zu nähern. Denn sie allein ist ein wirklichkeitsgemäßes »Genom« im Sinne dessen, was das Wachstum in seiner je speziellen Form und in seinen inneren Zusammenhängen zwischen den Einzelheiten verständlich macht.

---

[11] Siehe den Beitrag von W. Schad in diesem Jahrbuch und seine *Abb. 2* zur »Goethe-Palme«.

Knospen

Kakteen sind nicht jedermanns Sache. Aber halten wir uns an die alte Weisheit: »Non sunt turpia naturalia«, niemals sind Naturalien hässlich. Oder halten wir uns an Goethes Weisheit, dass die Natur kein Geheimnis habe, das sie nicht irgendwo nackt dem aufmerksamen Auge darbietet. Und oft tut sie es bei den etwas absonderlichen Gestaltungen, seien sie nun »abnorm« oder sozusagen regulär abnorm. Wir könnten uns auf der Suche nach der Lösung der Naturgeheimnisse auch an das Normale, uns Gewohnte halten. Aber wir müssten es dazu ungewohnt detailliert betrachten. Dann würden wir bemerken, wie überraschend, wie »abnorm« eigentlich auch das Gewohnte ist. Angesichts des von vornherein Frappierenden fällt das Aufwachen leichter. Es muss sich allerdings danach auch in der Liebe zum Detail des Unscheinbaren, Gewohnten, bewähren.

Nehmen wir den Einstieg in unsere diesmaligen Beobachtungen über ein doch immerhin geometrisch recht reizvolles und auch durch Dornenlosigkeit sympathisches Gebilde: einen Kaktus der Art *Astrophytum myriostigma* (übersetzt etwa: vielpunktige Sternpflanze). Und zwar in der unter Liebhabern (die es eben doch auch für Kakteen gibt) wegen ihres noch gesteigerten Schmuckes geschätzten japanischen Zuchtform »Onzuka« *(Abb. 20 links)*. Was bei einer »normalen« Pflanze die Blattansätze mit den Knospen, die »Augen«, sind, das sind beim Kaktus die Stachelpolster, die sogenannten Areolen. Je eine Reihe solcher Areolen sitzt bei Kakteen mit Sprossrippen, also auch bei unseren »Sternpflanzen«, auf der Mittellinie einer Rippe. Bei der betrachteten Form sind die Areolen umgeben von pelzigen

Abb. 20: Links ein *Astrophytum myriostigma* »Onzuka« mit seinen dekorativen Mustern (Stigmata) auf der Rippen-Oberfläche, *rechts* ein *Astrophytum* cv. »Superkabuto«, bei dem die Stigmata den Areolen, sofern diese keine Blütenknospe tragen, schon zum Verwechseln ähneln.

Flecken, den Stigmata. Diese – bei der Normalform ebenfalls vorhanden, aber kleiner, zahlreicher und dadurch unscheinbarer – haben bei der Zuchtform eine unverkennbare Ähnlichkeit mit den ebenfalls behaarten Areolen angenommen. Bei manchen *Astrophytum*-Zuchtformen wird es schon schwierig, die echten Areolen von den sie umgebenden Stigmata zu unterscheiden *(Abb. 20 rechts).*

Normalerweise entspringen Seitentriebe und auch Blütenknospen den Areolen. Denn diese entsprechen ja den »Augen« anderer Pflanzen. Bei den »Hanazono's« (einer weiteren Gruppe von *Astrophytum*-Kultivaren) kommen aber sehr häufig Blütenknospen nicht aus den regulären Areolen, sondern aus den Kerben zwischen den Rippen *(Abb. 21)*. Es sind dies die Stellen, an denen sich die Stigmata oftmals häufen oder regelrecht miteinander verschmelzen. Wir können vermuten, dass diese Steigerung es auch ermöglicht, dass die ohnehin areolen-, also augenähnlichen Stigmata nun tatsächlich Knospen hervorzubringen vermögen. Ein sehr merkwürdiges Phänomen! Die zunächst selbstverständlich erscheinende Annahme, dass die Pflanze Augen bildet, um die Bildung von Seitentrieben (und auch von Blüten als generativen Seitentrieben) zu ermöglichen, verliert ihre Selbstverständlichkeit. Die Augen erscheinen nur noch als eine spezielle *Variante* von Organen, die Seitentriebe hervorbringen können. Wir werden angeregt, uns Gedanken darüber zu machen, was denn nun das wesentlich Gemeinsame der Areolen wie auch der Stigmata bzw. Zwischenrippen-Kerben ist, das jedes Mal die Hervorbringung von Sprossen, das Austreiben, ermöglicht. Dieses Wesentliche nun offenbaren die Stellen, von denen wir das Austreiben nicht gewöhnt sind, wesentlich klarer als die Augen. Denn es geschieht hier deutlich, weil ausnahmsweise, was bei den regulären Augen wohl auch geschieht, ohne uns aber noch darüber nachdenken zu lassen: Es geschieht wiederum ein Aufreißen der Form; ein kleiner Zerstörungsprozess.

Auch bei Wildformen von verschiedenen Kakteenarten kann man immer wieder finden, dass Seitentriebe (»Kindel«) aus den Kerben zwischen den Rippen und somit möglichst weitab von den regulären Augen hervorbrechen *(Abb. 22)*. Bei dem abgebildeten Exemplar ist es wohl deutlich, dass es sich hier um Stellen handelt, an denen der Spross im Zuge seines Dickenwachstums gewissermaßen »aus allen Nähten geplatzt« ist. Der Wundreiz hat dann zur Bildung der neuen Triebe geführt – ähnlich, wie es bekanntermaßen auch an abgetrennten Blättern von Begonien, Usambaraveilchen und vielem anderen an der Schnittfläche zu Sprossbildungen kommt, die dann zur Vermehrung der Pflanzen genutzt werden können.

Auch die dekorativen Stigmata der Astrophyten entpuppen sich als Rissnarben. Liebhaber dieser Kakteen wissen, dass besonders die Formen mit den eindrucksvollen großfleckigen Mustern sehr behutsam gegossen werden müssen. Sie tendieren besonders stark dazu, sonst aufzuplatzen wie eine reife Kirsche im Regen. Ihre Oberhaut (Epidermis) ist kaum dehnbar und bildet bei Zugspannung weniger, aber größere Risse als bei den normalen Formen.

Abb. 21: Ein Kaktus der Sorte *Astrophytum* »Hanazono« mit Blüten und Blütenknospen, die aus Stigmata im oberen Bereich der Kerben zwischen den Areolenreihen entspringen. (Die oberen Areolen trugen hier ebenfalls Blüten, die aber bereits abgefallen sind.) (Foto: Silvan Freudiger, mit freundlicher Genehmigung)

Abb. 22: Ein Kaktus der Art *Astrophytum asterias* mit Seitenspross-Bildungen an allen Zwischenrippen-Kerben, wo im Zuge des Dickenwachstums ein Aufreißen des Gewebes stattgefunden hat.

Abb. 23: Ein Kaktus der Form *Astrophytum asterias* »Hanazono Kabuto«, bei der die gewöhnlich (siehe linke Nachbarpflanze) erhabenen Areolenreihen von den Zwischenzonen überwölbt werden (»star shape«, der Pfeil zeigt auf eine Areolenreihe). Die Blüten werden hier ganz überwiegend von den »Neu-Areolen« hervorgebracht. (Foto: »Arioandi«, mit freundlicher Genehmigung)

Die Bildung von Knospen auf den Wundstellen ist ein besonders markantes Phänomen. Aber es kann auch zu milderen Formen des »Austreibens« kommen, die dann gewissermaßen als Metamorphosen der Sprossbildung erscheinen und die letztere wiederum in einen größeren, allgemeineren Zusammenhang hineinstellen. Da wäre zunächst die Behaarung zu nennen, die eben die Stigmata durch ihre weiße oder gelbliche Farbe so dekorativ macht. Ferner kann es auch dazu kommen, dass der Spross gerade in seinen zunächst schon am stärksten verfestigten und deshalb rissempfindlichsten Bereichen, also an den ursprünglich eingesenkten Rändern der Rippen, wiederum verstärktes Dickenwachstum entwickelt. Das Ergebnis sind dann Formen, bei denen sich gerade die sonst eingekerbten Zonen zwischen den sonst auf der Rippenkante liegenden Augenreihen stark hervorwölben und eine Art »Neurippen« bilden, die wiederum die »wahren« Augenreihen und Rippenkanten zwischen sich »in der Versenkung verschwinden lassen« *(Abb. 23).*

Schließlich wären hier auch noch die sogenannten Zwischenrippen zu nennen *(Abb. 24).* Anders als bei den »üblichen« Rippen beginnt ihre Bildung nicht direkt am Sprossscheitel, sondern erst ein Stück weiter unterhalb – in dem Bereich also, wo das weitere Dickenwachstum des Sprosses durch Überdehnung der schon stärker verfestigten Kerbenbereiche Neubildungen anregt. Solche Zwischenrippen kommen auch bei *Astrophytum* am natürlichen Standort vor und sind bei einem anderen Liebling geduldiger Kakteenfreunde, *Aztekium ritteri,* direkt ein Artcharakteristikum. (Das Wachstum dieser Art ist extrem langsam – was zur Verfestigung der Sprosshaut und deren Aufreißen passt.) Die Kulturformen von *Astrophytum asterias* und *A. myriostigma* mit Zwischenrippen (»Fukuryu«-Kultivare) sind allerdings besonders anregend durch die ihnen eigene größere Vielfalt von Zwischenrippen-Formen. Sie reicht hier von eher chaotisch runzeligen Varianten (»Type B«, die wiederum eine Verständnisbrücke zu den bei *Aztekium ritteri* regulären Zwischenrippen-Formen bilden) über glatte, augenlose Formen (»Type A«) bis zu

Abb. 24:
Astrophytum myriostigma mit Zwischenrippen des »Type A«.

wirkliche Augenreihen entwickelnden und damit bis auf ihre späte Entstehung den Hauptrippen gleichenden.

Rückblickend auf das vorangehende Kapitel können wir wohl annehmen, dass auch Knospenbildungen an den Einkerbungen von *Blättern* mit den dort anzunehmenden Rissbildungs-Tendenzen zu tun haben. Solche Knospenbildungen sind ja vor allem durch Goethes diesbezügliches Interesse von den »Goethepflanzen« (Brutblatt, *Bryophyllum*, heute meist zu *Kalanchoë* gerechnet) her bekannt. Sie treten in etwas abgewandelter Form aber auch bei anderen Pflanzen auf; zum Beispiel bei feucht stehenden Exemplaren unseres heimischen Wiesen-Schaumkrautes *(Cardamine pratensis)* oder beim Wasser-Meerrettich *(Rorippa aquatica, Abb. 25)*.

Wir hatten zunächst allerlei Pflanzenorgane wie Drüsen, Dornen oder Ranken betrachtet, die durch den Blick auf ein Zu-Ende-Gehen von Wachstum, von Entwicklung, verständlich werden. Nehmen wir die hier nun angestellten Beobachtungen an den zunächst sehr speziell erscheinenden und teilweise wirklich abnorm zu nennenden Pflanzenformen sowie deren stufenweise Übergänge zu dem durchaus Regulären ernst, so werden wir uns Folgendes sagen müssen: Auch die Knospen, die *Anfänge* von Entwicklung, werden besser als durch Annahme irgendeines in den Zellkernen gelegenen Gestaltungsprogramms durch den Blick auf die allgemeinen Gesetzmäßigkeiten des Lebens inklusive seiner Niedergangserscheinungen verständlich. Erst die Ausreifung der Gewebe mit ihrem Unflexibel-Werden macht buchstäblich den »Aufbruch« zu Neuem möglich. (Die stille Schönheit, mit der uns die Pflanze dergleichen vorlebt, ist für viele von *uns* zu bewerkstelligende Fortschritte allerdings noch Ideal.)

Abb. 25: Drei Blätter vom Wasser-Meerrettich *(Rorippa aquatica)* mit Brutpflänzchen. Die Blätter lösen sich zum Teil leicht von der Mutterpflanze ab und bilden dann Knospen an der Abbruchstelle (ganz rechts). Die beiden stärker gegliederten Blätter waren noch mit der Mutterpflanze verbunden und haben je eine Brutpflanze in einer Randbucht gebildet.

Pflanzenknollen – die Abrundung von Entwicklung

Im letzten Kapitel wurden die Seitenknospen des Pflanzensprosses anhand besonderer Phänomene aus ihrer scheinbaren Selbstverständlichkeit herausgehoben. Es wurde versucht, sie einem tieferen Verständnis zugänglich zu machen. Aber auch der Sprossscheitel, die Hauptknospe, ist weniger selbstverständlich, als man denken möchte.

Besonders bei den einkeimblättrigen (monocotylen) Pflanzen wie zum Beispiel den Gräsern entsteht eine Sprossknospe an der Jungpflanze gewöhnlich erst, wenn die Entwicklung eines ersten Blattes an ihr Ende gekommen ist und das weitere Wachstum sich nicht mehr darin ausleben kann (siehe z. B. das Kapitel »Ergänzung des Vegetationspunktes; terminale Blätter« in W. Trolls »Vergleichende Morphologie der höheren Pflanzen« 1937, S. 251 ff.). Aber auch beim Alpenveilchen *(Cyclamen persicum)* ist es ähnlich. Bei ihm ist die Sprossachsenbildung von Anfang an derart schwach, dass sich das Wachstum außer in den allerdings besonders langstieligen, aber immer wieder bald an ihr Entwicklungsende gelangenden Blättern sogleich auch in einer kleinen Knollenbildung auslebt.

Obwohl das Alpenveilchen mit den Primeln näher verwandt ist und wie diese zu den zweikeimblättrigen Pflanzen (Dicotylen) gerechnet wird, erscheint bei seiner Keimung nur ein einziges Blatt. Es wird meist als eines der beiden Keimblätter angesehen, ist aber den folgenden Blättern schon sehr ähnlich *(Abb. 26)*. Man könnte annehmen, dass es seine außergewöhnliche Entwicklung dem »Einfluss« des zweiten Keimblattes verdankt, sofern es nicht überhaupt besser als Primärblatt anzusehen ist. Die Keimblätter könnten zu seinen Gunsten beide völlig darin aufgegangen sein.

Abb. 26:
Keimpflanze des Alpenveilchens *(Cyclamen persicum)*. (Aus Troll 1937, S. 757)

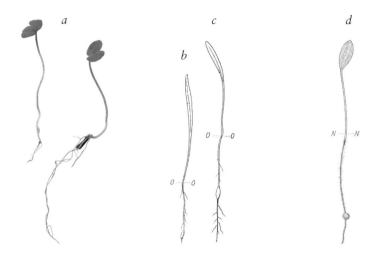

Abb. 27: a) Zwei Keimpflanzen des Scharbockskrautes *(Ficaria verna)* mit ihren sogleich gebildeten Knöllchen und den einseitig miteinander verwachsenen Keimblättern,
b) Keimpflanze des Knollenkümmels *(Bunium bulbocastanum)*,
c) der Französischen Erdkastanie *(Conopodium majus)* und
d) des Hohlen Lerchensporns *(Corydalis cava)*.
(*b* bis *d* aus Troll 1937, S. 753 und 762; O–O bzw. N–N: Bodenoberfläche)

Die Vereinigung der sonst getrennten Blattorgane dürfte mit der Hemmung des sonst dazwischen sich auslebenden Sprosswachstums und auch mit dessen »Rückstau« in der Knollenbildung unmittelbar zusammenhängen. Auch beim Keimling des Scharbockskrautes *(Ficaria verna)* und manchem anderen sehen wir verschiedene Formen von Keimblatt-Vereinigung mit früher Knollenbildung einhergehen *(Abb. 27)*.

Es soll nicht behauptet werden, dass Knollenbildung immer mit Keimblatt-Vereinigung, Keimblatt-Vereinigung immer mit Knollenbildung einhergehen müsse. Die mit der Vereinigung von Organanlagen einhergehende Hemmung des weiteren Wachstums kann sich durchaus auch ganz anders als in Knollenbildungen ausleben. Aber die betrachteten Verhältnisse sind dennoch symptomatisch und können unser Vertrauen in eine gewisse »Logik«, Harmonie und Ausgewogenheit lebendiger Formbildung überhaupt weiter stärken. Immerhin sind wir ja auch schon bei der Betrachtung der Blütenstandsbildung auf das Prinzip der Vereinigung, auf die damit einhergehende Beendigung einer Entwicklungslinie und die daraus folgenden Neu-

Abb. 28: Zur Unterstützung ihres mühsamen Wachstums auf einen anderen Kaktus *(Selenicereus)* gepfropfte *Astrophytum*-Jungpflanzen vom »ball type«. Die eine (wahrer Durchmesser: 3 cm) besitzt (noch) keinen Sprossscheitel, die andere (6 cm) ist gerade aufgerissen und ihr Wachstum kommt in normale Bahnen. (Foto: Daniel Beck, mit freundlicher Genehmigung)

anfänge gestoßen. Ob sich solche Neuanfänge nun sogleich in Form seitlicher Bereicherungstriebe noch im selben Blütenstand entfalten, dessen Spitzenwachstum gerade in Blütenbildungen sein Ende gefunden hat, ob sie erst Knollen oder Zwiebeln oder Stämme stärken, um im neuen Jahr hervorzubrechen, oder ob sie sich als Samen in der schwellenden Frucht bilden und von der Mutterpflanze lösen – das erscheint alles als Ausdruck desselben Prinzips.

Interessant sind in diesem Zusammenhang noch einige Beobachtungen an Kakteen, die uns ja bereits im letzten Kapitel beim Lösen von Rätselfragen der Flora behilflich waren. Hier ist selbst die Blattbildung meist stark reduziert. Sogleich nach der Keimung führt das Wachstum zu einer Art verfrühter und deshalb verdornender »Blütenbildung«; zur Bildung der ersten Stachelpolster (Areolen). Entsprechend ausgeprägt ist auch der Rückstau des Wachstums in der Verdickung des Stängels (und oftmals auch der Wurzel). GERBERT GROHMANN (1975) sprach in seinem Klassiker »Die Pflanze« (S. 92) davon, dass beim Kaktus das Blatt vom Stängel »gleichsam aufgesogen« sei. Damit ist die Unmittelbarkeit des Zusammenhangs der Besonderheiten von Blatt und Stängel beim Kaktus gut ausgedrückt. Die Kümmerlichkeit des sprossenden Elementes geht hier mitunter aber sogar so weit, dass nicht einmal mehr Areolen gebildet werden oder gar der Sprossscheitel von der Bildung des knolligen Stängels ganz »geschluckt« wird. Es kommt dann zu den sogenannten »ball types« *(Abb. 28)*: Einzelne Sämlinge – bezeichnenderweise besonders solche der schon erwähnten »Onzuka«-Kultivare von *Astrophytum* mit ihrer besonderen »Hartschaligkeit« – wachsen ohne Sprossscheitel als kleiner Ball, sich mehr oder weniger gleichmäßig rundherum erweiternd, heran. Mitunter sind auch eine Haupterweiterungszone an der Oberseite oder sogar Rippen mehr oder weniger deutlich ausgeprägt, aber keine dezidierten Areolen oder Sprossscheitel. Das Wachstum ist insgesamt stark gehemmt, die Haut wegen des fortwährenden diffusen Aufreißens oft borkig und braun. Doch kann schließlich noch ein Spross »aus dem Ei schlüpfen«: Das Bällchen reißt auf, junge Areolen – gegebenenfalls mit ihren Dornen – kommen zum Vorschein und das Wachstum nimmt seinen normalen Fortgang.

Nicht nur die Seitenknospenbildungen sind also ein Ergebnis eines feinen, durch seine hoch geometrische Ordnung ästhetischen Zerstörungsprozesses, sondern auch der Sprossscheitel ist ein solches »eruptives« Produkt.

Wenn beim Alpenveilchen im Laufe der Zeit neben dem wenig dominanten Haupt-Sprossscheitel weitere Blattgruppen mit eigenen Scheiteln aus der Knolle hervorbrechen, so können wir auch darin einen verwandten Vorgang sehen, wie bei den »ball type«-Kakteen. Denn Knospen waren hier nicht ursprünglich angelegt. (Es handelt sich um »adventive«, hinzukommende Sprossungen am Keimstängel [Hypocotyl], der hier zur Knolle geworden ist.) Und die Knollenbildung selbst charakterisiert sich dadurch, dass es der Pflanze aufgrund des Zusammenwirkens ihrer sonstigen artspezifischen Besonderheiten mit ihrem konkreten Entwicklungsstand und den besonderen äußeren Umständen gerade schwer wird, fortschreitend, radial, zentrifugal, sich »veräußerlichend« zu wachsen, das heißt, einen Trieb zu bilden. Sie hat einen starken Abschluss, eine Abrundung ihres Wachstums durch Zusammenschluss des Einzelnen erreicht, und eine solche Abrundung kann nur noch mit einer gewissen Gewaltsamkeit von neuen Trieben durchbrochen werden. Die Degenerationen des fortschreitenden Sprossens sind notwendig, damit sich Knollen oder andere Speicherorgane bilden können. Deren sphärisches Wachstum ist im Gegensatz zum sprossenden ein Ansammeln von Potenzial, gewissermaßen ein potenzielles Wachstum. Es bereitet wiederum ein neues Sprossen vor. Im Zusammen- und Gegeneinanderspielen von »potenziell« werdendem und sprossendem Wachstum spielt sich alle Organbildung ab.

Literatur

GÄDEKE, M. (2011): Peripherie und Zentrum – Indizien für Umstülpungen im Pflanzenwachstum. Jahrbuch für Goetheanismus 2011: 91–148. Niefern-Öschelbronn
– (2016): Plädoyer für verkannte Goetheanisten. Elemente der Naturwissenschaft Nr. 105: 43–63. Dornach
GROHMANN, G. (1975): Die Pflanze, Bd. 1 (5. Aufl.). Stuttgart
GÖBEL, T., DORKA, R. (1986): Zur Morphologie und zur Zeitgestalt der Mistel (Viscum album L.). Jahrbuch für Goetheanismus 1986: 167–192
GOETHE, J. W. v. (1790): Versuch die Metamorphose der Pflanzen zu erklären. Gotha
RITTER, M. (1993): »Rein der lebendigen Sensibilität« - Goethes Weinbau-Studien im werk- und zeitgeschichtlichen Zusammenhang. Festschrift Zoller, Dissertationes Botanicae 196: 41–65. Berlin, Stuttgart
KADEREIT, J. W. & AL. (2014): Strasburger – Lehrbuch der Pflanzenwissenschaften (37. Auflage). Berlin, Heidelberg
TROLL, W. (1937): Vergleichende Morphologie der höheren Pflanzen, Bd. 1, Teil 1. Berlin
– (1939): Vergleichende Morphologie der höheren Pflanzen, Bd. 1, Teil 2. Berlin

Der Autor

Dipl.-Biol. MANFRID GÄDEKE, geb. 1958 in Dresden. Nach verschiedenen Studien und Tätigkeiten (längere Zeit in der Heilpädagogik und Sozialtherapie) Studium der Biologie in Würzburg. Zurzeit Hortner und Nachhilfelehrer, sowie freie Forschung, Seminare. Veröffentlichungen zu botanischen Themen vor allem im (Tycho de Brahe-)Jahrbuch für Goetheanismus. Weitere Publikationen zu allgemein-biologischen, sozialorganisatorischen und pädagogischen Fragen.

WALTHER STREFFER

Die Bauwerke der Laubenvögel – Anmerkungen zum Kompensationsprinzip

Wir verdanken FRIEDRICH KIPP (1942) und ANDREAS SUCHANTKE (1964) großartige und anschauliche Darstellungen zum Goethe'schen Kompensationsprinzip innerhalb der Vogelwelt, etwa bei einigen Enten, bei zahlreichen Hühnervögeln, insbesondere den Fasanen, vor allem aber innerhalb von zwei bizarren Vogelfamilien, den Paradies- und Laubenvögeln. Bei den genannten Vogelgruppen ist es häufig, dass die Männchen entweder ihre Gefiederpracht zur Schau stellen oder – wie bei den Laubenvögeln – ihre mit Schmuckgegenständen dekorierten Lauben präsentieren. Diese Männchen haben sich im Sinne des Kompensationsprinzips vom Brutgeschäft gelöst.

Die den Rabenvögeln nahe stehenden Paradies- und Laubenvögel gehören beide zur Ordnung der Sperlingsvögel (Passeriformes). Auch wenn sie nach der aktuellen Systematik nicht mehr in einer Familie zusammengefasst werden, so haben diese beiden Vogelgruppen doch bedeutsame Gemeinsamkeiten, zum Beispiel den Geschlechtsdimorphismus und die Balztänze, die bei den Paradiesvögeln jedoch stärker ausgeprägt sind. Ich möchte die kleine Familie der Laubenvögel nicht nur kurz vorstellen, sondern auch von einigen Beobachtungen und Studien der letzten Jahre berichten, wodurch sich möglicherweise ein differenzierteres Verständnis zum Kompensationsprinzip ergibt.

Laubenvögel und Paradiesvögel sind in derselben geographischen Region beheimatet, welche die Wiege dieser Tiere zu sein scheint. Von den 20 bekannten Laubenvogelarten leben 10 ausschließlich in Neuguinea, 8 in Australien, und 2 kommen in beiden Ländern vor. Einige Arten leben sowohl im tropischen Tieflandregenwald

Abb. 1: Weißohr-Laubenvogel, *Ailuroedus buccoides*
(Foto: Dick Daniels, Wikipedia/CC-BY-SA 3.0)

Abb. 2: Rotscheitel-Laubenvogel, *Sericulus bakeri*
(Zeichnung: Handbook of the Birds of the World, Vol. 9)

Abb. 3: Gelbnacken-Laubenvogel, *Sericulus chrysocephalus*
(Foto: Seabamirum, Wikipedia/CC-BY-SA 3.0)

Abb. 4: Seidenlaubenvogel, *Ptilonorhynchus violaceus*
(Foto: Giuliano Gerra & Silvio Sommazzi)

Abb. 5: Flecken-Laubenvogel, *Chlamydera maculata*
(Foto: Tom Tarrant, Wikipedia/CC-BY-SA 3.0)

Abb. 6: Graulaubenvogel, *Chlamydera nuchalis* (Foto: Michael Dahlem)

Abb. 7 Prächtig geschmückte Laube des Hüttengärtners (Foto: Konrad Wothe, Handbook of the Birds of the World, Vol. 9)

Abb. 8: Graulaubenvogel, *Chlamydera nuchalis* (Foto: Clifford & Dawn Frith, Handbook of the Birds of the World, Vol. 9)

als auch im Bergregenwald (bis zu einer Höhe von 4000 m) oder in angrenzenden Hartlaubwäldern; andere Arten bewohnen Sekundärwälder oder wie der Dreigang-Laubenvogel *(Chlamydera lauterbachi)* buschiges Grasland und sogar verwilderte Gärten. Wenige Arten besitzen ein zusammenhängendes großes Verbreitungsgebiet. Die meisten Arten sind mosaikartig verbreitet und zum Teil auf kleine Gebiete beschränkt.

Laubenvögel erreichen Amsel- bis Dohlengröße, sind also etwa 24–35 cm groß. Bei wenigen Arten sind die Männchen etwas größer als die Weibchen. Im Vergleich zu den spezialisierten Paradiesvögeln sind Laubenvögel mit ihren kräftigen Schnäbeln typische Allesfresser, die Früchte, Blüten, Nektar, Insekten und sogar kleine Wirbeltiere verzehren. Ausnahmen bilden der farbenprächtige Gelbnackenlaubenvogel *(Sericulus chrysocephalus)* mit seinem etwas feineren langen Schnabel (ideal zum Nektarsaugen) und der Zahnlaubenvogel *(Scenopoeetes dentirostris)* mit klobigem, etwas ausgesägtem Schnabel, der sich gut zum Blätterfressen eignet. Einige Arten sind standorttreu, andere schweifen außerhalb der Brutzeit in Trupps umher und können auch in Obstplantagen einfallen. Laubenvögel verbringen – auch nahrungssuchend – viel Zeit am Boden.

Berühmt sind diese Vögel wegen ihres komplexen Balzverhaltens: Die Männchen errichten zum Teil außergewöhnliche Bauwerke, sogenannte Lauben, die unterschiedlich lange benutzt werden: Innerhalb einiger Arten wird jedes Jahr eine neue Laube angefertigt; bei anderen wird die Laube dagegen 10 bis 30 Jahre (mit regelmäßigen Verbesserungen) genutzt. Beim Graulaubenvogel *(Chlamydera nuchalis)* konnten sogar 70 Jahre einer kontinuierlichen Laubenplatz-Nutzung nachgewiesen werden. Außerdem verstehen die Männchen etwas von künstlerischen Arrangements der Gegenstände, mit denen sie ihre Lauben ausschmücken.

Da wir uns bevorzugt mit dem Kompensationsprinzip befassen wollen, sind von vornherein drei Laubenvogel-Arten auszuklammern, die weder (wie die anderen Arten) polygam leben noch Balzplätze und Lauben errichten. Diese drei überwiegend grün gefärbten Catbird-Arten *(Ailuroedus sp., Abb. 1)* leben in sozialer Partnerschaft, vermutlich lebenslang. Die Weibchen der Grünlaubenvögel bauen das Nest (im Geäst der Bäume), brüten, bewachen die Jungen, und die Männchen beteiligen sich an der Fütterung.

Nur die Männchen der polygamen Arten bauen Lauben. Diese Männchen versuchen durch ihre Lauben und ausgebreiteten Dekorationen, durch werbende Rufe und/oder farbiges Gefieder die meist schlicht gefärbten Weibchen zum Balz- oder Laubenplatz zu locken.

Die Männchen einiger Arten sind sehr farbenprächtig, so der Goldlaubenvogel *(Sericulus aureus)*, Flammenlaubenvogel *(Sericulus ardens)*, Rotscheitel-Laubenvogel *(Sericulus bakeri, Abb. 2)* wie auch der Gelbnacken-Laubenvogel *(Sericulus chrysocephalus, Abb. 3)*; ferner der blauschwarze Seidenlaubenvogel *(Ptilonorhynchus violaceus, Abb. 4)* und der gelb-olive Säulengärtner *(Prionodura newtoniana, Abb. 24)*.

Graslandbewohner gehören zu den etwas unscheinbarer grau oder braun gefärbten, aber schön gemusterten Arten, wie zum Beispiel der Fleckenlaubenvogel *(Chlamydera maculata, Abb. 5, 26)*, Graulaubenvogel *(Chlamydera nuchalis)*, Braunbauchlaubenvogel *(Chlamydera cerviniventris)* und Dreigang-Laubenvogel *(Chlamydera lauterbachi)*.

Mit Ausnahme des Dreigang-Laubenvogels besitzen die Männchen der zuletzt genannten Laubenvögel – verborgen in den Kopf- oder Nackenfedern – kleine rosa oder violette Hauben, die während der Balz aufgestellt oder ausgebreitet werden können *(Abb. 6)*.

Das alles, einschließlich der Balztänze, hat paradiesvogelartigen Charakter. Durch den Laubenbau und die kunstvollen Dekorationen unterscheiden sich die Laubenvögel jedoch deutlich von den Paradiesvögeln. Denn die meisten polygamen Laubenvogelmännchen schmücken ihre Lauben und/oder deren Vorplätze auf vielfältige Weise. In Neuguinea bewundern die Männer die Laubenvögel für deren Fleiß und Kunstfertigkeit. Sie ziehen sogar Parallelen zwischen der Vogellaube und dem Brautpreis, den sie für eine Frau zu zahlen haben. Die Lauben sind derart kompliziert angelegt und geschmackvoll dekoriert, dass die erstmals dort eintreffenden Europäer nicht an Vögel als Erbauer glauben wollten (PERRINS 2004).

Gärtner-Laubenvögel, insbesondere der Hüttengärtner *(Amblyornis inornata, Abb. 7)*, früher auch als Schmuckloser Laubengärtner bezeichnet, verzieren typischerweise ihren Laubenplatz, wobei viele oder die meisten Dekorationen Objekte sind, die häufig im Wald zu finden sind. Rote, blaue, grüne und braune Beeren wie auch gelbe, rote und blaue Blüten scheinen sie zu bevorzugen. Die Stücke werden kunstvoll arrangiert, teils nach Farben gruppiert oder auch kleine Sträußchen gelber Blüten auf größere rote bzw. blaue Beerenfelder gelegt. Die Männchen achten auf eine geschmackvolle, dekorative Anordnung, die häufig verändert und verbessert wird, und die vom Wind verwirbelten Blüten werden von Tag zu Tag umgedreht (DIAMOND 1987).

Die Männchen der farblich schönen Arten sammeln häufig nur wenige Dekorationsstücke. Die Männchen der unscheinbareren Arten sammeln dagegen in der Regel viele Objekte, was dem Kompensationsprinzip sehr gut entspricht. Bei der Farbauswahl der Dekorationsstücke lässt sich jedoch nicht feststellen, dass nur die schlicht gefärbten Laubenvögel farbige Objekte sammeln; das ist zum Teil auch bei den farbenprächtigen Arten zu beobachten. Umgekehrt sammeln die graubraunen Laubenvögel *(Chlamydera, Abb. 8)* nicht nur farbige Schmuckstücke, sondern bevorzugen nicht selten blassfarbene Objekte, etwa Steine, Knochen und häufig ausgebleichte Schneckenhäuser, sodass hier das Kompensationsprinzip nicht bzw. nicht generell anzuwenden ist. Außerdem sind zum Teil auch populationsbedingte und individuelle Unterschiede zu beachten (COOPER & FORSHAW 1977).

Die Männchen des blauschwarzen, violett schillernden Seidenlaubenvogels *(Abb. 9)* halten sich weder in der Menge ihrer Dekorationen zurück, noch breiten sie als prächtig gefärbte Vögel blasse Gegenstände aus. Sie sammeln bevorzugt blaue Gegenstände, einschließlich blauer Strohhalme, Flaschendeckel, Bänder, Klammern und Zahnbürsten. Der Vorzug für diese Farbe hängt möglicherweise damit zusammen, dass das dunkle Blau gegenüber anderen Farben höhere UV-Lichtstufen reflektiert. Diese Merkmale könnten nach Meinung der Forscher den visuellen Kontrast zwischen den Dekorationen und dem Waldboden wie auch zwischen den verschiedenen Arten von Dekorationen erhöhen (FRITH & FRITH 2009).

Offenbar haben die Laubenvögel nicht nur eine Affinität zu den Farben, sondern auch zum Licht (s. S. 197). Während sich bei den Paradiesvögeln der Eindruck aufdrängt, dass jedes Männchen darauf bedacht ist, selbst im richtigen Licht zu stehen, sind die Laubenvögel darum bemüht, die geschmückten Vorplätze ihrer Lauben im richtigen Licht erscheinen zu lassen. Die männlichen Vertreter beider Familien sorgen auf unterschiedliche Weise, wie wir noch sehen werden, selbst ein wenig für den günstigsten Lichteinfall. Die Männchen setzen allerdings ihre architektonischen Fähigkeiten nicht dazu ein, um den Weibchen ein prächtiges Nest zu bauen. Die geschmückten Lauben werden allein zur Schaubalz konstruiert; sie haben nichts mit Brutfürsorge zu tun, können aber als Ansätze für kulturelle Entwicklung betrachtet werden.

Während der Balzsaison verbringen die Männchen viel Zeit, um ihre traditionellen Balzplätze und Lauben in Ordnung zu bringen und schön zu halten. Die Imponierbalz wird in der Regel eingeleitet, sobald ein Weibchen am Balzplatz oder in der Nähe der Laube eintrifft. Die Männchen versuchen durch ihre schöne Laube und die ausgelegten Dekorationen die Weibchen zu beeindrucken, die farbenprächtigen Männchen zusätzlich auch durch ihre Schönheit. Bei vielen Arten beginnt die Balz am Boden. Die Männchen führen häufig hektische Bewegungen aus, tanzen mit komplizierten Schritten und machen dabei Seitwärtssprünge, oft in Verbindung mit Flügelschlagen. Nicht selten lassen die Männchen ihre Stimmen hören; etliche Männchen tragen dabei zahlreiche Imitationen vor (FRITH & FRITH 2009). Bei manchen Arten sind auch Balz- oder Schwebeflüge üblich, etwa beim Säulengärtner und Seidenlaubenvogel *(Abb. 10)*.

Das braun-gelb gefärbte Männchen des Dreigang-Laubenvogels öffnet weit den Schnabel und zeigt dem Weibchen während seiner Balz seinen orange gefärbten Rachen. Beim Männchen des Zahnlaubenvogels *(Abb. 11)* ist es der dunkle Rachen, der stark mit den weißen Schnabelspitzen kontrastiert. Die Balztänze sind von Art

Abb. 9: Seidenlaubenvogel, *Ptilonorhynchus violaceus* (Foto: Roland Seitre, Handbook of the Birds of the World, Vol. 9)

Abb. 10: Schwebeflug des männlichen Seidenlaubenvogels (Foto: Mark Rayner)

zu Art etwas verschieden, aber stets ist die Balz eine Demonstration ritualisierten Posierens, wobei das wichtigste Ziel der Männchen eine erfolgreiche Paarung ist. Deshalb werden bei der Balz nicht selten Dekorationsgegenstände, zum Beispiel Beeren, Blüten oder Schneckenhäuser, als Balz-Requisiten in den Schnabel genommen.

Nach Meinung der Biologen scheinen die kunstvollen Lauben und die angesammelten Dekorationen symbolhaft für die Anstrengungen jedes einzelnen Männchens und seine relative Fitness zu sein, aber auch hinsichtlich Erfahrung und Alter. Die Weibchen inspizieren zahlreiche Lauben, achten dabei auch auf die männliche Stimmfreudigkeit, den Balztanz und den Gefiederzustand der Männchen. Offenbar interessieren sich die Weibchen nicht nur für die Qualität und Ausschmückung der Lauben, sondern scheinen die Männchen auch aufgrund der Dekorationsmenge oder wegen besonders seltener Stücke, also, wie Darwin es formulierte, nach »ihrem Standard von Schönheit« auszuwählen. Eine schön angelegte und gut gepflegte Laube repräsentiert gewissermaßen den Charakter, die Zuverlässigkeit und die körperliche Energie eines Laubenvogelmännchens. Auch scheinen erfahrene Männchen, denen es gelingt, ihre Lauben dauerhaft vor Zerstörung zu bewahren, zusätzlich eine besondere Wirkung auf die Weibchen auszuüben. Zu erwähnen ist noch, dass die Männchen sich häufig gegenseitig Dekorationsstücke stehlen, was bei dem großen Angebot an ausgebreiteten bunten Dingen nicht verwunderlich ist.

Abb. 11:
Zahnlaubenvogel, *Scenopoeetes dentirostris* (Foto: Tyto Toni)

Abb. 12:
Mit Blättern geschmückter Platz des Zahnlaubenvogels (Foto: Peter Marsack, Handbook of the Birds of the World, Vol. 9)

Abb. 13:
Archboldlaubenvogel *(Archboldia papuensis)*, dessen gelbe Haube zur Balzzeit gut zu sehen ist. (Zeichnung: www. taenos.com)

Die Weibchen der Paradiesvögel suchen sich die schönsten Männchen aus. Die Weibchen der Laubenvögel hingegen bevorzugen die Baumeister der schönsten Lauben. Inzwischen gibt es jedoch interessante wissenschaftliche Beiträge, die sich mit der sogenannten *verhaltenen Schönheit* in der Vogelwelt befassen. Die zweckmäßige Denkmethode wird zwar beibehalten, die Kausalität jedoch entgegengesetzt dargestellt: Nicht mehr die prächtigsten Männchen haben Erfolg, sondern »auffälliges Gefieder ist nicht mehr notwendig und gereicht eher zum Nachteil, denn es lockt Fressfeinde an. Ist man unscheinbar gefärbt, so entgeht man eher dieser Gefahr« (PERRINS 2004). Anstatt die Einseitigkeit früherer Aussagen zu korrigieren, wird nun das Gegenteil ebenfalls als zweckmäßig erklärt, wodurch sich letztlich jede Argumentation aufhebt.

Bautypen

Mit Ausnahme der drei monogamen Catbird-Arten errichten alle Laubenvogelmännchen Lauben bzw. Balzplätze, wobei allerdings der Hof des zuvor gezeigten Zahnlaubenvogels nicht direkt als Laube bezeichnet werden kann, weil er keinerlei Konstruktion beinhaltet. Das Männchen baut keine Laube, sondern reinigt lediglich den Urwaldboden von Pflanzenresten und dekoriert ihn mit Blättern, die jeweils mit der blassen, helleren Unterseite nach oben gelegt werden *(Abb. 12)*.

Bei den anderen 16 Laubenvogel-Arten lassen sich drei Laubentypen unterscheiden:

1. Die Mulde des Archboldlaubenvogels *(Archboldia papuensis, Abb. 13, 14)* ist ein großflächiger Laubenplatz, der aus einer angelegten und gereinigten Muldenstruktur (1,5 x 1 m bis zu 5 x 6 m) besteht und in der Regel zwischen Bäumen errichtet wird. Diese Mulde ist ausgelegt mit Farnblättern, dazu kleine Stapel aus Schneckenhäusern oder Früchten. Auf Zweigen in 1–2 m Höhe können ebenfalls Dekorationen angebracht sein.

2. Die sogenannten Maibaum-Lauben bzw. Maibaum-Hütten werden von den fünf Arten der Gattung *Amblyornis* und *Prionodura* errichtet.

3. Dem dritten Laubentyp werden die Avenue- oder Allee-Bauten der zehn *Sericulus-*, *Ptilonorhynchus-* und *Chlamydera-*Arten zugeordnet.

Mit den eigentlichen Maibaum-Lauben bzw. Maibaum-Hütten und den Allee-Lauben wollen wir uns nun im Zusammenhang mit dem Kompensationsprinzip beschäftigen.

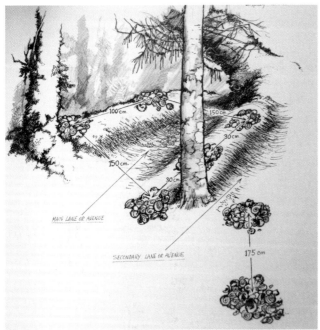

Abb. 14:
Der Laubenplatz des Archbold-Laubenvogels
(Zeichnung: T. W. Cooper)

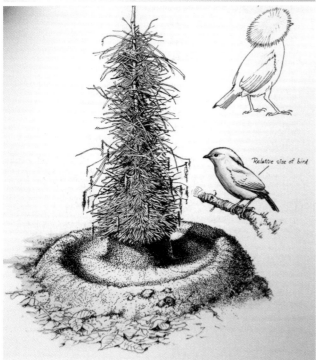

Abb. 15:
Idealisiertes Bild der Maibaum-Anlage des Gelbscheitelgärtners, *Amblyornis flavifrons*
(Zeichnung: T. W. Cooper)

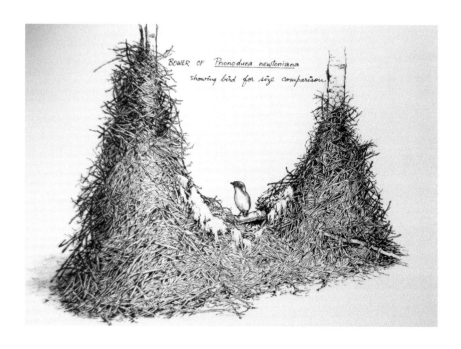

Abb. 16: Die zweitürmige Maibaum-Laube des Säulengärtners, *Prionodura newtoniana* (Zeichnung: T. W. Cooper)

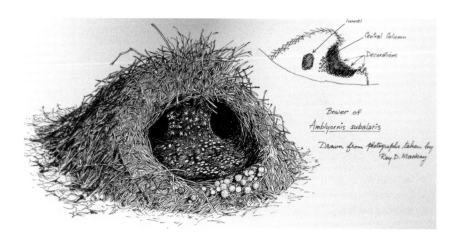

Abb. 17: Hüttenlaube des Rothaubengärtners, *Amblyornis subalaris* (Zeichnung: T. W. Cooper)

Maibaum-Lauben

Zum Maibaum-Typ werden zwei verschiedene architektonische Gebilde gezählt:

1. Der Maibaum ist ein aus vielen Zweigen und Stängeln gefügter Turm sowohl vom Goldhaubengärtner *(Amblyornis macgregoriae)* als auch vom Gelbscheitelgärtner *(Amblyornis flavifrons, Abb. 15)*.
2. Es kann, wie etwa beim Säulengärtner *(Prionodura newtoniana, Abb. 16)*, auch ein Doppelturm mit muldenartigem Zwischenraum sein.

Zu den echten Maibaum-Lauben werden sogenannte überdachte Türme gezählt; das sind die äußerst komplexen und unterschiedlich großen Hütten von Rothaubengärtner *(Amblyornis subalaris, Abb. 17)* und Hüttengärtner *(Amblyornis inornata, Abb. 18)*.

Die Maibaumbauer reinigen den Boden ihres Balzplatzes und polstern manchmal Unebenheiten mit Moos aus. Der Laubenplatz wird je nach Art und Individuum mit farbigen Blüten, Früchten, Beeren, Federn und Insektenflügeln geschmückt, ferner mit kleinen Steinen oder Knochen, mit Schneckenhäusern, Baumharz, Pilzen, Flechten, farbigen Blättern und teils auch mit von Menschen gefertigten Objekten.

Abb. 18: Hüttenlaube des Hüttengärtners, *Amblyornis inornata*
(Zeichnung: T. W. Cooper)

Abb. 19: Ein etwas schlichterer Maibaum des Goldhaubengärtners, *Amblyornis macgregoriae*. (Foto: Marie-Andrée & Thierry Bécret)

Abb. 20: Eine besonders schöne, künstlerische Maibaum-Konstruktion des Goldhaubengärtners (Foto: Clifford & Dawn Frith, Handbook of the Birds of the World, Vol. 9)

Abb. 21: Männchen und Weibchen des Rothaubengärtners *(Amblyornis subalaris)*, unten das Männchen mit der farbigen Federhaube. (Zeichnung: T. W. Cooper)

Bei den Maibaumbauern ist es, wie schon angedeutet, zumeist so, dass die einfach gefärbten Männchen die prächtigen Lauben bauen. Auch von Ornithologen wurde der Zusammenhang zwischen der männlichen Gefiederpracht und der Bauart der Lauben dargestellt (MARSHALL 1954, GILLIARD 1956). Wir erkennen hier das Kompensationsprinzip, das GOETHE (1795) auch als die *Idee eines haushälterischen Gebens und Nehmens* bezeichnete.

Wir haben also zum einen die Kompensationserscheinung, dass die auffälliger gefärbten Männchen einfache Lauben bauen, während die schlicht gefärbten Männchen die schönsten und größten Lauben konstruieren. Zum anderen erkennen wir das Prinzip des Ausgleichs darin, dass die prächtig gefärbten Laubenvogelmännchen in der Regel wenige und die Männchen der unscheinbaren Arten viele Dekorationsstücke sammeln. THOMAS SCHULTZE-WESTRUM schreibt 1970 in Grzimeks Tierleben: »Die Paradiesvögel stellen bei der Arenabalz ihre Prachtgefieder zur Schau, die Laubenvögel jedoch in erster Linie ihre Lauben. Diese Bauwerke sind somit *sekundäre Geschlechtsmerkmale* der Männchen, die auf Gegenstände der Umgebung übertragen worden sind.« Dem ist voll zuzustimmen.

Diesen Zusammenhang zu erkennen und darzustellen, war vor fast einem halben Jahrhundert sehr fortschrittlich. Allerdings werden von den drei genannten Autoren die Männchen der Maibaum-bildenden Arten bedauerlicherweise mit den Alleebildenden Arten verglichen. Derartig zustande gekommene Regeln gelten jedoch nur in Ausnahmefällen und können leicht zu falschen Folgerungen führen. Noch weniger kann eine solche Regel auf das außergewöhnliche *»painting«*, dem Bemalen der Lauben, angewandt werden (s. S. 193).

Das Problem ist, dass sich Hüttengärtner und Allee-Bauer nicht auf jeder Ebene miteinander vergleichen lassen.[1] Selbst bei den Maibaum-Bauern unterschiedlicher Gattung können, wie wir noch sehen werden, hinsichtlich der Kompensationsregel Schwierigkeiten entstehen. Auch aus diesem Grund ist es ratsam, die beiden Laubenvogelgruppen getrennt zu betrachten. Bei der vergleichenden Untersuchung werden wir uns zuerst auf eine Gattung beschränken, nämlich auf die in Neuguinea beheimateten *Amblyornis*-Arten, die wegen ihres sorgfältigen Arrangements einer kunstvollen Laube auch Gärtner heißen. Bei diesen vier bräunlich gefärbten *Amblyornis*-Arten lässt sich im Zusammenhang mit ihren Laubenbauten durchaus das Kompensationsprinzip anwenden.

Goldhaubengärtner *(Amblyornis macgregoriae)* und Gelbscheitelgärtner *(Amblyornis flavifrons)*, deren Köpfe gelb-orange bzw. leuchtend gelbe große Feder-

---

[1] Insofern sind zwei Bemerkungen zu den Laubenvögeln in meinem Buch »Wunder des Vogelzuges« (S. 94) zu korrigieren.

hauben zieren, errichten im Vergleich zu den komplexen Hütten der Gärtner-Laubenvögel etwas weniger aufwändige Maibäume *(Abb. 19, 20)*. In der Regel werden zahlreiche Stöckchen und Stängel in ein kleines Baumstämmchen gesteckt, sodass ein sperrig aufragender, nach oben sich verjüngender Turm entsteht. Um diesen etwa einen Meter hohen Maibaum wird nicht selten ein schöner runder Wall angelegt, der den Balzplatz einrahmt. Wie unterschiedlich die Maibäume von den männlichen Individuen errichtet werden können, zeigen die *Abbildungen 19* und *20*. Auch werden zum Teil farbige Früchte ausgebreitet und/oder der Fuß des Maibaums mit blauen Beeren verziert.

Die Federhaube des Rothaubengärtners *(Amblyornis subalaris, Abb. 21)* ist weniger auffällig als die des Goldhaubengärtners; seine überdachte Maibaum-Laube ist aber durch den Hüttencharakter ein wesentlich komplizierterer Bau *(Abb. 17)*.

Der Hüttengärtner *(Amblyornis inornata)* ist schlicht braun gefärbt ohne auffällige Federhaube; er errichtet äußerst komplexe überdachte Lauben und bildet dekorationsreiche, künstlerisch anmutende Balzplätze *(Abb. 22, 23)*. Der Hüttengärtner zeigt besonders schön, dass es innerhalb einer Art große individuelle Unterschiede in der Laubengestaltung gibt. Auch Farbe und Menge der Dekorationen können von einer Laubenhütte zur anderen variieren.

Ein Vergleich mit der nah verwandten australischen Art, dem Säulengärtner *(Prionodura newtoniana, Abb. 24)*, zeigt, dass einer der kleinsten Laubenvögel mit seiner meist doppeltürmigen Maibaum-Anlage *(Abb. 16)* im Vergleich zu seiner Erscheinung einen äußerst komplexen Bau errichten kann, obwohl das Männchen des Säulengärtners mit seiner oliv-braunen Oberseite und leuchtend gelben Unterseite eine aparte Erscheinung ist. Hinzu kommt eine kleine, aufstellbare gelbe Haube, die durch ein dunkelbraunes Band vom goldgelben Nacken abgegrenzt wird.

In diesem Falle würde man auf ein einfaches, weniger aufwändiges Bauwerk schließen. Das nur als Hinweis, wie wichtig es ist, hinsichtlich der Kompensationserscheinungen stets sämtliche Arten einer Vogelfamilie zu betrachten, um dann jeweils die Arten innerhalb einer Gattung zu vergleichen, damit ein Beispiel auch repräsentativ ist.

Zusammengefasst lässt sich sagen, dass die Männchen der drei monogam lebenden Grünlaubvogelarten in die Fürsorge für die Nachkommen eingebunden sind; sie präsentieren keine Lauben. Alle anderen bauen Lauben, wobei die Männchen der farbenprächtigeren Arten in der Regel einfache Lauben errichten und diejenigen mit weniger auffallendem Gefieder die komplexesten Lauben. Zu den nahe verwandten Paradiesvögeln zeigen sich hier hinsichtlich des Kompensationsprinzips große Unterschiede, denn bei den Männchen der meisten Laubenvogelarten fließen die Gestaltungskräfte weniger in ein ausgeprägtes Prachtgefieder als vielmehr in die künstlerische Gestaltung der Laube. Die Entwicklung des Prachtgefieders wie des Laubenbaus führte zu entsprechend verändertem Verhalten, nämlich bei den einen die eigene Schönheit und bei den anderen den dekorierten Laubenplatz zu präsentieren.

Abb. 22: Eine individuelle Laubenvariante des Hüttengärtners, *Amblyornis inornata.* (Foto Barrie Britton)

Abb. 23: Eine weitere individuelle Laubenvariante des Hüttengärtners, *Amblyornis inornata.* (Foto Konrad Wothe, gettyimages.com)

Abb. 24: Säulengärtner, *Prionodura newtoniana* (Zeichnung: T. W. Cooper)

Allee-Lauben (Avenue bower)

Die Hälfte der Laubenvögel, nämlich 10 Arten, errichten Lauben vom Allee-Typus. Bei 5 Arten sind die Geschlechter gleich schlicht gefärbt, während bei den anderen 5 farbenprächtigen Arten ausgeprägter Geschlechtsdimorphismus herrscht. Die Vögel sind etwa 25–35 cm groß; entsprechend schwankt auch die Größe ihrer Lauben. Ein Laubengang vom Typ »avenue bower« besteht aus zwei Wänden aus Stängeln und starken Grashalmen, die parallel zueinander platziert sind und fast senkrecht in den Boden gesteckt werden.

Die Lauben der bunten *Sericulus*-Arten sind meistens etwas sparsam dekorierte Alleen *(Abb. 25)*. Die farbenprächtigen Männchen selber scheinen hier nach dem Kompensationsprinzip die Dekoration zu sein *(Abb. 27, 28)*. Die Allee-Lauben der graubraunen Laubenvögel sind dagegen in der Regel reicher dekoriert *(Abb. 26, 29, 30, 31)*.

Abb. 25: Allee-Laube des Gelbnacken-Laubenvogels, *Sericulus chrysocephalus* (Zeichnung: T. W. Cooper)

Abb. 26: Fleckenlaubenvogel *(Chlamydera maculata)*; Männchen und Weibchen mit rosa Haube. Die Hauben der Weibchen sind entweder kleiner als die der Männchen oder fehlen ganz. (Zeichnung: T. W. Cooper)

Abb. 27: Gelbnacken-Laubenvogel, *Sericulus chrysocephalus*
(Foto: Clifford & Dawn Frith, Handbook of the Birds of the World, newsletters)

Abb. 28: Flammenlaubenvogel, *Sericulus ardens*
(Foto: Koenigshof-Lippstadt)

Abb. 29: Das Männchen des Graulaubenvogels *(Chlamydera nuchalis)* mit grüner Beere im Schnabel; Männchen und Weibchen besitzen eine lila Haube.
(Foto: Michael Gore, Handbook of the Birds of the World, Vol. 9)

Abb. 30: Männchen des Tropfenlaubenvogels *(Chlamydera guttata)*; die Haube des Weibchens ist im Vergleich zum Männchen etwas kleiner.
(Foto: Christopher Watson, Wikipedia/CC-BY-SA 3.0)

Abb. 31: Männchen des Braunbauch-Laubenvogels *(Chlamydera cerviniventris)* vor seiner geschmückten Laube; beide Geschlechter ohne Haube. (Foto: Martin Willis)

Abb. 32: Die reich geschmückte Allee-Laube des Seidenlaubenvogels, *Ptilonorhynchus violaceus*. (Foto: viralforest.com)

Obwohl die Lauben vom Typ her sehr ähnlich gestaltet sind, ist hinsichtlich der Dekoration auch bei den Allee-Bauern, zumindest ansatzweise, eine Beziehung zum Kompensationsprinzip erkennbar. Die Arten ohne Haube scheinen komplexer zu bauen als diejenigen mit Haube. Vor allem fällt auf, dass der Braunbauch-Laubenvogel (ohne Haube) als einziger der graubraunen Allee-Bauer auch die Seitenwände seiner Laube mit Sammelstücken verziert.

Abb. 33: Zwei Männchen des Dreigang-Laubenvogels;
oben: *Chlamydera lauterbachi uniformis,*
unten: *Chlamydera l. lauterbachi.*
(Zeichnung: T. W. Cooper)

Der prächtige blaue Seidenlaubenvogel verhält sich jedoch ganz anders: Er trägt oft eine große Fülle von blauen Gegenständen zusammen *(Abb. 32)*. Unter den Allee-Bauern ist seine Laube bei weitem nicht die kleinste; außerdem errichtet er nicht nur zwei Wände, sondern verbindet diese manchmal sogar zu einem geschlossenen Bogen.

Eine weitere Ausnahme bildet der Dreigang-Laubenvogel *(Chlamydera lauterbachi, Abb. 33)*. Das braun-grün-olive Männchen mit der gelblichen Unterseite und dem rötlichen Scheitel konstruiert eine einzigartige, sehr lang gestreckte Laube, in deren Mitte der Vogel noch einen zweiten kleinen Laubengang platziert, jedoch um 90° versetzt, so dass insgesamt drei Laubengänge entstehen *(Abb. 34)*.

Der Dreigang-Laubenvogel wurde mehrfach zitiert als der Vogel mit der roten Beere im Schnabel als Ersatz für farbige Federn. Ein solcher Gedanke kommt einem gesamtheitlichen Denken und der Idee des Kompensationsprinzips entgegen. In einem bestimmten Fall, den der Ornithologe SCHULTZE-WESTRUM (1970) schildert, mag das auch zutreffen. Sobald wir aber sämtliche Laubenvögel, also auch die Al-

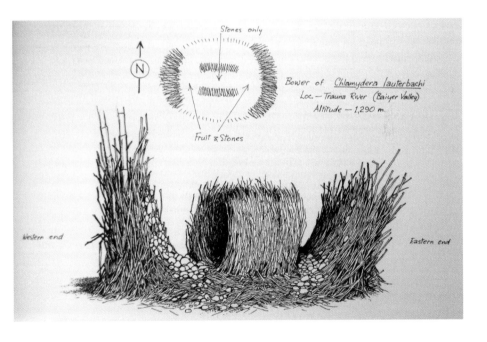

Abb. 34: Die komplexe Laube des Dreigang-Laubenvogels (Zeichnung: T. W. Cooper)

lee-Bauer, miteinander vergleichen, kommen wir inzwischen zu einem etwas differenzierten Ergebnis: So schön der Vergleich mit der Beere im Schnabel dieses Vogelmännchens auch ist, er eignet sich nicht als Hinweis zum Kompensationsprinzip für die ganze Laubenvogelfamilie. Hinzu kommt noch, dass die Nominatform des Dreigang-Laubenvogels *(Chlamydera l. lauterbachi)* gegenüber der Unterart *uniformis* keine oliv-grüne, sondern eine seidig glänzende, rötlich bis kupferfarbene Kopfplatte hat *(Abb. 33)*. Und weder der Dreigang-Laubenvogel noch der schmucklose Hüttengärtner nehmen nur rote Beeren in den Schnabel; es können auch andersfarbige Früchte sein.

Generell lässt sich sagen, dass alle polygamen Laubenvogelmännchen Dekorationsstücke sammeln und diese kunstvoll ausbreiten. Die Männchen scheinen zum größten Teil bestimmte Farben zu bevorzugen: So lieben die braungrau gefärbten Männchen häufig blasse Farben, und es finden sich bei ihnen neben roten Beeren vor allem helle Früchte, Knospen, gelbe Blätter und teils Massen von ausgebleichten Schneckenhäusern. Und während der blaue Seidenlaubenvogel eindeutig blaue Objekte bevorzugt, breitet der farbenprächtige Gelbnacken-Laubenvogel häufig blasse Blütenblätter aus.

Fast alle Männchen nehmen bei der Balz, wie bereits angedeutet, ein Dekorationsstück exemplarisch für die ausgebreitete Fülle in den Schnabel, als wollten sie den Weibchen während des Balztanzes deutlich zeigen, wie viele Schätze sie zusammengetragen haben. Und die Männchen der Allee-Bauer werfen zum Ende der Balz das im Schnabel gehaltene Requisit den Weibchen zu, auch wenn es keine genießbare Beere ist.

Ein Männchen der grauen Laubenvogelarten präsentiert eine farbige Beere im Schnabel also nicht unbedingt im Sinne des Kompensationsprinzips, denn die Männchen der prächtig gefärbten Arten verhalten sich ganz ähnlich. Auch ist zu bedenken, dass unter den Dekorationen der Laubenvögel sehr häufig farbige Früchte zu finden sind. Wohl nicht nur deshalb, weil Früchte im Regenwald häufig sind, sondern sicher auch, weil fast alle Laubenvögel Früchte verzehren. Ein derart trivialer Grund sollte beim Präsentieren von Beeren und Früchten nicht außer Acht gelassen werden. Außerdem nehmen die Männchen des Graulaubenvogels nicht nur farbige Beeren in den Schnabel *(Abb. 29)*, sondern häufig auch ausgebleichte Schneckenhäuser *(Abb. 35)*.

Ein einzelnes schönes Verhalten sollte nicht verallgemeinert werden. Ich kann es jedenfalls nicht (mehr) generell als Kompensationserscheinung betrachten – noch weniger das *Bemalen* der Lauben.

Abb. 35: Graulaubenvogel, *Chlamydera nuchalis* (Foto: Hanne & Jens Eriksen, Handbook of the Birds of the World, Vol. 9)

Das außergewöhnliche »*painting*« der Laubenvögel

Es konnte inzwischen nachgewiesen werden, dass alle zehn Allee-Bauer zu den sogenannten »*painters*« gehören – sowohl die Männchen des schlicht gefärbten Graulaubenvogels als auch des farbenprächtigen Gelbnacken-Laubenvogel, dessen Oberkopf, Nacken, Schwingen und Rücken zum großen Teil orangegelb leuchten, während das übrige schwarze Gefieder einen violetten Schimmer zeigen kann *(Abb. 36)*. Das Männchen des Gelbnacken-Laubenvogels präsentiert zur Balz sowohl sein prachtvolles Gefieder innerhalb seiner meist schlicht dekorierten Laube als auch während des Balzfluges *(Abb. 37)*. Auch dieses farbige Männchen kann bei der Balz eine farbige Beere im Schnabel halten. Darüber hinaus streicht es zusätzlich sein Bauwerk noch ein wenig an.

Abb. 36: Gelbnacken-Laubenvogel *(Sericulus chrysocephalus)*; unten das schöne Männchen, oben das grüngraue Weibchen mit dem ursprünglichen Schlichtkleid, das auch beide Geschlechter der monogam lebenden Grünlaubenvögel *(Abb. 1)* tragen. (Zeichnung T. W. Cooper)

Abb. 37: Das attraktive Männchen des Gelbnacken-Laubenvogels im eindrucksvollen Schwebeflug. (Foto: Trevor Andersen)

Abb. 38: Die mit Steinen und Knochen dekorierte Lauben-Allee des Graulaubenvogels *(Chlamydera nuchalis)*. Aus der Perspektive des Weibchens (in der Laube) erscheinen die größeren, weiter entfernt platzierten Objekte kleiner, als sie in Wirklichkeit sind. (Foto: Laura Kelley)

Abb. 39: Nicht nur die unscheinbar gefärbten Laubenvögel nehmen bei der Balz farbige Beeren in den Schnabel, sondern auch der äußerst farbenfrohe Flammenlaubenvogel *(Sericulus ardens)* wirbt um das Weibchen mit einer farbigen Beere im Schnabel. (Foto: youtube.com)

So, wie das Präsentieren einer farbigen Frucht im Schnabel des Männchens nicht zwingend etwas mit dem Kompensationsprinzip zu tun haben muss, so ist es auch mit dem ansatzweisen Bestreichen der Laube. Denn dem »*painting*« der farbenprächtigen Männchen steht kein Mangel hinsichtlich der eigenen Farblichkeit gegenüber, so wie sich auch der Singvogelgesang hinsichtlich des männlichen Prachtgefieders vielfach einer Kompensationsregel entzieht. Das hängt damit zusammen, dass der Gesang vornehmlich der Brutfürsorge zuzurechnen ist und weniger der Selbstdarstellung dient.

Was ist nun mit dem *Anmalen* gemeint? Die Männchen sämtlicher Allee-bauenden Arten stellen unter Verwendung von farbigem Beerensaft und/oder Holzkohle, vermengt mit Pflanzenmaterial, Lehm und Speichel eine Farbstoffmischung her, die sie dann auf unterschiedliche Art und Weise mit Pflanzenteilen auf die inneren Laubenwände streichen. Das Männchen des prächtigen Gelbnacken-Laubenvogels benutzt beispielsweise braun-rot-gelbe Farben. Den Farbauftrag führt der Vogel durch Horizontalbewegungen mit Bündeln von Blättern durch, die er wie einen Pinsel quer im Schnabel hält. Anschließend säubert er den Arbeitsplatz und entfernt alle Arbeitsmittel auch im Umkreis seiner Laube (CHISHOLM 1954). Diese Pinselbenutzung zum Farbauftrag stellt eine Art von Werkzeuggebrauch bei Tieren dar. Der Seidenlaubenvogel *(Ptilonorhynchus violaceus)* trägt die Farbe allerdings direkt mit seinem Schnabel auf.

Da »*bower-painting*« eine Betätigung ist, in welche einige Männchen viel Zeit investieren, erhob sich innerhalb der Verhaltensforschung die Frage nach der Funktion, zumal die Farbe nur in frischem Zustand ins Auge fällt. Schon nach kurzer Zeit trocknet die Farbe zu einem pulverigen und unauffälligen Rückstand ein. Verschiedene Vermutungen sind dazu angestellt worden. Es scheint zum Beispiel möglich, dass frisch angewandte Farbe ein Signal an die Weibchen ist, diesen zu versichern, dass die Laube aktiv von einem Männchen unterhalten wird. Der Umfang und die Frische der *Bemalung* könnten den Weibchen einen Hinweis vom jeweiligen aktuellen Niveau eines Männchens und seiner Laube liefern (FRITH & FRITH 2009). Dafür sprechen drei Beobachtungen von Forschern der University of Queensland, die im Experiment Farbe an den Laubenwänden des Seidenlaubenvogels hinzufügten bzw. entfernten, um die Reaktion der Männchen zu testen (BRAVERY & AL. 2006):

1. Wurde frische nasse Farbe experimentell an die Zweige der Laube gestrichen, verbrachten die Männchen weniger Zeit damit, ihre Laube zu verbessern.

2. Bei messbarem Wind in der Laube haben die Männchen häufiger angemalt.

3. Die Männchen zeigten kaum Reaktionen, wenn ältere Farbe entfernt wurde.

Die Vögel achten demnach auf witterungsbedingte Veränderungen und sind entsprechend bemüht, für ständig feuchten – und damit sichtbaren – Farbanstrich zu sorgen. Sie scheint es aber weniger zu beschäftigen, auf welche Weise ihre Bemalung frisch bleibt, noch zu beunruhigen, wenn alte, unauffällige Farbe entfernt wird. Die Männchen nehmen aber offenbar wahr, dass die Weibchen nicht nur auf die Ausschmückung der Laube achten, sondern auch deren Pflege durch »*painting*« beobachten.

Neben dieser zweckmäßigen Überlegung sollte die künstlerische nicht vergessen werden. Auch wenn man im eigentlichen Sinne nicht von Malen sprechen kann, so ist doch offensichtlich, dass diese Vögel versuchen, mit Farbe, zu deren Benutzbarkeit sie aktiv beitragen, ihre Lauben zu verschönern. Im Sammeln von farbigen Gegenständen, in der Art des Ausbreitens und gefälligen Platzierens von Früchten und Blüten ist bereits ein Hang zum Ästhetischen zu erkennen (DIAMOND 1982, GRAMMER & AL. 2003, ROBSON & AL. 2005, AKST & AL. 2006, ENDLER 2012). So kann das Bemalen der Lauben durchaus als künstlerische Steigerung des Laubenbaues betrachtet werden, kaum aber im Sinne des Kompensationsprinzips.

Affinität zum Licht

Vögel, die einen ausgeprägten Sinn für Farben besitzen, haben auch eine Affinität zum Licht. Die Männchen der Paradies- und Laubenvögel sind gleichermaßen daran interessiert, ihre Balzarenen *bühnenreif* zu gestalten. Dazu brechen Paradiesvögel im Geäst der Baumkronen kleine Zweige ab und entlauben die Äste, um so im Blättergewirr einen Raum für sich und die *Zuschauer* zu haben. Für die richtige Balzatmosphäre am Urwaldboden sorgen sowohl die Laubenvögel als auch die am Boden balzenden Paradiesvögel; während diese aber das herabgefallene Blattwerk entfernen, verzieren jene den Boden mit Früchten, Blättern und anderen attraktiven Dingen.

In beiden Vogelfamilien sind spezielle Methoden entwickelt worden, um die Sichtverhältnisse auf die Balzplätze zu steigern: Einige Paradiesvögel versuchen beispielsweise durch Abbeißen der Blätter bis zu einer Höhe von mehreren Metern für etwas bessere Lichtverhältnisse zu sorgen.[2] Laubenvögel verhalten sich häufig ganz

---

[2] Der Tierschriftsteller VITUS B. DRÖSCHER, der in seinem Buch »Sie töten und sie lieben sich« (1974) über die Paradiesvögel berichtet, nimmt an, dass durch das Abpflücken der Blätter im Urwald ein *Lichthof* von 10 m Höhe mit einem Durchmesser von 5–7 m entstünde. Wer schon einmal im tropischen Regenwald war, wird diese spezielle Aussage nicht einfach so übernehmen. Insofern aber alle abgerupften Blätter keinen Schatten mehr auf den Balzplatz werfen können, wird das typische Dämmerlicht etwas aufgelichtet, sodass die Männchen die ankommenden Weibchen schneller wahrnehmen und sich selbst besser präsentieren können.

anders, insbesondere die Allee-Bauer, wobei noch zu berücksichtigen ist, dass die meisten der *Chlamydera*-Arten nicht im dichten Regenwald leben, sondern in Tieflandwäldern, Eukalyptuswäldern oder, wie der Dreigang-Laubenvogel, in buschigen Grassteppen. Die Allee-Bauten stehen oft nicht im Schatten des Waldes.

Während es bei den (sowohl im Geäst als auch am Boden balzenden) Paradiesvögeln vor allem um bessere Sichtverhältnisse, also um einen von Blättern freien Raum geht, sorgen Laubenvögel für eine echte Optimierung der Lichtverhältnisse. Denn alle Laubenvogelarten, die zu den Allee-Bauern gehören, konstruieren den durch die beiden Wände geformten Laubengang in einer bestimmten Kompass-Orientierung – in der Regel Nord-Süd *(Abb. 34)*. Diese Männchen nutzen ihre Intelligenz nicht nur, um die Weibchen mit auffälligen Lauben zu beeindrucken; sie achten auch auf günstigen Lichteinfall. Für die anwesenden Weibchen wird durch die entsprechende Laubenausrichtung das Leuchten der Laubendekoration vom Morgen bis zum Nachmittag gesteigert und natürlich auch die Sicht auf das balzende Männchen verbessert (FRITH & FRITH 2009).

Darüber hinaus hat man beim Graulaubenvogel noch etwas Außergewöhnliches entdeckt, was auch für andere Laubenvogelarten Gültigkeit haben könnte: Die Laube des männlichen Graulaubenvogels *(Chlamydera nuchalis)* bildet eine Allee von einem halben Meter Länge, die sich auf einen Platz hin öffnet, dessen Boden mit Knochen, Schneckenhäusern und/oder Steinen bedeckt ist. Vor fünf Jahren berichtete der Evolutionsbiologe John Endler von der University of Melbourne, dass die Männchen des Graulaubenvogels offenbar visuelle Illusionen beim Bau ihrer Lauben verwenden. Sie tun dies, indem sie den Boden des Hofes derart mit Gegenständen abdecken, dass diese an Größe zunehmen je weiter sie von der Laube entfernt sind. Aus der Perspektive der Weibchen haben so die Gegenstände auf dem Balzplatz etwa die gleiche Größe, das heißt der Balzplatz erscheint etwas kleiner als er tatsächlich ist – und das Männchen entsprechend größer *(Abb. 38)*.

Ich finde es immer wieder bewegend, wenn Forscher die Perspektive der Tiere einnehmen. Aber kann es sein, dass die Männchen bei der Dekoration ihrer Laube eine perspektivische Illusion nutzen, um ihre Chancen bei den Weibchen zu verbessern? Haben die Vögel tatsächlich ein derart bewusstes Raumerleben?

Endler und seine Kollegen waren anfangs unsicher über die Funktion der Illusion. Die Forscher manipulierten deshalb die dekorativen Gegenstände in der Laube so, dass nun die großen Gegenstände dem Laubenbau am nächsten und die kleineren weiter entfernt waren. Das Ergebnis war, dass die Vögel die Objekte sofort neu arrangierten, um das ursprüngliche Muster wieder herzustellen. Dies geschah verhältnismäßig rasch. Denn in allen Fällen wurde der positive Gradient innerhalb von drei Tagen wieder hergestellt, sodass das Muster mit demjenigen von zwei

Wochen zuvor fast identisch war! Die Ergebnisse wurden vor wenigen Jahren in der Fachzeitschrift Science veröffentlicht. In dem Bericht heißt es: »Die Lauben, die diese Vögel bauen, sind wie ein Haus der Illusionen, mit eingebauten visuellen Tricks, welche die Wahrnehmung der Weibchen manipulieren und somit die Wahrscheinlichkeit eines Paarungserfolges erhöhen« (Kelley & Endler 2012).

Der lange Lernprozess des Laubenbaus

Es sei noch darauf hingewiesen, dass den jungen Männchen das Konstruieren der Laube nicht genetisch vorgegeben ist. Die noch nicht geschlechtsreifen Männchen müssen ihre Geschicklichkeit am Bau üben. Zu diesem Zweck gehen sie bei den älteren Männchen fünf bis sechs Jahre lang gewissermaßen *in die Lehre*; jedenfalls werden sie so lange am Rande eines besetzten Reviers geduldet. Sie besuchen die Lauben der erfahrenen Männchen und errichten in der Nähe eigene Bauten zu Übungszwecken. Eine perfekte Laube zu bauen, muss also gelernt werden. Und die vielfältigen Variationen, besonders der geographisch isolierten Populationen, sind der Abglanz eines derartig tradierten kulturellen Verhaltens (Perrins 2004). Mit der langen Lernzeit korrespondiert die harmonisch verzögerte Ausbildung des männlichen Prachtkleides, denn die Männchen polygamer Arten brauchen für die Entwicklung des adulten Gefieders etwa sieben Jahre. Hier zeigt sich ebenfalls eine Beziehung zu den Paradiesvögeln wie auch zu den mittel- und südamerikanischen Tanzvögeln (Schnurrvögel, Pipras, Manakins).

Laubenvögel haben mit 20–30 Jahren eine für Singvögel erstaunlich hohe Lebenserwartung, das heißt, eine Laube kann über 20 Jahre lang von demselben Männchen benutzt und gepflegt werden. Vor einigen Jahren konnte nachgewiesen werden, dass diese Vögel ein größeres Gehirn haben als andere im Körperbau vergleichbare und in der gleichen Region lebende Singvögel. Und innerhalb der Familie ist das Gehirn der Lauben bauenden Arten wiederum größer als das der anderen (Perrins 2004). Die Fähigkeit des Laubenbaus scheint eng mit der künstlerischen Intelligenz dieser Tiere zusammenzuhängen. Jedenfalls ist die Tatsache, dass junge Laubenvögel den Bau der Laube lernen müssen, für die Beschäftigung mit dem Kompensationsprinzip speziell in dieser Vogelgruppe nicht unwichtig.

Wenn man die Lauben in ihrer zunehmenden Größe und Kunstfertigkeit mit dem Rückgang der farbigen Federn vergleicht, so spricht manches für Kompensationserscheinungen. Die Schwierigkeit aber, hier zu einem endgültigen Urteil zu kommen, hängt nicht zuletzt damit zusammen, dass die Informationen über den Laubenbau der einzelnen Arten und deren Balzverhalten so uneinheitlich sind.

Während für einige Arten exakte Daten zur Brutbiologie vorliegen, sind sie für andere Arten spärlich oder fehlen ganz. Vor diesem Hintergrund ist die Berücksichtigung der individuellen Lernprozesse wie auch des hohen Lebensalters der Männchen bedeutsam.

Deshalb möchte ich zum Schluss noch einmal auf die Hüttengärtner als klassische Vertreter für das Kompensationsprinzip zurückkommen. Die Laube des schmucklosen Hüttengärtners *(Amblyornis inornata)* in Nordwest-Neuguinea ist größer und komplexer als die des Rothaubengärtners *(Amblyornis subalaris)* im südöstlichen Papua-Neuguinea. Das gilt in gleicher Weise für die Ausschmückung der Laubenplätze. Da aber nur wenige konkrete Mitteilungen über das Alter der Hütten bzw. deren Besitzer existieren (im Gegensatz zum gut untersuchten Seidenlaubenvogel, der aber ein Allee-Bauer ist), ergeben sich einige Fragen:

- Da der Hüttenbau an sich schon individuell recht variabel ist, wie groß mögen dann die Abweichungen von unterschiedlich lange und unterschiedlich gut gepflegten Lauben sein? Könnte nicht die Laubengröße eines 25 Jahre alten erfahrenen Rothaubengärtners – einschließlich der künstlerischen Gestaltung und des Dekorationsreichtums – attraktiver erscheinen als die normalerweise prächtigere Hütte eines Hüttengärtner-Männchens, das erst acht Jahre alt ist? Eine solche Möglichkeit spricht nicht gegen das Kompensationsprinzip, gemahnt jedoch, selbst bei den Hüttengärtnern mit dieser ausgleichenden Regel in der Natur behutsam umzugehen.

- Wenn ein schlicht gefärbtes Männchen beim Balztanz eine rote Beere präsentiert, so mag das als ein schönes Beispiel für das Kompensationsprinzip gelten. Es lässt sich aber nicht auf die ganze Familie der Laubenvögel anwenden, denn jedes balzende Männchen der Lauben bauenden Arten nimmt stets eines seiner ausgebreiteten Dekorationsobjekte in den Schnabel. Das können, unabhängig von der Gefiederfärbung der Männchen, auch grüne oder braune Beeren sein oder wie beim Graulaubenvogel blasse Schneckenhäuser. Selbst der schöne Flammenlaubenvogel *(Sericulus ardens, Abb. 39)* wirbt mit einer blauen Beere im Schnabel.

- Auch das berühmte »*painting*« der Allee-bauenden Laubenvögel scheint mit dem Kompensationsgesetz kaum oder gar nicht in Verbindung gebracht werden zu können, weil nicht nur die schlichter gefärbten Männchen dieser künstlerischen Betätigung nachgehen, sondern auch die Männchen der äußerst farbenprächtigen *Sericulus*-Arten.

Es lohnt sich, diesen Fragen weiter nachzugehen; möglicherweise gibt es für bisher noch wenig verstandene Verhaltensweisen innerhalb der Laubenvogelfamilie erklärende Ideen.

Literatur

Akst, J. & al. (2006): Male satin bowerbird painting and female choice. www.indiana.edu/kettlab/a501/bowerbirds.ppt.de

Bravery, B. D. & al. (2006): Patterns of painting in Satin Bowerbirds *(Ptilonorhynchus violaceus)* and males' responses to changes in their paint. Journal of Avian Biology 37: 77–83

Chisholm, A. H. (1954): The use by birds of »tools« or »instruments«. Ibis 96: 380–383, doi: 10.1111/j.1474-919X.1954.tb02331.x

Coates, B. J. (1990): The Birds of Papua New Guinea, Vol. 2: Passerines. Dove Publications, Queensland

Cooper, W. T., Forshaw, J. M. (1977): The Birds of Paradise and Bower Birds. Collins, Sydney

Diamond, J. M. (1982): Evolution of bowerbirds' bowers: animal origins of the aesthetic sense. Nature 297: 99–102, doi: 10.1038/297099a0

– (1987): Bower building and decoration by the bowerbird *Amblyornis inornatus*. Ethology 74(3): 177–204, doi: 10.1111/j.1439-0310.1987.tb00932.x

Dröscher, V. B. (1974): Sie töten und sie lieben sich. Naturgeschichte sozialen Verhaltens. Hoffmann & Campe, Hamburg

Endler, J. (2012): Bowerbirds, art and aesthetics. Are bowerbirds artists and do they have an aesthetic sense? Communicative & Integrative Biology 5(3): 281–283, doi: 10.4161/cib.19481

Frith, C. B., Frith, D. W. (2009): Ptilonorhynchidae (Bowerbirds), p. 350–403. In: del Hoyo, J. (Ed.), Handbook of the Birds of the World, Vol. 14. Lynx Edicions, Barcelona

Gilliard, E. T. (1956): Bower ornamentation versus plumage characters in bower-birds. Auk 73: 450–451

Goethe, J. W. von (1795): Erster Entwurf einer allgemeinen Einleitung in die Anatomie, ausgehend von der Osteologie. In: Rudolf Steiner (Hrsg.), Naturwissenschaftliche Schriften, Bd. I. (Kürschners Dt. Nat. Lit.). W. Spemann, Berlin und Stuttgart (1884)

Grammer, K. & al. (2003): Darwinian aesthetics: sexual selection and the biology of beauty. Biological Reviews of the Cambridge Philos .Soc. 78: 385–407, doi: 10.1017/S1464793102006085

Kelley, L. A., Endler, J. A. (2012): Illusions promote mating success in Great Bowerbirds. Science 335(6066): 335–338, doi: 10.1126/science.1212443

Kipp, F. (1942): Das Kompensationsprinzip in der Brutbiologie der Vögel. Beiträge zur Fortpflanzungsbiologie der Vögel 18(2). In: Schad, W. (Hrsg.), Goetheanistische Naturwissenschaft, Bd. 3 (Zoologie): 131–138. Stuttgart (1983)

Marshall, A. J. (1954): Bower birds. Their displays and breeding cycles. Oxford University Press, Oxford

Perrins, C. (2004): Die BLV-Enzyklopädie Vögel der Welt. BLV, München

Robson, T. E. & al. (2005): The multiple signals assessed by female satin bowerbirds: could they be used to narrow down females' choices of mates? The Royal Society Biology Letters Sept. 22, 1(3): 264–267

Schultze-Westrum, T. (1970): Laubenvögel. In: Grzimeks Tierleben, Bd. 9. Kindler, München

Streffer, W. (2005): Wunder des Vogelzuges. Die großen Wanderungen der Zugvögel und das Geheimnis ihrer Orientierung. Verlag Freies Geistesleben, Stuttgart

– (2016): Über die Art hinaus. Die Bedeutung intelligenter Individuen für die Evolution der Tiere. Verlag Freies Geistesleben, Stuttgart

Suchantke, A. (1964): Was spricht sich in den Prachtkleidern der Vögel aus? Die Drei 34(4). In: Schad, W. (Hrsg.), Goetheanistische Naturwissenschaft, Bd. 3: 139–161. Stuttgart (1983)

Leider konnten bei Drucklegung nicht alle Rechte der Fotografen ermittelt werden. Sollten sich in Einzelfällen noch Honoraransprüche ergeben, ist der Autor bereit, sie mit den üblichen Sätzen zu berücksichtigen.

Der Autor

WALTHER STREFFER, geboren 1942, Buchhändler und Antiquar in Münster/Westf. Seit 1969 in Stuttgart tätig, Schwerpunkt Naturwissenschaften; von 1991–2007 mit eigener Buchhandlung.

Mitglied der Deutschen Ornithologen-Gesellschaft. Seit 50 Jahren geführte Vogelstimmen-Exkursionen. Vielfältige ornithologische Reisen innerhalb Europas und zahlreiche Aufenthalte in verschiedenen Ländern der Sahara, in Ost- und Westafrika, in der Türkei, in Nordamerika und mehrfach in den Tropischen Regenwäldern Indonesiens.

Autor der Bücher »Magie der Vogelstimmen. Die Sprache der Natur verstehen lernen« (2003/2005), »Wunder des Vogelzuges. Die großen Wanderungen der Zugvögel und das Geheimnis ihrer Orientierung« (2005), »Klangsphären. Motive der Autonomie im Gesang der Vögel« (2009), »Michelangelos offenbare Geheimnisse: Das Deckenfresko der Sixtinischen Kapelle« (2012) und »Über die Art hinaus. Die Bedeutung intelligenter Individuen für die Evolution der Tiere (2016) – alle im Verlag Freies Geistesleben, Stuttgart.

HEINRICH BRETTSCHNEIDER

Was ist Selbstbewusstsein? Gefühl und Wille als Rätsel des Menschen[1]

> *Vier sind die Pausen nächtiger Weile,*
> *Nun ohne Säumen füllt sie freundlich aus!*
> *Erst senkt sein Haupt aufs kühle Polster nieder,*
> *Dann badet ihn im Tau aus Lethes Flut!*
> *Gelenk sind bald die krampferstarrten Glieder,*
> *Wenn er gestärkt dem Tag entgegenruht;*
> *Vollbringt der Elfen schönste Pflicht,*
> *Gebt ihn zurück dem heiligen Licht!*
> (J. W. v. GOETHE: Faust, 2. Teil, 1. Akt, Arielszene, Vers 4623–4633)

> *Des Lebens Pulse schlagen frisch lebendig,*
> *Ätherische Dämmerung milde zu begrüßen,*
> *Du, Erde, warst auch diese Nacht beständig*
> *Und atmest neu erquickt zu meinen Füßen,*
> *Beginnest schon, mit Lust mich zu umgeben,*
> *Du regst und rührst ein kräftiges Beschließen,*
> *Zum höchsten Dasein immerfort zu streben. –*
> (J. W. v. GOETHE: Faust, 2. Teil, 1. Akt, Arielszene, Vers 4679–4685)

Eigentlich können wir uns nur des Gewahrwerdens des Bewusst-Seins, also nur dessen sicher sein, was wir als Bewusst-Sein des eigenen Bewusstseins haben; was das »Selbst« oder »Ich« des einzelnen Menschen ist, das sehen zu können, maßte sich auch *Rudolf Steiner* nicht an: »Die Wirkung des Ich auf die Aura kann der „Sehende" schauen. Das „Ich" selbst ist auch ihm unsichtbar: dieses ist wirklich in dem „verhangenen Allerheiligsten des Menschen"«. (STEINER 1904a)

---
[1] Eine physiologisch-psychologisch-philosophische Ergänzung des Buches »Die Doppelnatur des Ich« von WOLFGANG SCHAD (2014).

René Descartes (1569–1650) erkannte hingegen nicht den illusionären Charakter seines berühmten Satzes: »Cogito, ergo sum – Ich erkenne, also bin ich« (Descartes 1641), denn er begriff das »Ich« nicht als einen tätigen Prozess, sondern als ein vom Gegenstands-Bewusstsein abhängiges »Ding«. Hätte er damit Recht, so wüssten wir morgens beim Erwachen nicht, wer wir noch gestern waren; gibt es doch kaum eine noch zerbrechlichere, störanfälligere menschliche Tätigkeit als das Bewusstsein: Mindestens einmal täglich, eigentlich sogar mindestens viermal in jeder Nacht, verlieren wir es komplett im traumlosen Schlaf: In jedem Schlafzyklus, bestehend aus Leichtschlaf, Tiefschlaf, Traumschlaf und kurzem Erwachen, wiederholt sich dieser erfrischende Bewusstseinsverlust des Schlafes, den Goethe mit den Versen des 2. Teiles seiner Tragödie meint, die diesem Text vorangestellt sind. Paradoxerweise ist trotzdem der Schlaf einer der wichtigsten Garanten der Kontinuität des Selbst-Bewusstseins: »Wir wissen aus dem äußeren Leben, dass schon ein gehörig langer Schlaf notwendig ist, wenn nicht das Ich-Bewusstsein immer unkräftiger und unkräftiger gemacht, wenn es nicht durch einen gestörten Schlafzustand zu stark hingegeben werden soll an die Eindrücke der Außenwelt.« (Steiner 1919a, Vortr. v. 29.8.1919)

Die regelmäßige, komplette Unterbrechung des Wach-Bewusstseins durch den Schlaf ist nicht nur gesundheitsfördernd, sondern nach heutigem Wissen sogar lebensnotwendig, denn die Nicht-Erfüllung dieser Anforderung ist von tödlicher Konsequenz, obwohl aus naturwissenschaftlicher Sicht bis heute nicht einleuchtet, warum (Brettschneider 2010).

Es ist also wirklichkeitsgemäßer, vom un- oder unterbewussten Sein des Menschen auszugehen: Unbewusst kam die Evolution der Menschheit in Gang, und unterbewusst beginnt auch jeder menschliche Lebenslauf. Diese Betrachtung geht das Rätsel des menschlichen Fühlens und Wollens deshalb von der Warte des Unterbewussten an. Von dort wird nach einer Überwindung des cartesianischen Substanz-Dualismus gesucht, denn dieser ist keine Denknotwendigkeit, sondern nur ein mereologischer Fehlschluss (Gabriel 2015).

Für *Rudolf Steiner* war Descartes' berühmter Satz »*Cogito, ergo sum*« *(Ich erkenne, also bin ich)* »der größte Irrtum, der an die Spitze der neueren Weltanschauung gestellt worden ist, denn im ganzen Umfang des „cogito" liegt nicht das „sum", sondern das „non sum", das heißt, soweit meine Erkenntnis reicht, bin ich nicht, sondern ist nur Bild« (Steiner 1919a).

Wolfskinder

»(...) Sonntag, 17. Oktober 1920, neun Uhr morgens im indischen Bundesstaat Uttar Pradesh nahe der Grenze zu Nepal: Reverend J. Singh und eine Gruppe von Arbeitern aus der Umgebung machen Halt in einem dichten Wald, etwa zehn Kilometer vom Dorf Godamuri entfernt. Als Singh ein Zeichen gibt, nehmen die Arbeiter ihre Spaten zur Hand und beginnen, eine Öffnung in die steilen Wände eines riesigen verlassenen Termitenhügels zu graben. Seit Monaten soll es nämlich in diesem Wald spuken. Schon viele Eingeborene hatten von einem Manusch-bagha, einem Menschengeist berichtet, der unter dem Termitenhügel wohnt. Sie seien auch mehrmals seiner ansichtig geworden. Der Reverend, ein anglikanischer Geistlicher und selbst gebürtiger Inder, möchte die Lokalbevölkerung zum Christentum bekehren. Zu seinen Aufgaben zählt er daher die Bekämpfung des Aberglaubens und heute will er das Geheimnis des Manusch-bagha endgültig lüften. Energisch hacken die Arbeiter auf den Termitenhügel ein. Plötzlich schießt ein ausgewachsener Wolf hinter dem hohen Bau hervor und flüchtet in den Dschungel, ein zweiter folgt ihm sogleich. Dann tritt eine Wölfin aus dem Unterschlupf. Sie knurrt die Arbeiter an und fletscht die Zähne. Ein Arbeiter tötet sie mit Pfeil und Bogen. Jetzt können die Arbeiter ungehindert weitergraben, und endlich ist es so weit: Die Wand bricht durch und gibt den Blick frei auf einen kesselförmigen Raum. Es riecht dort unerträglich nach Wolf, in der hintersten Ecke des Verstecks kauern ängstlich vier kleine Wesen. Zwei von ihnen sind Welpen, die beiden anderen scheinen zunächst völlig undefinierbar zu sein. Bei genauer Betrachtung wird klar: Es handelt sich um zwei Menschenkinder, die offenbar bei den Wölfen hausen. Die Männer wollen sich ihnen nähern. Nackt und wild, die Köpfe ein einziges Haarknäuel, gehen die Kinder auf allen Vieren in Stellung. Sie fletschen die Zähne so wild wie die Wölfin, knurren und starren die Menschen bedrohlich an. Aber ihr Widerstand ist vergebens, sie werden überwältigt.«

So beginnt eine erstaunliche Geschichte, die man noch heute im Tagebuch des Reverend Singh nachlesen kann. Einige Tage nach der Gefangennahme der Wolfskinder brachte der Geistliche sie nach Midnapur, wo er ein Waisenhaus leitete. Beide Kinder waren Mädchen: Die etwa Achtjährige bekam den Namen Kamala, die Zweijährige nannte man Amala. Anfänglich sperrte Singh sie in einen Käfig, um zu verhindern, dass sie wieder in den Dschungel ausrissen.

»Fürsorglich bemühten der Reverend und seine Frau sich um die zwei armseligen Wesen, die beide stumm waren, ständig auf allen Vieren gingen und sich fast ausschließlich von rohem Fleisch ernährten. Behutsam sollten sie an ein Leben unter Menschen gewöhnt werden. Niemand konnte sich erklären, wie diese Menschenkinder unter die Wölfe geraten waren. Kaum ein Jahr nach der Gefangennahme starb Amala an den Folgen einer Infektion, Kamala überlebte zunächst. Während der Jahre im Waisenhaus lernte sie allmählich, aufrecht zu gehen, Kleider anzuziehen, Mischkost zu essen und etwa einhundert Wörter Bengali unvollkommen zu artikulieren. Aber Zeit ihres Lebens blieb sie in der Welt der Menschen eine Außenseiterin.«

Offensichtlich hat Kamala durch Nachahmung gelernt, aufrecht zu gehen, weitere Kulturhandlungen zu übernehmen und etwa einhundert Worte der bengalischen Sprache zu lernen. Als der seltsame Vorfall 1927 nach seiner Veröffentlichung in der indischen Presse auch im Ausland bekannt wurde, wollten amerikanische und britische Wissenschaftler von Reverend Singh zusätzliche Details erfahren. Es kursierten bereits mehrere Berichte über Wolfskinder in Indien. Dieser Fall war aber der erste, der authentisch schien: Zum ersten Mal hatte ein zuverlässiger Augenzeuge, ein anglikanischer Geistlicher, Kinder unter Wölfen aufgespürt. Die Forscher sahen nun die Chance, durch das Studium des verbliebenen Wolfskinds eine grundlegende Frage beantworten zu können: Was macht den Menschen zum Menschen? Doch bevor sie Kamala untersuchen konnten, starb sie 1929.

Geschichten über Menschenkinder, die von Tieren aufgezogen wurden, gibt es seit der Antike. In dem Mythos von Romulus, dem Gründer Roms, und seinem Zwillingsbruder Remus wurden beide am Tiber-Ufer von einer Wölfin gesäugt, nachdem ihre Mutter, eine jungfräuliche Vestalin, sie aus Angst vor Strafe ausgesetzt hatte. Der ägyptische Pharao Psammetichos (etwa 600 v. Chr.) ließ, so berichtet der Historiker Herodot, zwei Kinder unter Ziegen aufwachsen: Er glaubte, dass die ersten Laute, die die Kleinen von sich gaben, eine Art von Ursprache der Menschheit wären. Nach einer deutschen Chronik aus dem 14. Jahrhundert wurde 1341 in Hessen ein »wildes kindt undern wölfen gefunden« und »von jägern gefangen«. Man brachte es schließlich zum Schloss des damaligen hessischen Landgrafen, wo es nach kurzer Zeit starb, »weil es die speise nicht vertragen können«.

Jahrhundertelang machte man sich wenig Gedanken darüber, was es bewirken könnte, wenn ein Mensch fernab menschlicher Gesellschaft aufwüchse. Erst im 17. Jahrhundert befasste sich ein Engländer namens Kenelm Digby näher mit dem Thema. Ziel seiner Beobachtungen war der »Lütticher Hans«: Er hatte zwar nicht unter Tieren gelebt, war aber als Kleinkind während des Dreißigjährigen Krieges mit seiner Familie in den Wald geflüchtet und hatte sich dort verirrt.

Erst nach mehreren Jahren, die er als wildes Kind im Wald ohne jeglichen Kontakt mit Menschen verbracht hatte, fand man ihn. Digby staunte, dass sich Hans in den Jahren seiner Isolation den hochempfindlichen Geruchssinn eines Tieres angeeignet hatte. Nach seiner Rückkehr in die Welt der Menschen verlor er diese Fähigkeit allerdings bald wieder.

Anfangs des 18. Jahrhunderts begannen Wissenschaftler vermehrt, sich mit dem Thema des »wilden Menschen« zu beschäftigen. Manche fragten sich, ob sie hier vielleicht den Menschen »pur« vor sich hätten, den Menschen in seiner reinsten Form, unbeeinflusst von der Zivilisation. Dann, 1724, schien das ideale »Forschungsobjekt« gefunden, das diese Frage beantworten sollte: Ein Bauer hatte auf einer Wiese nahe Hameln einen stummen Jungen entdeckt, der sich ausschließlich von Gemüse, Beeren und Eicheln ernährte; er war etwa 13 Jahre alt und mit Ausnahme einiger Fetzen eines alten Hemdes völlig nackt.

Man brachte ihn nach Hannover zu Kurfürst Georg Ludwig, der zugleich als George I. in England regierte. Der König nahm ihn mit nach London, wo die schlauesten Köpfe Englands schon begierig darauf warteten, den »Wilden Peter« untersuchen zu dürfen, in der Hoffnung, den ursprünglichsten angeborenen Eigenschaften des Menschen auf die Spur zu kommen. Das Rennen machte ein gewisser Dr. John Arbuthnot, Arzt und Schriftsteller. Er nahm sich vor, dem Wilden zuerst Englisch beizubringen, damit dieser von seinem Vorleben erzählen könne. Peter aber blieb stumm. Nach zwei Monaten warf Dr. Arbuthnot enttäuscht das Handtuch. Peter bekam eine Rente vom König und verbrachte den Rest seines langen Lebens bei Bauernfamilien auf dem Land. Er lernte nie zu sprechen, konnte nur unter Aufsicht einfache Aufgaben erledigen, mochte Musik und die Wärme des Feuers. Seine liebste Beschäftigung war Essen. Im Jahre 1782 besuchte der adlige schottische Wissenschaftler Lord Monboddo den »Wilden Peter« im Norden Englands und war hingerissen. Er hielt den stummen Menschen für eine Erscheinung, die noch aufregender war als die Entdeckung des Planeten Uranus. Monboddo glaubte fest daran, dass Peter den Menschen in seiner reinsten Form darstellte. Andere Wissenschaftler sahen in Peter einfach einen Schwachsinnigen ohne jegliche Bedeutung für die Wissenschaft.

Bis in unsere Tage sehen viele Gelehrte die Ursache der Verwilderung in geistiger Krankheit. So mutmaßte der österreichisch-amerikanische Psychiater *Bruno Bettelheim* in den 1950er Jahren, dass die meisten wilden Kinder lediglich Autisten seien, Menschen, die unter einer krankheitsbedingten Beziehungslosigkeit litten. Der wilde Mensch, ein ursächlich Geisteskranker?

Das trifft in manchen der etwa einhundert bekannten Fälle sicherlich zu, bei den anderen eher nicht. So entdeckten 1933 Baumfäller in einem Wald in El Salvador einen kleinen wilden Knaben. Wie viele seiner Schicksalsgenossen war er stumm, verteidigte sich mutig, war aber kerngesund. Man nannte ihn »Tarzanito«. Nach wenigen Jahren in der Obhut eines fürsorglichen Ziehvaters hatte er sich zu einem normalen Schuljungen entwickelt – ein »Geisteskranker«?

Einen besseren Zugang zum Phänomen Verwilderung liefert der Ansatz, den schon im 19. Jahrhundert der deutsche Arzt *August Rauber* formuliert hat: Er sprach von »dementia ex separatione«, »Schwachsinn aus Gründen der Absonderung«. Das heißt: Der »Schwachsinn« des wilden Menschen ist nicht die Ursache, sondern die Folge der Trennung von seinen Artgenossen.

In der Tat passiert etwas Grundsätzliches in einem Menschen, wenn er außerhalb der menschlichen Gesellschaft lebt: Er verwildert zusehends, und zwar schneller, als man es vielleicht für möglich hält. Finnische Nationalgardisten wurden angehalten, bei der Suche nach vermissten Kindern, die sich im Wald verirrt haben, äußerst behutsam vorzugehen: Verängstigte Kinder geraten schnell unter Schock, antworten oft nicht, wenn man sie ruft, und flüchten immer tiefer in den Wald, womöglich in die Verwilderung.

Auch Erwachsene kann ein derartiges Schicksal heimsuchen. Anfangs des 18. Jahrhunderts verbrachte der schottische Matrose *Alexander Selkirk* etwa vier Jahre auf einer menschenleeren Insel nahe der Küste Chiles. Als man ihn entdeckte, war er kaum mehr der Sprache mächtig und überaus menschenscheu. Selkirks Schicksal diente als Vorlage für den Roman »Robinson Crusoe«.

»Je früher ein Mensch von seinesgleichen getrennt wird, desto sonderbarer wird er. Es reicht nicht zu sagen, dass er nur die Gepflogenheiten seiner Art nicht kennen gelernt hat, sein ganzer Habitus (der aufrechte Gang) und seine ganze Sinnesempfindung unterscheiden ihn von unsereins. Und daraus müssen wir die Folgerung ziehen, dass manche Eigenschaften unserer Spezies, die wir für angeboren halten, nicht entwickelt werden, wenn die Vorbilder dazu fehlen. Der Sprachsinn, Denksinn und Ich-Sinn gehören offenbar schon zur genetischen Ausstattung des Menschen [siehe BRETTSCHNEIDER 2014a]. Deshalb können Tiere, wenn sie mit Menschen zusammen aufwachsen, dennoch weder den aufrechten Gang, noch die menschliche Sprache und Mimik, noch menschliches Denken erlernen. Die Beispiele der so genannten „Wolfskinder" belegen also empirisch, dass verwilderte und „normale" Menschen in sehr unterschiedlichen Welten leben.« (Zitiert aus BLUMENTHAL 2002)

Fühlen und Wollen als weiße Flecken auf der neurobiologischen Landkarte des Menschen

Der deutsche Hirnforscher *Wolf Singer* behauptet, »dass die Ich-Erfahrung bzw. die subjektiven Konnotationen [Nebenbedeutungen, Anm. H. B.] von Bewusstsein kulturelle Konstrukte sind, soziale Zuschreibungen, die dem Dialog zwischen Gehirnen *(Anm. 1)* erwachsen (...)« (SINGER 2002: 73)

Anmerkung 1: Die Ausdrucksweise »Dialog zwischen Gehirnen« ist ein Kategorienfehler, da Gehirne nicht sprechen, nicht mit gehirninternen Mitteln die räumliche Distanz zweier Gehirne überbrücken können. Was dieser Ausdrucksweise aber implizit zugrunde liegt, ist die inzwischen für »wissenschaftlich« gehaltene Überzeugung der meisten Hirnforscher, dass das physische Gehirn mit der psychischen Tätigkeit des Bewusstseins identisch sei. (Dies äußert sich dann in den typischen populärwissenschaftlichen Aussagen: »Das Gehirn stellt dann fest, dass ...« usw., oder auch: »Das Gehirn sagt dann, dass ...« usw.). Bei den antiken Ägyptern wurden die vier Hauptorgane der Brust- und Bauchhöhle, im archaischen Judentum die Nieren, im frühen Griechentum das Zwerchfell, von Aristoteles das Herz, von dem antiken römischen Arzt Galenus die Liquorkammern des Gehirns mit ähnlichen seelischen Eigenschaften ausgestattet und dementsprechend für den «Wohnsitz der Seele» gehalten. Descartes glaubte schließlich, die Zirbeldrüse sei der »Sitz« des »Ich«, da die Zirbeldrüse unpaar im Gegensatz zu den paarigen Hirnhälften und den Liquorkammern des Gehirns ist und sich ja auch das »Ich« »unpaarig« fühlt (SCHAD 2011). Die mereologischen Irrtümer, die auf dem Boden der Neurobiologie immer wieder entstehen, kommen wie die oben genannten älteren mythischen Überzeugungen dadurch zustande, dass man aus dem Teil auf das Ganze schließt. Im »wissenschaftlichen« Diskurs bezeichnet man diese Haltungen vermeintlich fachgerecht als »Naturalismus«, »Identismus«, »physikalischen Monismus«, oder einfach »Physikalismus« (siehe hierzu exemplarisch ROTH 1997), erkenntnistheoretisch handelt es sich dabei jedoch stets um mereologische Fehlschlüsse (BENNETT & AL. 2007).

Das Phänomen der »Wolfskinder« scheint insofern Wolf Singer mit seiner Annahme Recht zu geben, als es gerade die Abtrennung des einzelnen Menschen vom Dialog mit seiner kulturellen Gemeinschaft ist, die ihn zu jenem hilflos-ängstlichen oder auch aggressiven »Wolfskind«, dem sich tierhaft auf allen Vieren bewegenden »Naturwesen« macht, das uns letztendlich als »entmenschlicht« erscheint.

»Die Hypothese, die ich diskutieren möchte, ist«, fährt Wolf Singer fort, »dass die Erfahrung, ein autonomes subjektives Ich zu sein, auf Konstrukten beruht, die im Laufe unserer kulturellen Evolution entwickelt wurden. In die Welt kamen diese wie die sie ermöglichenden Kulturen erst, nachdem die Evolution Gehirne hervorgebracht hatte, die zwei Eigenschaften aufwiesen: erstens ein inneres Auge zu haben *(Anm. 2)*, also über die Möglichkeit zu verfügen, Protokoll zu führen über hirninterne Prozesse *(Anm. 3)*, diese in Metarepräsentationen *(Anm. 4)* zu fassen und deren Inhalt über Gestik, Mimik und Sprache anderen Gehirnen mitzuteilen *(Anm. 5)*; und zweitens, die Fähigkeit, mentale Modelle von den Zuständen der je anderen Gehirne zu erstellen, eine „theory of mind" *(Anm. 6)* aufzubauen, wie die Angelsachsen sagen. Diese Fähigkeit ist dem Menschen vorbehalten und fehlt dem Tier. Allenfalls Schimpansen haben eine wenn auch sehr begrenzte Möglichkeit, sich vorzustellen, was im anderen vorgeht, wenn er bestimmten Situationen ausgesetzt ist (GALLUP 1970). Wir Menschen können dies in hervorragender Weise und sind deshalb in der Lage, in Dialoge einzutreten der Art «ich weiß, dass Du weißt, wie ich fühle» oder «ich weiß, dass du weißt, dass ich weiß, wie du fühlst« (SINGER 2002).

Anmerkung 2: Was Singer hier als »inneres Auge« bezeichnet, ist, was Dichter, Philosophen und Psychologen schon immer die Fähigkeit des Menschen zur »Introspektion« genannt haben. Dies liegt auch der katholischen »Beichte« als einer Zuflucht in das Bereuen zugrunde, insofern der Geistliche für den Inhalt der Beichte das Stillschweigen geloben muss. Freilich würde ein psychologisches Verständnis des Menschen auch der Neurobiologie zu mehr Wissenschaftlichkeit verhelfen. So könnte sie die psychischen Tätigkeiten als nicht-physikalische, sondern als seelische Willensprozesse begreifen, da sie das Geistige mit dem Physischen verbinden. Das würde ermöglichen, das Gehirn nicht als Hervorbringer, sondern als Spiegelungs-Organ der Gedanken zu begreifen, das die Empfindungsqualitäten jener Welt, die sich außerhalb des »Ich« befindet, als »Qualia« des Bewusstseins erlebbar macht (STEINER 1904a, 1910a). Im Verlauf dieser Betrachtung werden uns die dazu notwendigen Schritte noch bis zum »Neo-Existenzialismus« MARKUS GABRIELS (2016) und zu den pädagogischen Einsichten des Neurobiologen GERALD HÜTHER (2015, 2016a) führen.

Anmerkung 3: Diese Ausdrucksweise impliziert, dass das »Ich« nicht mit dem Gehirn identisch sein kann, denn wäre es dies, könnte es nicht »Protokoll führen über hirninterne Prozesse«, wie der »Physikalist« Singer hier behauptet.

Anmerkung 4: Der Terminus »Metarepräsentationen« stammt aus dem »Funktionalismus«, dessen Kunstgriff darin besteht, die in Anmerkung 2 besprochene Kategorien-Zweiheit von seelischer Bewusstseinstätigkeit einerseits und physischer Gehirnorganisation andererseits auf der einheitlichen Ebene informatorischer Funktionen abzuhandeln. Dabei ist zu beachten, dass schon der funktionalistische Begriff der »Repräsentation« eine Zweiheit impliziert, nämlich das »Original« und das »Repräsentierte«. Diese können ebenso wenig miteinander identisch sein, wie das Foto eines van Gogh mit dem Original. Dieses nicht-identisch Sein des »Repräsentierten« mit dem Original erfüllt den Begriff der Willenstätigkeit insofern, als das Repräsentieren das Original auch dann verfälscht, wenn die Imitation perfekt ist. Darin besteht ja gerade die Diskussion, die schließlich vor Gericht endet, wenn es sich um die »Fälschung« eines Kunstwerkes, oder noch brisanter um die perfekte Imitation einer Banknote handelt. Wenn also bereits die einfache »Repräsentation« ein Willensprozess ist, gilt dies umso mehr für den von Singer ins Spiel gebrachten Terminus der »Metarepräsentation«. Das menschliche Selbstbewusstsein ist also keine Erkenntnis, sondern ein Willensprozess, da es das Selbst im Bewusstsein repräsentiert: Es ist eine Metarepräsentation des Selbst.

Anmerkung 5: Singer lässt hier völlig unerwähnt, wie willenshaft die verwendeten Begriffe der Gestik, der Mimik und des Sprechens sind, da sie handelnd die physische Distanz zwischen Organismen überbrücken.

Anmerkung 6: In der Tat scheint etwas Ähnliches wie eine »Theory of mind« unerlässlich, um in Dialoge einzutreten von der Art »ich weiß, dass Du weißt, wie ich fühle ...« oder »ich weiß, dass du weißt, dass ich weiß, wie du fühlst ...«. Aber längst ist ja bekannt, dass Gehirne, die solche Dialoge führen, dies nur können, wenn sie vom »Ich« als ihrem Besitzer regelmäßig dazu benutzt werden. Führt das »Ich« solche Dialoge nicht regelmäßig aus, werden die dafür notwendigen neuronalen Verschaltungen wieder aufgelöst oder gar nicht erst aufgebaut (HÜTHER 2015).

Dass die Menschengemeinschaft eine wichtige Voraussetzung für die Entwicklung des Selbstbewusstseins des Einzelnen ist, scheint also unbestreitbar. Doch wie im Detail wird der Aufbau des Selbstbewusstseins als »kulturelles Konstrukt« vollzogen? Wolf Singers Erläuterungen hierzu sind ziemlich konfus: »Der frühe Dialog zwischen Bezugsperson und Kind vermittelt diesem in sehr prägnanter und asymmetrischer Weise die Erfahrung, offenbar ein autonomes, frei agierendes, verantwortliches Selbst zu sein, hört es doch ohne Unterlass: „tu nicht dies, sondern tu das, lass das, sonst ...!", oder „mach das, andernfalls ...!"«. Diese Hinweise seien (so Singer) in »idealer« Weise dazu angetan, das Kind zu überzeugen, dass es offensichtlich frei ist, zu entscheiden, was zu tun sei, und dass es für seine Entscheidung zur Verantwortung gezogen, belohnt oder bestraft werden kann.

Ist das wirklich stichhaltig? Sind denn die Vorschriften »tu nicht dies, sondern tu das; lass das, sonst ...!«, oder »mach das, andernfalls ...!« wirklich »ideal« geeignet, das Kind zu überzeugen, dass es offensichtlich frei ist?

»Wichtig für mein Argument ist nun, dass dieser frühe Lernprozess in einer Phase sich ereignet, in der die Kinder noch kein episodisches Gedächtnis aufbauen können. Wir erinnern uns nicht an die ersten zwei bis drei Lebensjahre, weil in dieser frühen Entwicklungsphase die Hirnstrukturen noch nicht ausgebildet sind, die zum Aufbau eines episodischen Gedächtnisses erforderlich sind.« (a. a. O., S. 74)

Beim »episodischen Gedächtnis«, so erläutert Wolf Singer, gehe es »um das Vermögen, Erlebtes in raumzeitliche Bezüge einzubetten und den ganzen Kontext des Lernvorganges und nicht nur das Erlernte selbst zu erinnern. Zwar kann auch ohne episodisches Gedächtnis gelernt werden, es fehlt aber dann die kontextuelle Einbettung des Gelernten: Man weiß das Gelernte, spürt das Erfahrene, aber weiß nicht, woher das Wissen, woher die Erfahrung kommt. Was Kleinkinder wissen, wissen sie an sich. Fragt man sie, woher sie dies oder jenes wissen, dann werden sie sagen, dies sei halt so, selbst wenn ihnen das Abgefragte erst vor kurzem beigebracht wurde.« (WOLF SINGER, a. a. O.) (...)

»Diese frühkindliche Amnesie [Erinnerungsverlust, Anm. H. B.] scheint mir dafür verantwortlich, dass die subjektiven Konnotationen [Nebenaspekte, Anm. H. B.] von Bewusstsein für uns eine ganz andere Qualität haben als die Erfahrungen mit anderen sozialen Konstrukten.« (...) »Und deshalb erscheinen uns die subjektiven Aspekte von Bewusstsein als immer schon dagewesen, als von aller Gebundenheit losgelöst, als alles Materielle transzendierende Entitäten, die jeder Verursachung entzogen sind und jedem reduktionistischen Erklärungsansatz trotzen.« (SINGER a. a. O., S. 75)

Hier liegt eine Konfusion vor: Die Sätze »tu nicht dies, sondern tu das; lass das, sonst ... usw.«, oder »mach das, andernfalls ...!« sind Regeln und Vorschriften, die dem Kind Gewalt androhen, also eher »ideal« sind, es zu überzeugen, dass es nicht frei ist! Ob dies dann implizit oder explizit erinnert wird, ist nicht erheblich.

Nach der These eines der führenden Köpfe der angloamerikanischen Psychotherapie, *Carl Rogers*, ist eine Persönlichkeit dann psychisch gesund, wenn sie die Fähigkeit erlangt hat, nach den eigenen Maximen entscheiden und handeln zu können. *Wolf Singer* propagiert hier aber eine pathogene, auf Zwang beruhende Erziehung.

Zum Erwerb des aufrechten Ganges in der frühen Kindheit

Noch bevor er spricht und denkt, vollzieht der sich seiner selbst und der Welt noch ganz unbewusste Mensch die Aufrichtung seiner Gestalt. Dieser Aufrichtungsprozess wiederholt die phylogenetische Emanzipation der Wirbelsäule, der Arme und Hände von der Schwere und prägt der Gestalt des Menschen ihren so unverwechselbaren, freiheitlichen Charakter auf. In *Abbildung 1* sind zunächst nur die hauptsächlichen Ereignisse der äußerlich an der Fortbewegung manifest wer-

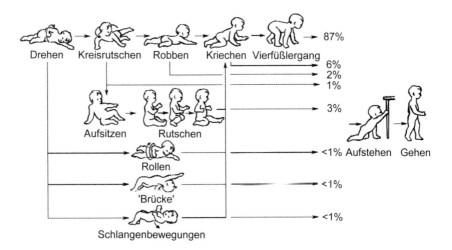

Abb. 1: Viele Wege führen zum aufrechten Gehen des Menschen. Neuere Untersuchungen zeigen, wie unterschiedlich die siebenstufige »normale« Entwicklung verlaufen kann. Alle Kinder müssen sich erst hinstellen, bevor sie aufrecht gehen können. In der obersten Reihe sieht man die »klassische« Abfolge aus 1. Drehen, 2. Kreisrutschen, 3. Robben, 4. Kriechen, 5. Vierfüßlergang. In fünf Stufen führt diese Abfolge 6. zum Aufstehen, und von dort aus 7. zum aufrechten Gehen. Sie wird in 87% der gesunden Kinder vorgefunden. 6% der Kinder überspringen aber auf dem Weg dorthin den Vierfüßlergang, 2% lassen auch das Kriechen weg, und 1% steht direkt nach dem Kreisrutschen auf. 3% setzen sich nach dem Kreisrutschen hin und rutschen eine Zeitlang sitzend, bevor sie aufstehen. Ebenfalls 3% überspringen auch das Kreisrutschen, wobei 1% »rollt«, 1% die »Brücke« übt, aber direkt danach aufsteht, während 1% das Kreisrutschen und Robben durch Schlangenbewegungen ersetzt. (Aus LARGO 2000, 5. Aufl. 2002, mit freundlicher Genehmigung des Piper Verlages)

denden Gestaltung des menschlichen Leibes im Verlauf des ersten Lebensjahres dargestellt. Dieser erste Schritt scheint zunächst wirklich nichts anderes zu sein als das bloße Erlernen des aufrechten Ganges. Und doch offenbart sich der Mensch schon hier als Individualist, lange schon, bevor er das Selbstbewusstsein erlangt. So hat beispielsweise der Züricher Entwicklungsforscher *Remo Largo* schon bezüglich der ersten Schritte des Menschen herausgefunden: »Das modellhafte, idealtypische Durchschnittskind, dessen altersgemäße Entwicklung in allen Bereichen genau einem Plan entspricht, gibt es in der Realität nicht. Jedes Kind entwickelt sich individuell, im Ablauf ebenso wie in der Geschwindigkeit« (LARGO 2000/2002).

Zur Entwicklungsreihe des Gehens, Sprechens und Denkens lassen sich weitere ontogenetische Phänomene ergänzend anführen, die erweisen, dass es zwar bestimmte Stufen der Sprachentwicklung gibt, die von *fast allen* Kindern durchlaufen werden, dass aber andererseits die *Zeitmaße*, innerhalb derer dies geschieht, *individuell* sind (LARGO 2000/2002). Remo Largo bezeichnet die funktionale Sprachentwicklung als eine überindividuelle »Einheit«, wertet aber deren hochindividuelle Zeitmaße als Ausdruck von »Vielfalt«. Wir stoßen also auch hier wieder auf den *Einschlag des Individuellen,* der nicht anders als schon beim Erwerb des aufrechten Ganges ein *Abdruck des Ich* ist: Während Maja in dem Beispiel, das Largo anführt, mit zwölf Monaten die ersten Worte und mit 19 Monaten die ersten Sätze bildete, setzte bei Laura, der jüngeren Schwester, das Sprechen erst mit 18 Monaten ein. Bei Köbi und Röbi, den Brüdern der beiden Mädchen, mussten die Eltern sogar 27 Monate warten, bis die Zwillinge erste Wörter gebrauchten.

In seinem Buch »Babyjahre« zieht REMO LARGO (2015) den Vergleich der motorischen mit der sprachlichen Entwicklung und kommt zu dem Ergebnis, dass die beiden Entwicklungsstränge der Grobmotorik und des Sprachvermögens in jedem einzelnen Kind in zeitlicher Hinsicht unabhängig voneinander wirksam sind: »Einige Kinder machen die ersten Schritte bereits mit 10 Monaten, die meisten mit 12 bis 16, und einige nicht vor 18 Monaten. Das eine Kind spricht erste Worte gegen Ende des 1. Lebensjahres, die meisten Kinder mit 15 bis 24 Monaten, und bei einigen Kindern lassen die ersten Worte bis Mitte des 3. Lebensjahres auf sich warten« (a. a. O., S. 16).

Grobmotorische und sprachliche Entwicklung treten also in zeitlicher Hinsicht so variabel zusammen, dass der jedem dieser Stränge inhärente Individualismus durch ihr Zusammentreten noch zusätzlich verstärkt und schon vor dem ersten Auftreten des Selbstbewusstseins im 4. Lebensjahr zum Abdruck der Individualität wird.

Zur Emanzipation des Selbstbewusstseins aus der Leibbildung

In den ersten Wochen nach der Geburt sind für den Säugling Gesichter von Menschen und Tieren gleichermaßen interessant, doch menschliche Gesichter werden ab etwa dem 3. Monat deutlich bevorzugt (PASCALIS & AL. 2002). Dabei wird auch die Unterscheidung des eigenen von fremden Gesichtern erlernt. Ab dem 5. Monat unterscheiden Säuglinge die eigenen von fremden Gliedmaßen.

Nach SABINA PAUEN (2000) durchläuft das Selbstbewusstsein des Kindes vier Entwicklungsstufen: 1. Die primäre Unterscheidung des eigenen Körpers von der belebten und unbelebten Umwelt, 2. die Unterscheidung eigener und fremder Handlungen, 3. die Entwicklung des Selbst in der Kommunikation und die Ausbildung intentionaler Zustände, 4. die Entwicklung des sprachlich-sozialen Ich.

Experimentell gut bestimmbar ist der Zeitpunkt, ab wann sich Kinder im Spiegel selbst erkennen können (BUTTERWORTH 1992). Der größte Wendepunkt innerhalb der Kindesentwicklung, der zum ersten Auftreten des Selbstbewusstseins führt, liegt nur annäherungsweise in der Zeit des 4. Lebensjahres und ist naturgemäß nur innerlich für das Kind selbst erlebbar, obwohl sich schon zuvor im sprachlichen Ausdruck der Gebrauch des eigenen Vornamens und sogar Sätze herausbilden, die von dem Wort »Ich« Gebrauch machen.

In Rudolf Steiners 6. »Skizzenhafter Erweiterung« des Nachrufes auf Franz Brentano (STEINER 1917) wird das gegenseitige Verhältnis des geistigen und physischen Menschen als die Grundlage einer qualitativ dreifach in Denken, Fühlen und Wollen gegliederten Tätigkeit des Seelenlebens geschildert: Nur das Denken ist dabei auf das Nervensystem gestützt, aber nicht etwa dadurch, dass es vom Nervensystem hervorgebracht wird, sondern nur so, dass es den Geist der Welt spiegelt und insofern zum bloßen Schein »herablähmt« (STEINER 1917).

Dadurch wird dem Begriff »Geist« ein gänzlich anderer Inhalt gegeben, als man heute unter »Geist« im Sinne des englischen Ausdruckes »mind« versteht. Während der letztere nur ein Synonym für das menschliche Gegenstandsbewusstsein ist, umschließt der anthroposophische Geistbegriff sowohl das menschliche Unter-Bewusstsein, den Willen, als auch die »lebendigen Gedanken«, die den gesamten Kosmos als eine »geistige Welt« durchdringen. Diese »lebendigen Gedanken« müssen allerdings aus anthroposophischer Sicht erst bis zu einem gewissen Grade »ertötet« oder zumindest »herabgelähmt« werden, so dass sie nicht mehr betäubend bzw. einschläfernd auf das Gegenstandsbewusstsein des Menschen wirken. (Man kommt durch diese Art der Betrachtung zu der nur scheinbar paradoxen Auffassung, dass der Mensch im Schlaf – und hier besonders im Tiefschlaf – geistig ungleich aktiver ist als im so genannten Wachzustand.) Das »Herablähmen« der »lebendigen« Gedanken zu »toten« Vorstellungen ist die organ-spezifische Leistung des Nervensystems, insbesondere des Gehirns (Näheres hierzu siehe STEINER 1925, 1. Kapitel). Naturwissenschaftlich ist dieser Vorgang nicht erforschbar, weil er sich als eine rein geistig-seelische Tätigkeit vollzieht. Aber er ist seelisch dadurch erlebbar, dass die »lebendigen« Gedanken in »tote« Vorstellungen verwandelt und dadurch zum Inhalt des Gegenstandsbewusstseins werden.

So völlig daneben lag also Descartes mit seinem »Cogito, ergo sum« nicht, aber indem er sich seines Seins (im Denkprozess) erinnerte, wurde er nicht, wie er glaubte, zu dessen Schöpfer, sondern nur zum Schöpfer eines »Scheines« seines Seins, genauer: zum Schöpfer der Vorstellungen, ohne die es kein Selbstbewusstsein gibt.

Die physiologische Voraussetzung für dieses erste Auftreten des Selbstbewusstseins in der Kindheit wird von *Rudolf Steiner* als eine Spaltung des Organismus in zwei »Substanz-Reiche« beschrieben:

»Was tritt nun für das menschliche Wesen in jenem Wendepunkte auf? Da bietet sich vom Organismus, vom Leibe her allmählich immer mehr und mehr Widerstand. Man könnte diesen Widerstand so bezeichnen, dass man sagt: der Leib verfestigt sich allmählich in sich selber; insbesondere das Nervensystem verfestigt sich, lässt sich nicht mehr von den Seelenkräften vollständig frei plastisch bearbeiten, bietet Widerstand. Das heißt, nur ein Teil der Seelenkraft kann sich noch in die menschliche Organisation hineinergießen; ein anderer Teil wird gleichsam zurückgeschlagen, kann nicht Angriffspunkte finden, um sich in diese menschliche Organisation hineinzuarbeiten. Ich darf vielleicht ein Bild gebrauchen, um zu zeigen, was da eigentlich vorgeht. Warum können wir uns, wenn wir vor einem Spiegel stehen, immer in dem Spiegel selber beschauen? Wir können es, weil die Lichtstrahlen durch die spiegelnde Fläche zurückgeworfen werden. In dem bloßen Glase können wir uns nicht beschauen, weil die Lichtstrahlen durchgehen. So ist es [auch, Anm. H. B.] beim Kind in seinem ersten Lebensalter: es kann kein Selbstbewusstsein entwickeln, weil alles, was an Seelenkräften vorhanden ist, so durchgeht, wie die Lichtstrahlen durch das bloße Glas. Erst von dem Augenblicke an, wo sich der Organismus in sich selber verfestigt hat, wird ein Teil der Seelenkraft zurückgeworfen, so wie die Lichtstrahlen von der Spiegelscheibe zurückgeworfen werden. Da reflektiert sich das Seelenleben in sich selber; und das sich in sich selber reflektierende Seelenleben, das sich in sich selbst erlebt, ist das, was als Selbstbewusstsein aufglänzt. Das ist es, was unser eigentliches menschlich-wesenhaftes Erleben im Erdenleben ausmacht. Und so leben wir denn, wenn der gekennzeichnete Wendepunkt eingetreten ist, in diesem zurückgeworfenen Seelenleben« (STEINER 1913).

Funktionalistisch ausgedrückt ist also »Selbstbewusstsein« kein Erkenntnisprozess, sondern eine »Metarepräsentation« des Bewusstseins, und insofern ein Willensprozess, der keine neue Wirklichkeit hervorbringt, aber unser Verhältnis zur schon vorhandenen Wirklichkeit verändert. Wir müssen also, wenn wir den Funktionalismus auf den Menschen anwenden wollen, den Zusammenhang mit einbeziehen, der die substanzielle Beschaffenheit des menschlichen Organismus mit der Fähigkeit verknüpft, im Verlauf seiner Ontogenese selbstbewusst zu werden. Dies wird in dem obigen Zitat Rudolf Steiners (1913) durch die ontogenetisch zunehmende Mineralisierung (oben von Steiner als Verfestigung bezeichnet) der ursprünglichen Eiweißstruktur seiner Organe erklärt.

Man kann die unterbewussten Erlebnisse des kleinen Kindes, die seine frühkindliche, erste physische Aufrichtung begleiten, als psychische Offenbarungen entdecken, wenn man den Blick dafür ausbildet. Dies illustrieren die typischen und dennoch individuell geprägten Beispiele aus der frühen künstlerischen Produktion kleiner Kinder.

Die *Abbildungen 2–12* sind Reproduktionen typischer Kinderzeichnungen aus dem ersten Jahrsiebt ihrer Entwicklung, die schon vor dem 3. Lebensjahr beginnt.

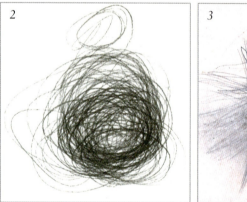

Abb. 2: Kreisend-rollende Gliedmaßenbewegungen schlagen sich in dieser Zeichnung nieder. Junge, 1 Jahr 11 Monate. (Aus Strauss 1976, S. 22)

(*Abb. 2–11* aus Michaela Strauss, Von der Zeichensprache des kleinen Kindes, © Verlag Freies Geistesleben, Stuttgart 1976. 6. überarbeitete Auflage/Neuausgabe, Stuttgart 2007; mit freundlicher Genehmigung des Verlages.)

Abb. 3: Pendelnd in den Raum hinausgreifende Gliedmaßenbewegungen haben hier unterbewusst Pate gestanden. Junge, 1 Jahr 11 Monate. (Aus Strauss 1976, S. 22)

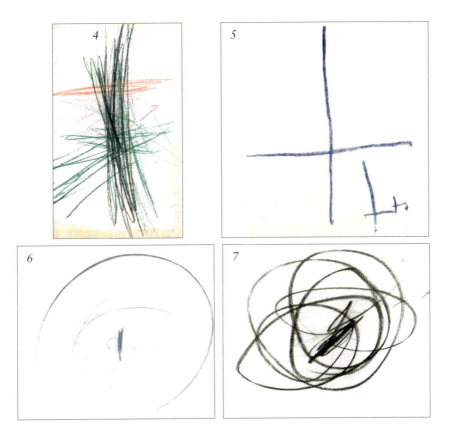

Abb. 4: Als drittes zeichnerisches Element wird die Kreuzung der Bewegungen deutlicher, die aber schon in Abb. 3 andeutungsweise vorhanden ist. Mädchen, 2 Jahre. (Aus Strauss 1976, S. 27)

Abb. 5: Mit erstaunlicher Abstraktionsfähigkeit wird in dieser Zeit die Kreuzung zum Kreuz und damit aus dem unterbewussten Lebensprozess herausgeholt und zum Abbild der physischen Aufrichtung gemacht. Junge, 2 Jahre 7 Monate. (Aus Strauss 1976, S. 29)

Abb. 6: Etwas verzögert, aber dennoch parallel dazu erscheint noch ein weiterer zeichnerischer Prozess: Ein Innen und ein Außen wird unterbewusst für das Kind gegen Ende des dritten Lebensjahres in der sich zentrierenden Spiralbewegung zum Motiv. Diese zeichnerische Zentrierung, die zugleich auch einer Befestigung entspricht, ermöglicht es dem Kleinkind, innerlich zur Ruhe zu kommen. Mädchen, 2 Jahre 2 Monate. (Aus Strauss 1976, S. 24)

Abb. 7: So bildet es seine seelische Mitte zeichnerisch zum Schwerpunkt aus, dessen Trägheitsempfinden ihm zur Ruhe verhilft. Mädchen, 1 Jahr 10 Monate. (Aus Strauss 1976, S. 24)

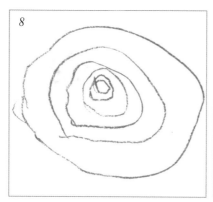
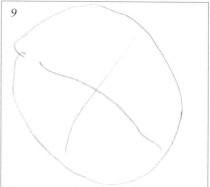

Abb. 8: Die anfangs noch wie aus der offenen Unendlichkeit des Außenraumes hereinkommenden Spiralen werden früher oder später geschlossen, gewissermaßen »zugemacht«. In vielen auf diese Art typischen Kinderzeichnungen kündigt die graphische Geschlossenheit der Spirale das Herannahen des Ich-Bewusstseins an. Mädchen, 3 Jahre 3 Monate. (AUS STRAUSS 1976, S. 26)

Abb. 9: Erst nach dem dritten Lebensjahr beginnt eine mittlere Phase der zeichnerischen Entwicklung des Kleinkindes: Kreis und Kreuzung verschmelzen nun zur Einheit, aber kompromisslos, d. h. ohne Vermischung der Gegensätze. Hier mausert sich das Kind künstlerisch zum »Leonardo«. Junge, 3 Jahre 7 Monate. (AUS STRAUSS 1976, S. 31)

Abb. 10: Auch der Impuls der Aufrichtung wird nun noch weiter vertieft und dringt so bis in die leiblichen Regionen des Gefühlslebens nach unten, so dass nun die spiralig kreisenden Armbewegungen zeichnerisch nicht nur den Kopf umhüllen, sondern auch im Brustbereich eine Kette von sich wiederholenden »Urwirbeln« bilden. Der rhythmische Bau der Wirbelsäule wird als leiblicher Bildeprozess in die Zeichnung übersetzt. Mädchen, 3 Jahre 3 Monate. (AUS STRAUSS 1976, S. 43)

Abb. 11: Die tiefschlafende, sehr regelmäßige Bauchatmung des Säuglings weicht nun allmählich, aber irreversibel der deutlich emotionaleren Brustatmung, der Kugelbauch erhält unter Einbuße an »Babyspeck« eine Taille und der ursprünglich im Querschnitt runde Brustkorb flacht sich zur typisch menschlichen Form ab. In diese Zeit gehören auch die vielen »Leitern«, die offenbar unterbewusst die »Konstruktion« des Rumpfes aus der senkrechten Wirbelsäule und dem abgeflachten »Gehäuse« des Brustkorbes darstellen und sich so oft in den typischen Kinderzeichnungen dieses Lebensalters finden, dass der Einfluss des ersten Gestaltwandels des Kindes hier außer Zweifel steht. Die ursprünglich strömenden Lebensprozesse des Kleinkindes weichen so immer stärker den statisch-mechanischen Anforderungen der Aufrichtung, wobei der obere Rumpf sich skelettartig zum »Gestell« verhärtet. Junge, 4 Jahre 5 Monate. (AUS STRAUSS 1976, S. 45)

In solchen Bildern erscheinen auch *die antipathischen, Distanz schaffenden Seelenkräfte* des Denkens und Urteilens durch die naturalistische Darstellung, zunächst aber noch traumhaft vermischt, einbezogen.

Die *Abbildung 12* lässt schließlich durch ihre hermaphroditische Vermischung der sekundären Geschlechtsmerkmale darauf aufmerksam werden, dass das Kind sich in diesem Lebensalter nur in ambivalenter Form des Unterschiedes von Mann und Frau bewusst wird: Der Hut und der Schnurrbart sind männlich (in schwarz gehalten), die Brust ist offenbar weiblich (rot markiert). Nimmt man diese Farbgebung ernst, so scheinen dem kleinen Künstler auch die Mimik und die Beine seiner Oma besonders weiblich zu sein. Die Arme und Hände hingegen erscheinen ihm männlich (und sind daher in schwarz gehalten). Warum aber werden in dieser Kinderzeichnung die Beine weiblich dargestellt? – Hier werden wir der Venus-Imagination des klassischen Altertums näher gebracht, denn wir erkennen nun, wie die hohe Krankheitsgefährdung der Beinvenen in Zusammenhang mit der Fruchtbarkeit der Frau steht und warum also die »Venen« etwas mit der hellenistischen Göttin Venus zu tun haben. Hingegen stellt dieselbe Zeichnung die Arme und

Hände als die Werkzeuge des Kriegsgottes »Mars« dar, und der Rumpf wird grün gefärbt. Dass der (schwarze) Schnurrbart unter und nicht über dem (roten) Mund gezeichnet ist, wirkt dadurch künstlerisch überzeugend, dass die tiefe Stimme des Männlichen ohnehin nicht naturalistisch, sondern nur durch solche surrealistischen Kunstgriffe zeichnerisch darstellbar ist. Dies ist die einzige mir bekannte Kinderzeichnung aus dem 1. Lebensjahrsiebt, die Bezug auf Geschlechtsmerkmale nimmt, und selbst diese berücksichtigt nur sekundäre Geschlechtsmerkmale. Kinder dieser frühen Altersstufe äußern offenbar noch keine Beziehung zur genitalen Sexualität im engeren Sinne. Das nimmt Wunder angesichts der vielfältigen Bezugnahmen der psychoanalytischen Literatur auf dieses Gebiet *(Anm. 7)*.

Anmerkung 7: Sigmund Freud (1856–1939) stützte seine Theorie zunächst in Kooperation mit *Josef Breuer* (1842–1925), auf die Aufdeckung sadistischer und sexueller Gewalt gegen Kinder mittels der Hypnose. Dabei offenbarte sich, dass die feine Wiener Gesellschaft in Wahrheit ein Sadisten- und Pädophilen-Club war. Der Ter-

Abb. 12:
Bildnis der Großmutter. Junge, 6 Jahre 1 Monat. (Foto: Heinrich Brettschneider)

minus »Psychoanalyse« wurde von Breuer und nicht von Freud gefunden, genauer gesagt: einem Brief *Friedrich Schillers* vom 2.Oktober 1797 an Goethe verdankt, in dem Schiller die Tragödie des »König Ödipus« von *Sophokles* als eine »Tragische Analyse« bezeichnete. Josef Breuer machte daraus »Psych-Analyse« und Freud kommerzialisierte diese ursprünglich schillersche Idee als »Psychoanalyse« (SCHLAGMANN 2017).

Während *Josef Breuer* vor allem ein sehr breites Interesse für die kränkende Wirkung von bürgerlicher Unterdrückung und Gewalt auf die Kinderseele entwickelte, richtete *Freud* den Blick primär auf die Wirkung frühkindlicher Gewalterfahrungen sexueller Natur. So entstand die freudsche »Verführungs-Theorie«, die aufgrund empirischer Forschung die psychosomatischen Erkrankungen des Erwachsenenalters auf frühkindliche sexuelle Gewalterfahrungen zurückführte. Als Freud diese Theorie 1896 auf dem Wiener Psychotherapie-Kongress vortrug, schwebte ihm möglicherweise noch das Ideal vor, die zukünftige Menschheit von psychosomatischen Krankheiten auf Dauer befreien zu können. Den von *Josef Breuer* übernommenen empirischen Begriff der »Verführungs-Theorie« verwarf er jedoch – ohne irgendeine wissenschaftliche Begründung – schon im September 1897 komplett und ersetzte ihn durch seine rein spekulative »Verdrängungs-Theorie«, die den Wahrheitsgehalt aller früheren Forschungs-Ergebnisse in ihr Gegenteil verdrehte bzw. in »polymorph-perverse Fantasien« (dies ist der originale, freudsche Wortlaut!) kleiner Kinder ummünzte.

Mit dieser »Wende« der psychoanalytischen Theorie *Sigmund Freuds* wurden nun entgegengesetzt zum ursprünglichen Ansatz nicht mehr die traumatischen Erlebnisse der Kinder, sondern die psychische »Verdrängung« der ihnen unterstellten aggressiven und lüsternen »Fantasien« zur Ursache der psychosomatischen Krankheiten des Erwachsenenalters erklärt. So entstanden von da ab die für den Freudianismus typischen, ambivalenten, das Opfer diffus mit unter Anklage stellenden Verdächtigungen, wie z. B. die Theorien vom »Penisneid« der Mädchen und der »Kastrationsangst« der Jungen. *Freud* unterstellte also von da ab schon den Kleinkindern genital orientierte, trieb-, angst- und hassgesteuerte Fantasien, die er dem von ihm selbst konstruierten »Ödipus-Komplex« zuordnete. Für diese Unterstellungen gibt es aber selbst hundert Jahre danach keine empirischen Belege. Stattdessen wächst die Beweislast ins Unermessliche, dass Freuds ursprüngliche »Trauma-Theorie« die Prophetie einer unvorstellbar grausamen Realität war, die als massenhafter sexueller und emotionaler Missbrauch von Kleinkindern durch Erwachsene bis heute andauert. Aber auch die an deren Stelle getretene »Verdrängungstheorie« wirkt krankmachend, da sie die erwiesenen Verbrechen den Opfern anlastet und zugleich die Täter freispricht, also unwahr ist. Die Unwahrhaftigkeit der freudschen Psychoanalyse ist also die Ursache ihres politischen Erfolges, da sie die Täter freispricht.

Die Motive für den damaligen Umschwung in der Theorie Sigmund Freuds sind bis heute unklar. Die Freud-Forschung bietet hierzu drei mögliche Erklärungen: Entweder war der öffentliche Widerstand gegen Freuds Enthüllungen damals so groß, dass dieser den Mut verlor. Oder er wollte seinen Vater vom Verdacht des Missbrauchs seiner Kinder schützen, da Freud selbst lebenslänglich an hysterischen Symptomen litt. Eine dritte Möglichkeit besteht darin, dass Freud auch selbst etwas zu verbergen hatte. Wie dem auch sei: Ob es politische oder familiäre Gründe für den Umschwung gab, bleibt offen. Als vertrauenswürdig kann die Methode Freuds jedenfalls nicht gelten.

Worauf die Psychoanalyse-Methoden Freuds und Jungs andererseits bezüglich des raffinierten Charakters der unterbewussten Vorgänge in der Menschenseele aufmerksam machen wollten, ist aus anthroposophischer Sicht berechtigt. Das Unterbewusstsein kann sehr raffiniert und intelligent agieren (LEBER 2016: 571 ff.) und seine Abwehrmechanismen können ein Hindernis für die Entwicklung der Selbsterkenntnis des Menschen sein (FREUD 1936, BOESSMANN & REMMERS 2016).

Während einerseits S. Freud die religiösen Bezüge der menschlichen Seele für »wahnhafte« Kulturverirrungen hielt, wurde andererseits in der Schule C. G. *Jungs* für die Idee eines archetypischen, »kollektiven Unterbewusstseins« der Menschheit nach Vorläufern und Parallelen in der Kultur- und Geistesgeschichte der Menschheit, namentlich in den östlichen religiösen Traditionen gesucht. Ein systematisch aufgebauter spiritueller Schulungsweg wurde jedoch in keiner der beiden Richtungen entwickelt.

Das letzte, hier in der *Abbildung 13* wiedergegebene Beispiel kindlicher Kunst des 1. Lebensjahrsiebtes kommentiert die Autorin folgendermaßen: »Alle Darstellungen des Menschen gehen jetzt von naturalistischen Vorstellungen aus. So wird nun auch der Unterschied von Mann und Frau aufgezeichnet. Sorgfältig angezogen,

Abb. 13: Mädchen, 5 Jahre 10 Monate. (AUS STRAUSS 1976, S. 76; Zitat aus STRAUSS 1976, S. 74 ff.)

mit Schuhen an den Füßen, spazieren oder tanzen die Kinder ihren Reigen. Alle Einzelheiten sind genauestens ausgeführt. Wir bekommen die jeweilige Begebenheit ausführlich erzählt: das Missgeschick des kleinen Mädchens, das hingefallen ist, während seine Freundinnen zu den Klängen ihrer Instrumente fröhlich tanzen« (STRAUSS 1976: 76). Auch die Blicke und Emotionen der an dieser Szene beteiligten Personen werden differenziert und ausdrucksvoll dargestellt. Dies kennzeichnet den Eintritt in die späte Phase des Kleinkindesalters, sodass der Zahnwechsel nun unmittelbar bevorsteht.

Zur psychischen Verursachung somatischer Krankheiten

Nach neuestem Wissen könnte der sadistische und sexuelle Missbrauch von Kindern sogar zu den zukünftig wichtigsten Ursachen menschlicher Krankheiten überhaupt gezählt werden! Die heute in der akademischen Medizin immer noch führende Doktrin der virchowschen Zellular-Pathologie (VIRCHOW 1858), die alle Krankheiten des Menschen aus seinen Zellen erklärt, lässt jedoch für die Möglichkeit einer psychischen Verursachung somatischer Krankheiten keinen Existenzraum.

Dennoch bezeichnete R. *Steiner* sowohl die freudsche als auch die jungsche Psychoanalyse als berechtigt, da sie auf manches kommt, »was heute an die Pforten der Menschheit pocht« (STEINER am 12.3.1918, GA 181, S. 91). Damit könnte Steiner zum Beispiel die psychosomatische Medizin gemeint haben: Die durch die so genannte A.C.E.-Studie (**A**dverse **C**hildhood **E**xperience Study) an 17.000 Mitgliedern der südkalifornischen Krankenkasse Kaiser's Permanente, San Diego, aus den Jahren 1997–2002 empirisch ermittelte Wahrheit ist: Die durch sexuelle und anderweitige gegen Kinder verübte Gewalt setzt im Erwachsenenalter Krankheitsdispositionen mit additiver Penetranz in Gang, deren Spektrum von Suizidalität, Sexismus, Sadismus, Depressionen, Schizophrenie und Persönlichkeitsstörungen der verschiedensten Art, bis hin zu Tabaksucht, Alkoholismus, Drogensucht, Fettleibigkeit, Polyarthritis, Diabetes, Chronisches Bronchialasthma (COPD), Herzinfarkt und sogar Brustkrebs reicht und damit praktisch das gesamte Spektrum chronischer, nicht-infektiöser Krankheiten der heuten führenden Industrie-Nationen umgreift (FELITTI 2007, LINDE 2010). »Aber die Psychoanalytiker kommen sozusagen mit geistig verbundenen Augen an die Welt der Geisteswissenschaft heran, können sich nicht in sie hineinfinden« (STEINER am 22.1.1918, GA 181, S. 22; Weiteres hierzu bei LEBER 2016, S. 573 ff.).

Zur biographischen Bedeutung des Zahnwechsels

»Im Kopfe sind gewissermaßen die Kräfte konzentriert, die in diesen Jahren, in denen die Nachahmung eine so große Rolle spielt, besonders wirksam sind. Und was an Gestaltung im übrigen Organismus vor sich geht, in Rumpf und Gliedmaßen, das geht dadurch vor sich, dass vom Kopfe aus Strahlungen nach dem übrigen Organismus, nach dem Rumpforganismus und dem Gliedmaßenorganismus (...) ausgehen. Dasjenige, was da vom Kopfe aus in den physischen Leib und Ätherleib des ganzen Kindes hineinstrahlt bis in die Finger- und Zehenspitzen, (...) das ist Seelentätigkeit, trotzdem sie vom physischen Leibe ausgeht; ist dieselbe Seelentätigkeit, die später als Verstand und Gedächtnis in der Seele wirkt. Es ist nur so, dass später nach dem Zahnwechsel das Kind anfängt, so zu denken, dass seine Erinnerungen bewusster werden. Die ganze Veränderung, die mit dem Seelenleben des Kindes vor sich geht, zeigt, dass gewisse seelische Kräfte in dem Kinde vom 7. Jahre ab tätig sind als Seelenkräfte, die vorher im Organismus wirksam sind. Die wirken im Organismus. Die ganze Zeit bis zum Zahnwechsel, während der das Kind wächst, ist ein Ergebnis derselben Kräfte, die nach dem 7. Jahre als Verstandeskräfte, als intellektuelle Kräfte auftreten. Da haben Sie ein ganz reales Zusammenwirken zwischen Seele und Leib, indem sich die Seele mit dem 7. Jahre vom Leibe emanzipiert, nicht mehr *im* Leibe, sondern *für sich* wirkt.« (STEINER 1920: 26)

Weltweit von der akademischen Psychologie nahezu unbeachtet, hat also Rudolf Steiner die Metamorphose leiblicher Bildekräfte in die Seelenkräfte des Denkens *(Anm. 8)*, der freien Fantasie *(Anm. 9)* und des leibfreien Gedächtnisses *(Anm. 10)* entdeckt und zur Erkenntnisgrundlage der Waldorfpädagogik gemacht. – Diese Entdeckung ist aber aus noch einer anderen Perspektive von ungeheurer Tragweite: Nicht nur macht sie verständlich, warum der Mensch ein so außerordentliches geistiges Entwicklungspotenzial hat, sondern auch, warum gerade der Mensch in den ersten sieben Jahren nach der Geburt so vulnerabel für psychische Angriffe ist. Seine Leibes–Substanz ist aufgrund seiner im Vergleich mit den Säugetieren extrem langsamen Entwicklung (KIPP 1948, 1980) noch so »embryonal«, dass er deshalb von diesen Jahren so wenig Erinnerung zurückbehält.

Anmerkung 8: Warum wirkt das Unterbewusste im Menschen so raffiniert, um nicht zu sagen intelligent? Eine mögliche Antwort ist diese: Wie der Ätherleib der Tiere und Pflanzen in der Evolution sich als der Schöpfer der raffiniertesten Lebenszusammenhänge und Symbiosen erweist (Näheres siehe BRETTSCHNEIDER 2014: 228 ff. zur Co-Evolution der Solitärbienen und der Ragwurz-Orchideen), so kann auch der Ätherleib des Menschen als leibliche Grundlage des Denkens plausibler Weise nur hochintelligent sein.

Anmerkung 9: »Frei« ist die Fantasie des Menschen insofern, als die leiblichen Grundlagen des Trieblebens im 1. Lebensjahrsiebt noch längst nicht ausgereift sind (siehe KIPP 1948, 1980).

Anmerkung 10: Der Ausdruck »leibfreies Gedächtnis« mag dem unvorbereiteten Leser hier ebenso befremdlich scheinen, wie die Nennung des Ätherleibes als Grundlage des Denkens. Gemeint ist damit, dass die höheren Tiere und das ganz kleine Kind bis zum Zahnwechsel noch nicht in der Lage sind, sich eines früheren Ereignisses unabhängig davon zu erinnern, ob die dazu passenden Sinneswahrnehmungen noch geboten werden oder nicht. Die menschliche Seele erwirbt sich also in diesem Lebensalter die Fähigkeit, frühere Erlebnisse unabhängig vom erneuten Sinneskontakt zu erinnern. Aus anthroposophischer Sicht ist dies das Zeichen dafür, dass sich das unterste Glied des menschlichen Ich, die von Steiner so genannte »Empfindungsseele« mit der Empfindungsorganisation, dem so genannten Astralleib, verbunden hat (Näheres hierzu: STEINER 1904, SCHAD 2014, BRETTSCHNEIDER 2015).

Zur Gedächtnis-Bildung nach dem Zahnwechsel

Bereits unsere Sinnesempfindungen sind *Urpänomene* dessen, was man auch »Seelenleben« nennen kann. In dem Kapitel »Die seelische Wesenheit des Menschen« in Rudolf Steiners »Theosophie« findet sich hierzu die folgende Erläuterung:

»Bekannt ist, dass es Menschen gibt, die farbenblind sind. Solche sehen die Dinge nur in verschiedenen Schattierungen von Grau. Das Weltbild, das ihnen ihr Sehsinn gibt, ist ein anderes als dasjenige sogenannter normaler Menschen. Und ein Gleiches gilt mehr oder weniger für die andern Sinne. Ohne weiteres geht daraus hervor, dass schon die einfache Sinnesempfindung zur Innenwelt gehört. Mit meinen leiblichen Sinnen kann ich den roten Tisch wahrnehmen, den auch der andere wahrnimmt; aber ich kann nicht des andern Empfindung des Roten wahrnehmen. – Man muss demnach die Sinnesempfindung als ein Seelisches bezeichnen. Wenn man sich diese Tatsache nur ganz klar macht, dann wird man bald aufhören, die Innenerlebnisse als bloße Gehirnvorgänge oder Ähnliches anzusehen.« (STEINER 1904a)

Noch deutlicher gilt, worauf uns Rudolf Steiner hinweisen möchte, für die Sinnesqualitäten, die in der Philosophie so genannten »Qualia«: Sie gehören nur insofern der Außenwelt an, als wir zum Beispiel mit dem Infrarot-Anteil des Sonnenlichtes Wasser erhitzen können. Das gelingt jedoch nicht mit der Wärme-Empfindung, die wir durch die physische Wirkung des Sonnenlichtes erhalten, die also schon die Empfindung unseres Subjektes (mit anderen Worten: unseres »Ich«) ist. Als Empfindung ist sie nicht mehr ein Teil der physikalischen Außenwelt, sondern ist als unmittelbare Empfindung oder danach als Erinnerungsvorstellung Eigentum der Seele. Nur die empfindende Tätigkeit des Subjektes kann R. Steiner also gemeint haben, wenn er im letzten Zitat betont, dass man aufhören muss, die seelischen Innenerlebnisse als bloße Gehirnvorgänge oder Ähnliches anzusehen. Denn alle

Gehirnvorgänge müssen erst vom Subjekt aufgenommen werden, bevor sie zu den Empfindungen des Menschen gehören.

Der Unterschied zwischen Wahrnehmung und Empfindung besteht also in dem Übergang einer Wahrnehmungsqualität, des »Quale«, in die Erinnerungsvorstellung und damit in das Gedächtnis eines Subjektes. Dieser Übergang kann nur über den Zwischenzustand der Empfindung geleistet werden: »Für die Wahrnehmung müssen wir mit der Außenwelt in Korrespondenz treten; die Vorstellung ist Besitztum der Seele« (STEINER 1910b: 20).

Während also der Mensch bis zum Zahnwechsel noch mehr oder weniger bloß Sinnesorgan ist, durchläuft er nach dem Zahnwechsel vermittels der sich nun erst allmählich bildenden Fähigkeit des Erinnerns die Entwicklung der Empfindungsseele. Diese ist die unterste Stufe des Selbstbewusstseins. Die unterste Stufe des Selbstbewusstseins ist also an das Erleben der eigenen Biographie, an die episodische Erinnerungsfähigkeit des Menschen gebunden. Was aber ist Erinnerung?

»Wenn wir auf das Bleibende des Vorstellungslebens sehen, das dann als Erinnerung wieder auftaucht, so ist die Summe der Vorgänge, die dann zu dem führen, was erinnert wird, eigentlich in derselben Seelenregion des Menschen vorhanden, in welcher das Gefühlsleben vorhanden ist. Das Gefühlsleben mit seiner Freude, seinem Schmerz, seiner Lust und Unlust, Spannung und Entspannung und so weiter, dieses Gefühlsleben ist dasjenige, was eigentlich der Träger des Bleibenden der Vorstellung ist und aus dem die Erinnerung wiederum geholt wird. (...) Es zerfällt der Unterricht, wenn wir die Begriffe etwas pressen, im Wesentlichen in zwei Teile, die allerdings immer ineinander wirken: in den einen Teil, wo wir dem Kinde etwas beibringen, an dem es sich mit seiner Geschicklichkeit, mit seiner ganzen Leiblichkeit betätigt, wo wir also das Kind in eine Art von Selbsttätigkeit bringen. Wir brauchen nur an die Eurythmie, an die Musik, an das Turnen zu denken, ja selbst wenn wir an das Schreiben, wenn wir an die äußere Verrichtung des Rechnens denken, wir bringen das Kind da in eine gewisse Tätigkeit [des Willens, Anm. H. B.]. Der andere Teil des Unterrichtens ist der betrachtende Teil, wo wir das Kind anschauen lassen, wo wir das Kind auf etwas hinweisen. Diese beiden Teile, obwohl sie immer ineinandergreifen im Unterricht, sind voneinander grundverschieden, und gewöhnlich weiß man gar nicht, wie viel der Lehrer besonders bei einem betrachtenden Unterricht, zum Beispiel beim Geschichtsunterricht, von einem anderen Lehrer hat, der mehr auf Geschicklichkeit und Fertigkeit hinzuarbeiten hat. Sehen Sie, etwa Kinder nur zu unterrichten in Betrachtungssachen, würde ihr Leben für das spätere Alter furchtbar verkümmern. Kinder, die bloß auf das Betrachtende hindressiert oder unterrichtet werden, werden im späteren Leben benommene Menschen. Sie werden mit einem gewissen Überdruss an der Welt erfüllt. Sie werden sogar für das Betrachten im späteren Lebensalter oberflächlich. Sie sind nicht mehr geneigt, im späteren Lebensalter viel zu betrachten und auf das Außenleben die nötige Aufmerksamkeit verwenden, wenn man sie nur unterrichtet hat in Geschichte oder in Kulturgeschichte oder überhaupt in dem, was betrachtender Art ist. Wir verdanken eben, wenn wir dem Kinde etwas beizubringen haben, was betrachtender Art ist, ein ganz Wesentliches dem Handarbeitslehrer oder dem Musik- oder Eurythmielehrer. Der Geschichtslehrer lebt eigentlich von dem Musiklehrer, von dem Gesangslehrer, und umgekehrt der Gesangslehrer, der Musiklehrer lebt von dem, was als Geschichtliches oder Betrachtliches dem Kinde beigebracht worden ist.« (STEINER 1921, 1. Vortr., S. 12 ff.)

So theoretisch diese Aussagen auf den ersten Blick erscheinen mögen, so konkret sind andererseits die daraus abzuleitenden praktischen Konsequenzen: Will man eine gute Schulung des Gedächtnisses erreichen, so wird dies nur gelingen, wenn man, wie in dem Text empfohlen, das Emotionsleben und auch den Willen des Schülers in den Lernprozess einbezieht.

Das Selbstbewusstsein nach dem Zahnwechsel und der »Rubikon«

Das gerade erst entstehende episodische Gedächtnis der Empfindungsseele und die damit eröffnete Perspektive auf die eigene Biographie führt das Kind nach dem Zahnwechsel in die eigene seelische Innerlichkeit, in die Welt der Empfindungen, Neigungen, Haltungen, Gefühle und Emotionen hinein (LEBER 1993: 116 ff.). Einerseits stabilisiert sich die Seele des Kindes dadurch als Seele, weil sich ihre äußeren Sinnes-Erlebnisse innerlich zu Haltungen, Wertungen und Einstellungen verdichten. Zugleich aber birgt die Erziehung große Gefahren in dieser Zeit, wenn die Seele durch den Unterricht immer passiver wird, wenn nur ihre Verstandestätigkeit, aber nicht auch ihr Gefühls- und Willensleben durch die Atmosphäre des Unterrichtes angesprochen wird.

Ich selbst erinnere mich noch gut an diese Zeit, die so um das 9. Lebensjahr begann, in der ich mir z. B. Gedanken darüber zu machen begann, ob ich an Gott glauben könne oder nicht. Zugleich aber erwarb ich mir den Spitznamen des »Schmunzlers« dadurch, dass ich mich auf meinen Gängen und Wegen gerne der Einsamkeit hingab, um lächelnd in meinen schönsten Erinnerungen oder Naturstimmungen zu schwelgen. Meine Tendenz zum lustvollen sozialen Rückzug wurde allmählich so stark, dass ich die anderen Menschen nur noch wie hinter Glas wahrnahm und sie schließlich auch kaum noch verstehen konnte, wenn sie zu mir sprachen. Nur mein Stiefvater, der ein handwerklich und praktisch orientierter Mann war, konnte mich aus dieser Sackgasse retten, indem er mit mir den Garten kultivierte und mich in die intelligente Planung und den körperlich recht anstrengenden Bau eines Gewächshauses einbezog. Schließlich schenkte mir mein leiblicher Vater auch noch eine Klarinette und erst dann war ich endgültig am Ende des Tunnels zur Pubertät: Ich übte auf diesem Instrument mehrere Stunden täglich und begann, in einer Jugendband zu improvisieren!

»Bei der Geschlechtsreife kommt etwas zu freier seelischer Tätigkeit, das vorher in den Rhythmus der Atmung hineingegangen ist, was sich von da aus noch bestrebte, Rhythmus in das Muskelsystem, sogar in das Knochensystem hineinzubringen. Dieses Rhythmische wird nun frei als Empfänglichkeit des Jünglings oder der Jungfrau für ideale Gebilde, für das Phantasiemäßige. Die eigentliche Phantasie wird im Grunde mit der Geschlechtsreife erst aus dem Menschen herausgeboren, wenn der von Zeit und Raum freie astralische Leib geboren wird, der ebenso wie die Träume Vergangenheit, Gegenwart und Zukunft nach inneren Gesichtspunkten durcheinander gruppieren kann. Der Mensch wird mit der Geschlechtsreife aus dem geistig-seelischen Leben der Welt herausgeworfen und hineingeworfen in die äußerliche Welt, die er nun mit seinem physischen Leib, mit seinem Ätherleib wahrnehmen kann. Und wenn das auch durchaus nicht klar in das Bewusstsein herauftritt, im Unterbewussten spielt es eine umso größere Rolle. Eine solche Rolle, dass nun der Mensch – wie gesagt, unterbewusst oder halbbewusst – die Welt, die er betritt, vergleicht mit der Welt, die er früher in sich gehabt hat. Er hat sie früher in sich nicht vollbewusst wahrgenommen, aber er fand die Möglichkeit in sich, mit ihr zu arbeiten. Das Innere des Menschen gibt die Möglichkeit, frei mit einer Überwelt zu arbeiten, frei mit einem Geistig-Seelischen zu arbeiten (...)« (STEINER 1921/22: 238 ff.).

Zusammengefasst heißt das: Wie sich das Denken aus der Leibbildung mit dem Zahnwechsel emanzipiert, so emanzipiert sich die Fantasie aus der Leiblichkeit mit der Pubertät.

In der Menschenkunde der Waldorfpädagogik wird die biographische Schwelle zur Emanzipation des Fühlens in der Pubertät als »Rubikon« bezeichnet (LEBER 1993: 262). Dieser Name wurde gewählt, weil Julius Caesar seinerzeit vor der Entscheidung stand, ob er sein Frankreich-Heer über einen Fluss namens Rubicon mit nach Rom bringen soll oder nicht, was ihn im einen Fall seine Macht hätte kosten können, im anderen Fall aber die noch junge römische Demokratie hätte unwiederbringlich zerstören können – was dann auch geschah. Wie damals Caesar, so fühlt sich auch heute noch der vorpubertäre Mensch beim Abschied von der noch kindlich-leibgebundenen zur freien Fantasie, denn er steht nun an der Schwelle zur Geschlechtsreife. Diese Schwelle um das 10. Lebensjahr ist zugleich auch die Mitte zwischen der physischen Geburt und der Volljährigkeit.

Geschlechtsreife und Selbstbewusstsein

Wie sich im 7. Lebensjahr der Lebensleib des Kindes aus der Kopfbildung mit dem Zahnwechsel emanzipiert, so befreit sich nun das noch gruppenhafte »Kernselbst« der »Empfindungsorganisation« mit dem Eintritt in die Geschlechtsreife aus seiner Arbeit am Rhythmischen System des/der Jugendlichen. Das wird am weiblichen Organismus mit der Rhythmisierung der Menstruation besonders deutlich. Am männlichen Organismus wird stattdessen die Stimme willenshafter, indem sie tiefer wird. Die Vokale als Träger des Gefühls werden dadurch in der Männerstimme dominanter, wohingegen sich in der Frauenstimme die Dominanz der höheren Frequenzen, also der Konsonanten als Träger des intellektuellen Gehaltes der Sprache fortsetzt, die das Kennzeichen der Kinderstimme ist.

Das »Kernselbst« ist noch nicht das individuelle »Ich«, aber dessen gruppenhafte Vorstufe, das man in der Anthroposophie als »Empfindungsorganisation« oder »Astralleib« bezeichnet (STEINER 1904). Und wie die Bildekräfte des Kopfes den ganzen Menschen in die mineralische Erstarrung führen müssten, wenn nicht die mineralisierenden Bildekräfte des Kopfes in die Gedanken- und Gedächtnisbildung übergingen, so befreit die Geschlechtsreife die Fantasie des Menschen aus ihrer Leibgebundenheit. In dieser Zeit des Umbruches zwischen dem 2. und 3. Lebensjahrsiebt wirkt die mitfühlende Begleitung durch den Lehrer oder eine andere, geliebte Autoritätsperson besonders konstruktiv.

Die Ontogenese des Menschen im Vergleich zu den Tieren

Bereits 1956 bezeichnete ADOLF PORTMANN den Menschen als eine »physiologische Frühgeburt«. Portmann fiel auf, dass der Mensch erst nach Ablauf des ersten Lebensjahres etwa den Entwicklungsstand erreicht, den die ihm nächstverwandten Tierprimaten, die so genannten Menschenaffen Schimpanse, Gorilla, Orang-Utan und Gibbon schon mit der Geburt haben. Der Zoologe und Waldorflehrer FRIEDRICH KIPP (1948, 1980) nahm nicht nur dieses Urteil voraus, sondern bemerkte zusätzlich die ungewöhnlich späte Geschlechtsreife des Menschen. So bildete er die Hypothese, dass die verlängerte Jugendzeit des Menschen eine Leistung ist, die von einer Elternliebe getragen sein muss, die nur dem Menschen möglich ist und möglicherweise der überhaupt wichtigste Faktor der Menschheitsevolution ist. Dieser Gedanke ist auch deshalb von außerordentlicher Tragweite für die Evolutionsforschung, weil er das Seelenleben, und innerhalb desselben besonders das Gefühls- und Willensleben des Menschen einbezieht.

Die Geschlechtsreife ist bei den Säugetieren mehr oder weniger identisch mit dem Abschluss des Wachstums, der Lernfähigkeit und dem Erreichen der Endgröße des physischen Leibes. Sie erweist sich dadurch in dieser Tierklasse als mit nahezu mathematischer Strenge an das Körpergewicht gebunden, so dass der Mensch, wenn er mit etwa 14 Jahren pubertiert, das Gewicht eines Elefanten, also etwa 20 Zentner, haben müsste, wollte er dieser mathematischen Gesetzmäßigkeit entsprechen!

Die Anthroposophie *Rudolf Steiners* geht allerdings noch weiter in dieser Hinsicht, indem sie darauf hinweist, dass der Mensch nicht nur in Bezug auf seine geistigen und seelischen Eigenschaften, sondern auch im Hinblick auf seine soziale Kompetenz eine »physiologische Frühgeburt« ist. Dieser Einschätzung entspricht unsere Rechtsprechung aus ihren eigenen Prinzipien insofern, als ihr ja ebenso gilt: Wer nicht volljährig ist, der kann vor Gericht nicht als »erwachsen« und damit auch nicht als voll strafbar gelten. Wir haben also aus der römischen Antike ein sehr weisheitsvolles Strafrecht insofern, als es den Menschen für noch nicht im vollen Sinne menschlich hält, wenn er bloß reproduktionsfähig ist, sondern ihn erst als schuldfähig erachtet, wenn sein »Ich« in dem Sinne »frei« wird, dass es mit seiner »Erwachsenheit« nicht mehr nötig hat, seine artgemäße Endgröße zu erreichen.

Zur Stammesgeschichte der Sozial- und Sprachkompetenz des Menschen

In einem Interview hat sich der Anthropologe MICHAEL TOMASELLO (2011) zum Unterschied des Menschen gegenüber den Tier-Primaten geäußert:

»Empirische Entdeckungen zeigten, dass die großen Affen durchaus „Mindreading", also das Verstehen der Intentionen anderer Wesen beherrschen: Sie wissen, was die anderen sehen, was ihre Absichten sind. Aber gemeinsame Erwartungen oder linguistische Überzeugungen beherrschen sie nicht (TOMASELLO 2009). Schimpansen sind gut im „Mindreading", wenn es um Konkurrenz geht, etwa anderen Nahrung wegzuschnappen oder sich bei der Paarung durchzusetzen. Aber wenn es um Kooperation geht, sind sie mit ihrem „Mindreading" am Ende. Man kann sich das Verstehen der Intentionen anderer eben auch zunutze machen, um sich in der Konkurrenz zu anderen einen Vorteil zu sichern. Wir machten eine Reihe von Experimenten, die zeigten, dass Kinder bei Kooperationen sehr viel besser abschneiden als Schimpansen und andere große Affen. (...) Jeder Affe versucht, auf eigene Rechnung die Beute zu erhaschen. Meine Interpretation ist, dass die Schimpansen etwas Ähnliches beherrschen wie Löwen und Wölfe, jedenfalls nicht das, was wir Menschen tun. Bei Menschen lässt sich das gemeinsame Beschaffen von Nahrung beobachten, und in diesem Kontext entstehen Altruismus und Helfen. Als sich irgendetwas in der Ökologie änderte, den genauen Grund kennen wir nicht, mussten Menschen eine neue Nische für die Beschaffung von Nahrung finden. Das Augenmerk richtete sich jetzt auf Tiere, für deren Erlegung es einer besseren Zusammenarbeit bedurfte; und auch auf andere Aufgaben, für die zumindest zwei Leute nötig sind, die einander helfen. In dieser neuen Nische galt: Wer nicht verlässlich kooperiert, der ist verloren. So hängt der Einzelne von den anderen ab, und gegenseitige Hilfe ist die natürliche Konsequenz gegenseitiger Abhängigkeit. Die vorgeschlagene Erklärung löst dieses Problem [des Altruismus, H. B.] nicht in strikter Weise, weil wir im biologischen Sinn immer mehr am eigenen Fortkommen interessiert sind. Aber sie verändert das Erklärungsmodell. Das ist ein fundamentaler Wandel. Die Entwickler mathematischer Modelle und die meisten Evolutionstheoretiker und Ökonomen arbeiten mit der Annahme, dass Menschen sich im Grunde überhaupt nicht um andere kümmern. Aber in einer Situation gegenseitiger Abhängigkeit kann ich mich in einer Weise um sie kümmern, die in meinem Selbstinteresse gründet. Zudem muss ich darauf achten, ein guter Kooperationspartner zu sein. Andernfalls würde mich niemand als Partner wählen. In meinen Augen hat diese Entwicklung zu einem mehr an Zusammenarbeit orientierten Lebensstil genuinen Altruismus hervorgebracht. Am Anfang stand die Zusammenarbeit und sie führte zur Unterweisung, zu sozialen Normen und Konformität. Die kulturelle Entwicklung beschleunigte sich entsprechend (...).«

In einem anderen Interview folgert Michael Tomasello aus dem Verhalten der heutigen Tierprimaten, dass die menschliche Sprache ihre Entstehung dem gemeinschaftlichen Speisen der Frühmenschen verdankt (TOMASELLO 2014).

SUSANNA KÜMMELL (2015) hat den evolutiven Zusammenhang zwischen der Aufrichtung des frühen Menschen, dem Freiwerden der Vordergliedmaßen für die Beherrschung des Feuers und die Zubereitung der Nahrungsmittel mittels des Feuers zur mechanischen Entlastung des Gebisses glaubhaft dargestellt, der konsekutiv zur Evolution der »Isodontie« (Entwicklung einer geschlossenen Zahnreihenkante) und zur Bildung des einzig beim Menschen vorhandenen »Sprachgebisses« führte. Innerhalb der Gattung »Mensch« ist das »Sprachgebiss« etwa 7 Millionen Jahre nach der Aufrichtung nachweisbar und steht seitdem der Sprache zur Verfügung.

Der Möglichkeit nach, das heißt im Sinne der genetischen »Reaktionsnorm« (KÜHN 1986) ist allerdings nicht nur der aufrechte Gang, sondern auch der Sprachsinn und der Denksinn angeboren. Längst ist in der Vererbungslehre daher der Gedanke gebräuchlich: Ein Merkmal ist auch dann genetisch, wenn es genotypisch nur so veranlagt ist, dass eine fördernde Hilfe (z. B. ein menschliches Vorbild) benötigt wird, um es phänotypisch zu verwirklichen. Dies schließt den kulturellen Zusammenhang also nicht aus, sondern setzt ihn voraus.

Zur Ontogenese der Sprach- und Denkfähigkeit des Menschen

In diesem letztgenannten Sinne ist ein reiches Spektrum von Belegen dafür vorhanden, dass der von Rudolf Steiner (STEINER 2010a) entdeckte und so benannte »Sprachsinn«, in gleicher Weise wie der von ihm so benannte »Denksinn« primär im Menschen als ererbte Reaktionsnorm vorhanden ist und nicht erst nach der Geburt erworben wird, wie die akademische Psychologie bis vor relativ kurzer Zeit noch behauptete. Die Argumente hierzu sind schon in einem früheren Aufsatz dieses Autors dargestellt worden (BRETTSCHNEIDER 2014). Aufgrund solcher Reaktionsnormen im Erbgut des Menschen ziehen schon Neugeborene die menschliche Sprache komplexen Sprach-Imitationen und sprachlichem Nonsense vor (VOULOUMANOS & AL. 2001, VOULOUMANOS & WERKER 2004, 2007). Neugeborene unterscheiden auch die Muttersprache von anderen Sprachen (MEHLER & AL. 1988, MOON & AL. 1993), interessieren sich mehr für vorwärts als für rückwärts gespielte Sprachaufnahmen (PENA & AL. 2003), erkennen Wortgrenzen (CHRISTOPHE & AL. 1994), und unterscheiden Hauptworte von Bindewörtern (SHI & AL. 1999).

Selbst die beiden Hauptvoraussetzungen für Sprachverständnis sind bereits bei der Geburt vorhanden: Die Erkennung der Worte als Grundeinheiten der Sprache und die Unterscheidung gesprochener Worte aufgrund ihrer Position innerhalb gesprochener Sätze (GERVAIN & AL. 2012). Die zuletzt genannten Befunde weisen schon über den Sprachsinn hinaus und können auch als erste Hinweise auf den Denksinn gedeutet werden. (Siehe auch die neuere, sehr eingehende Arbeit von PEVELING & AL. 2017.) Empirische Literatur zum von Steiner so benannten »Ich-Sinn« gibt es nach Kenntnis dieses Autors jedoch bisher nicht.

Spiegelneurone

Als so genannte Spiegelneurone erstmalig durch *Giaccomo Rizzolatti* und dessen Mitarbeiterteam (DI PELLEGRINO & AL. 1992) beschrieben wurden, jubelten die Naturalisten, also die Weltgemeinschaft derer, die schon immer danach suchten, die Spiritualität (man kann auch sagen: die Moral) des Menschen naturalistisch, das heißt: als innerhalb der Naturkausalität determiniert aufzufassen. Obwohl bei Makaken schon 1992 beschrieben, gelang aber der Nachweis dieser Neurone am Menschen erst 2010 (MUKAMEL & AL. 2010).

Spiegelneurone waren zuerst bei Makaken deshalb aufgefallen, weil sie sowohl aktiv waren, wenn bestimmte zielmotorische Hand-Objekt-Interaktionen von den Makaken selbst durchgeführt wurden, als auch dann, wenn die entsprechenden Handlungen bei einem anderen Tier oder einem Menschen beobachtet wurden. So glaubten die Naturalisten, endlich die soziale Kompetenz der Tier-Primaten und des Menschen nicht auf Empathie, diese ist ja »nur« eine seelisch-geistige Fähigkeit, sondern auf die Funktion hochspezialisierter neuronaler Zellen zurückführen zu können.

Der Analogieschluss, dass es Spiegelneurone nicht nur für Körper-, sondern auch für Gefühlsbewegungen geben könnte, bot sich zusätzlich an, es wurden jedoch bisher bei keiner Primaten-Spezies Gefühls-Spiegelneurone gefunden. Ein Zusammenhang zwischen Spiegelneuronen und dem Mitgefühl wird dennoch – als theoretische Möglichkeit – weiterhin diskutiert (LAMM & AL. 2015).

Es ist aber notwendig, sich kritisch mit der Hypothese auseinanderzusetzen, dass die so genannten Spiegelneurone für die Evolution des Sprachsinnes beim Menschen dienlich gewesen sein könnten (BAUER 2006). Macht man nämlich die Phänomenologie der kulturellen Evolution der Tierprimaten und des Menschen, wie sie beispielsweise im hier wiedergegebenen Interview des Primaten-Forschers Michael Tomasello dargestellt ist, zur Grundlage diesbezüglicher Hypothesen, so könnten Spiegelneurone zwar an der Entstehung der evolutiven Sonderstellung der Primaten innerhalb der Gesamtheit der Säuger durchaus beteiligt gewesen sein: Spiegelneurone verleihen den Primaten insgesamt die Fähigkeit, sich gegenseitig minutiös nachzuahmen. Diese Fähigkeit wird insbesondere von den höheren Altweltaffen (Platyrrhini) dazu genutzt, um regelrecht Krieg gegen andere Tierarten oder auch untereinander zu führen. Nie könnten sie aber zugleich auch die biologische Grundlage für den bedeutendsten Unterschied zwischen den Tierprimaten und dem Menschen, für die menschliche Sprachkompetenz sein. Das genaue Gegenteil ist sogar der Fall: Entdeckt wurden die Spiegelneurone, als ein Makake eine Nuss ergreifen wollte, wodurch zwangsläufig die Spiegelneurone eines anderen Makaken in Miterregung versetzt wurden. Solche automatischen Miterregungen von Spiegelneuronen bei Artgenossen erleichtern zwar die Durchführung gemeinsamer Jagd- und Feldzüge, verhindern aber zugleich das gemeinsame Speisen. Was also bei der gemeinsamen Jagd von Vorteil ist, wird zum Hemmschuh für die höheren Formen der sozialen Gemeinschaftsbildung.

Die Tradition des gemeinsamen Speisens in der Menschheitsevolution, die Tomasello für den evolutiv bedeutsamsten Unterschied zwischen dem Menschen und den Tierprimaten insofern hält, als das gemeinsame Speisen nach seiner Auffassung die Ursache der ebenso beispiellosen Sprachkompetenz des Menschen ist, kann also nur durch Faktoren ermöglicht worden sein, die der Wirksamkeit der Spiegelneurone entgegengesetzt sind. Hier haben wir den klassischen Fall, dass nicht irgendwelche biologischen Werkzeuge, sondern nur die Art des Umgangs mit denselben zum evolutiv höheren Zustand führen kann. Was aber ist dieser höhere Zustand seinem Wesen nach? – Die *freie* Verfügbarkeit der Mittel!

Wir müssen also mit der folgenden Dialektik im weiteren Lebensverlauf des Menschen rechnen: Spiritualität (= Moral) kann es nur geben, wo Freiheit herrscht. Und diese Freiheit macht den Menschen zum Menschen, ungeachtet der Tatsache, dass er einen physischen Bauplan hat, der dem der Tierprimaten relativ ähnlich sieht.

Zur phänomenalen Realität des Selbstbewusstseins

René Descartes (1596–1650) gilt als der Begründer des frühneuzeitlichen Rationalismus, der das Selbstbewusstsein des Menschen als genuin philosophisches Thema in die Psychologie eingeführt hat. Wir müssen deshalb immer wieder auf ihn zurückkommen, weil seine Denkfehler nicht nur die seinigen sind, sondern willkommene Anlässe für all diejenigen abgeben, die ein weltweites ideologisches Netzwerk bilden, das sich »philosophischer Materialismus« nennen müsste, aber sich selbst dazu nicht bekennt. Die Realitätsferne des berühmten Satzes »*cogito, ergo sum*« wurde hier gleich zu Anfang dargelegt. Descartes fragte sich außerdem noch, welches denn der entscheidende Unterschied zwischen dem Geist des Menschen und seinem Organismus sei und stellte fest, dass alle Körper eine räumliche Ausdehnung haben, der Geist hingegen nicht, dafür aber intelligent ist. Diese Überlegung führte ihn zu der begrifflichen Unterscheidung einer »Res extensa«, einem räumlich ausgedehnten »Gegenstand«, von einer geistigen, nicht räumlich ausgedehnten »Res cogitans«, der erkennenden Wesenheit des Menschen. Die letztere hielt er allerdings ebenfalls für einen »Gegenstand«, mit einer nur ihm eigentümlichen »Substanz«. Descartes' Auffassung von der Existenz zweier grundlegend verschiedener »Substanzen« – Geist und Materie – ist heute als der »cartesianische Substanz-Dualismus« bekannt. Dieser blockiert jeglichen Versuch, die Realität des menschlichen Bewusstseins und auch die menschlichen Gefühle und Willensäußerungen widerspruchsfrei in die Natur zu integrieren. Dies wird zum Dilemma durch den Anspruch der gegenwärtigen Naturwissenschaft, ein lückenloses und umfassendes Bild des Universums liefern zu können. Diesen Anspruch bezeichnet man als »Naturalismus«. Dem letzteren ist zuzuschreiben, dass es im wissenschaftlichen Diskurs für ganz »normal« gehalten wird, dem Menschen sowohl die Realität seines »Ich« als auch die Freiheit seines Willens und in letzter Konsequenz auch die Verantwortung für sein Tun abzusprechen (SINGER 2004).

Der zeitgenössische deutsche Philosoph *Thomas Metzinger* legte in der 13. Vorlesung seiner »Philosophie des Geistes« vom Wintersemester 2007/2008 in Mainz das folgende, in gewisser Weise erschütternde autobiographische Bekenntnis ab:

»Sie hören davon, dass Ihre Gedanken Ihre Handlungen auslösen. Und dann schauen Sie in sich rein und versuchen, diese Verursachung zu beobachten. Bevor wir anfangen zu theoretisieren: Wenn wir in unser eigenes Bewusstsein aufmerksam reinschauen, wenn wir ernsthafte Phänomenologie machen, können wir die Interaktion zwischen Geist und Körper, zwischen Bewusstsein und Gehirn introspektiv überhaupt nicht finden, behaupte ich. Das heißt, unser armes Gehirn hat ein räumliches Körpermodell, das aus der Evolution entstanden ist durch körperliche Kontrolle, Selbstkontrolle. Und es hat ein kognitives Selbstmodell, das brandneu ist, und nicht gut funktioniert. Und das soll jetzt die kausale Wechselwirkung zwischen Gedanken und Körperbewegungen mental repräsentieren. In welchem räumlichen Bezugsrahmen sollte das arme Gehirn das denn tun? Es gibt ja keinen räumlichen Bezugsrahmen, in dem diese Interaktionen lokalisiert werden können. Das heißt, diese Art von Selbstsimulation, die leib-seelische Wechselwirkung, können wir nicht in uns erzeugen. Darum verstehen wir auch nicht, wie wir unseren Körper bewegen.

Warum ist das interessant? Ich glaube, die Selbstmodelltheorie lässt uns verstehen, warum die cartesianische Unterscheidung zwischen Denken und ausgedehnten Dingen für uns Menschen theoretisch attraktiv und intuitiv plausibel ist. Warum ist das so? Descartes Unterscheidung zwischen „res cogitans" und „res extensa" spiegelt sich in der Tiefenstruktur unseres Selbstmodells wider. Wir haben einen ausgedehnten und einen unausgedehnten Teil unseres Selbstmodells. Das unlösbare Kernproblem der neuzeitlichen Variante von Descartes ist, dass es aus prinzipiellen Gründen keinen *Ort* der leib-seelischen Wechselwirkung geben kann. Ich wollte mein Philosophiestudium schon abbrechen, ich weiß das noch genau. Weil wenn der Geist keine räumlichen Eigenschaften hat, dann kann es auch keinen Ort geben in der Wirklichkeit, an dem er mit dem Körper wechselwirken kann.« (METZINGER 2009a, 13. Vorlesung)

Noch für *Aristoteles* (384–322 v. Chr.), dem von der Antike bis ins 15. Jahrhundert hinein nahezu alleinherrschenden Philosophen-König des Abendlandes, war die »Seele« die *Form* des Organismus (»Form« ist ein dreidimensionaler Begriff), dessen »Substanz« nur das *Leben* selbst sein kann. (»Leben« ist ein vierdimensionaler Begriff, denn es integriert mit den drei Dimensionen des Raumes noch die Zeit, insofern jede Entwicklung eines Lebewesens irreversibel ist).

»Physis« war für Aristoteles der Ausdruck für »das Gewachsene« und »Physik« war ihm die kontinuierliche Einheit aller von den Göttern geschaffenen Natur, die er sorgsam von den »Artefakten« menschlicher Zivilisation unterschied. Erst mit dem Beginn der Neuzeit um das 15. Jahrhundert erhielt die physische Welt in den Augen der europäischen Menschheit so viel Eigenständigkeit gegenüber der Welt der Götter, dass sie zur Grundlage der Technologie wurde. Damit sah sich zum Beispiel René Descartes zur Annahme eines Substanz-Dualismus genötigt, der den beseelten und lebenden Organismus jäh in zwei Teile auseinanderzureißen schien. Die Substanz des Organismus, die für Aristoteles noch »das Leben selbst« war, erschien nun plötzlich als für den Geist undurchdringbar und sogar unbeeinflussbar. Und ihre Lebendigkeit wurde überhaupt nicht mehr im Zusammenhang mit der Geistigkeit der Welt, sondern für den Beweis einer besonders komplizierten Chemie des Körpers gehalten. Körper und Geist des Menschen werden seitdem in der Psychologie und Philosophie nicht mehr als durch die Seele miteinander verbunden, sondern im Lichte des cartesianischen Substanz-Dualismus als völlig verbindungslos gesehen. Und alle noch so scharfsinnigen Theorien konnten diesen »Riss« nicht mehr kitten, wie ja auch das erschütternde Bekenntnis Thomas Metzingers zeigt.

Seitdem gibt es in der abendländischen Psychologie zwar die Begriffe der »Selbst-Erkenntnis« und der »Selbst-Bestimmung«, aber es fehlt der Begriff des schöpferischen »Willens« des Menschen, der die »Selbst-Erkenntnis« und »Selbst-Bestimmung« in die Tat umsetzt: Immer wird, wenn vom »Willen« die Rede ist, nur die Zielvorstellung des Handelns und die Vorstellung vom Weg dorthin, nicht aber die Seelentätigkeit des Wollens als solche gemeint, die den Körper willenshaft hervorbringt, gestaltet und bewegt, indem sie den Geist mit der Physis verbindet (STEINER 1924a).

Überwindung des Cartesianismus durch Goethes sinnlich-sittliche Betrachtungsart

Bereits in der Frage, wie das Selbstbewusstsein um die Mitte des ersten Jahrsiebtes entsteht, sind wir auf Forschungsergebnisse *Rudolf Steiners* gestoßen, die auf die Existenz zweier im Menschen vorhandener, sich sehr deutlich unterscheidender »Substanzreiche« hinweisen: Ein primär vorhandenes Substanzreich, das für den Geist durchlässig ist, und gerade deshalb von ihm nichts weiß, und ein sekundär entstehendes Substanzreich, das dem Geist zunehmend Widerstand entgegensetzt, bis es zum Spiegel des Geistes im Selbst-Bewusstsein wird.

In Goethes Faust findet sich eine Szene, die Oster-Szene, die vor den Toren der Stadt spielt, in der Faust sehr deutlich und leidenschaftlich ausspricht, dass er sich in zweifacher Weise der Welt verbunden fühlt:

Zwei Seelen wohnen, ach! In meiner Brust,
Die eine will sich von der andern trennen;
Die eine hält, in derber Liebeslust,
Sich an die Welt mit klammernden Organen;
Die andre hebt gewaltsam sich vom Dust
Zu den Gefilden hoher Ahnen.

In einem Meisterwerk des flämischen Anatomen und Künstlers des 16. Jahrhunderts ANDREAS VESALIUS (1543) finden sich die folgenden beiden Zeichnungen, die ebenfalls von einer Zweiheit im Menschen »erzählen«, die also helfen können, dieses Thema zu vertiefen. Deshalb sind sie hier zu einer einzigen Abbildung zusammengefügt *(Abb. 14)*. Vergleicht man die irdisch-schwerehafte Abwärtstendenz des »Nerven- und Knochenmenschen« (links) mit der kosmisch-auftriebhaften Schwebe-Tendenz des »Blut- und Muskelmenschen« (rechts), so tritt uns wiederum die Wahrheit des oben zitierten Goethe-Wortes aus der Oster-Szene der Faust-Tragödie vor Augen.

Die erste in dem Goethe-Zitat genannte »irdische« Wesenheit *(Abb. 14, links)* kann man im lebenden Menschen so charakterisieren, dass ihre Wirksamkeit, von unten nach oben zunehmend in der Geschlossenheit der Schädelkapsel und, gestaltlich differenzierter werdend, im Wunderbau des Gehirns ihren Höhepunkt erreicht. Dabei durchdringt diese Wirksamkeit den ganzen Körper, ihn ernährend und mineralisierend. Diese nach oben zunehmende Mineralisierung ist zwar im Skelettsystem noch wesentlich deutlicher als im Nervensystem, doch das Nervensystem bildet seine wasserdichten Nervenscheiden, die das Nervengewebe von dem allgemeinen, wässrigen Milieu des Organismus abtrennen. Dadurch ist, auch bei Nahrungsmangel, eine Verstoffwechselung der Nervensubstanz so gut wie ausgeschlossen. Die Mineralisierung der Knochen und die Abtrennung der Nerven vom wässrigen Milieu des Organismus ist einerseits essentiell für die biologischen Funktionen des Nerven- und auch des Skelettsystems. Sie darf aber doch einen gewissen Grad nicht überschreiten, sonst »verkalkt« der »Nerven- und Knochenmensch« und stirbt am eigenen Hang zum gestaltlichen Perfektionismus und Separatismus. Künstlerisch betrachtet vermittelt dieser »Nerven- und Knochenmensch« also den Eindruck eines alten, leidenden Mannes, der ansonsten dem »Sensenmann« als dem leibhaftigen Bild des Todes entspricht. Im Unterschied zu dem letzteren trägt der »Knochen- und Nervenmensch« des Andreas Vesalius aber keine Sense, sondern stützt seinen rechten Arm auf einen Spaten, mit dessen Hilfe er das eigene Grab bereits schaufelt, während er noch lebt. Schaudernd entnehmen wir diese letztgenannte Tatsache der Zeichnung, die ein schwarzes Loch neben dem rechten Fuß des Knochenmannes zeigt. Entsprechend lebensfeindlich, antipathisch und wüstenhaft hat Vesalius die Landschaft gestaltet, die diese Wesenheit des Menschen umgibt und so quasi seine symbolische »Heimat« charakterisiert.

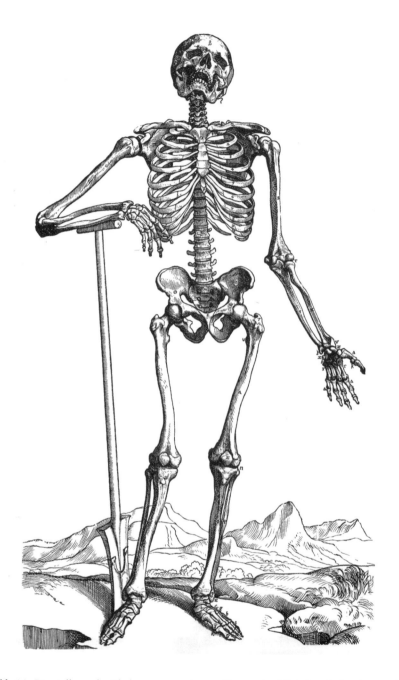

Abb. 14: Darstellung des Skelettsystems, dessen Gestus eine Einheit mit der Anatomie des Nervensystems bildet (Letzteres allerdings nur bei Auslassung des Eingeweide-Nervensystems). (Nach A. Vesalius 1543)

Abb. 14: Darstellung des Muskelsystems, dessen Gestus eine Einheit mit der Beweglichkeit des Blutes bildet (unter Auslassung des Knochenmarks). (Nach A. Vesalius 1543)

Rechts in der *Abbildung 14* ist hingegen der »kosmische« Mensch, das ontogenetisch primäre Substanzreich des Menschen, der hauptsächlich aus Eiweiß bestehende »Blut- und Muskelmensch« so dargestellt, dass er wie tänzerisch-träumend im lebendigen, ihn beseligenden Auftrieb inmitten einer lieblichen, von romantischen Burgen und buschigen Bergen belebten Landschaft in der Richtung des kosmischen Lichtes dahinschwebt. In schwärmerisch-träumerischer Stimmung sind seine Augen nur halb geöffnet, wohingegen der »Knochen- und Nervenmensch« sie schreckhaft aufreißt. Eigentlich ist dieses primäre Wesen des menschlichen Organismus zeichnerisch gar nicht darstellbar, weil seine »Substanz« nur die Bewegung des Blutes und der Muskeln ist. Sein Gesamtausdruck ist der einer träumenden Jungfrau. Diese primäre, »kosmische« Wesenheit des Menschen geht aller Struktur und Erdenschwere des Organismus ontogenetisch voraus, ist Leben tragendes Eiweiß.

Eine solche Gegenüberstellung könnte auch Widersprüche im Betrachter erregen, die es sogleich zu klären gilt: Warum spricht Goethe davon, dass sich die »irdische« Seele, die in seiner Brust lebt, mit »derber Liebeslust« an die Welt klammert, wenn Vesalius ihr den Ausdruck eines erschrockenen alten Mannes verleiht? Und warum hebt sich die »kosmische« Seele des Menschen »gewaltsam« vom »Dust«, wenn ihr doch das Bild einer lieblichen, verträumten Jungfrau weit besser eignen würde, als der von Vesalius gezeichnete muskulöse männliche Körper? Bei näherer Betrachtung erweisen sich diese »Widersprüche« als das Ergebnis weit verbreiteter Vorurteile: Die »Gewalt« des Willens eines Mannes kann sehr weitreichend sein. Aber ungleich weitreichender ist die »Gewalt« des Willens, der durch die Frau wirkt, wenn sie den Menschen gebiert! Tatsächlich ist ja die Gebärmutter auch nur ein Muskel, und tatsächlich kommt alle »Gewalt« des Gebärens aus dem Blut! Ebenso lässt sich der scheinbare Widerspruch klären, den Vorurteile gegen die »Liebeslust« eines »alten, erschrocken blickenden Mannes« aufrichten: Unsere »Liebeslust« richtet sich zwar besonders gerne auf knackige Jungfrauen, doch wird sie erregt über die Augen und andere Sinnesorgane, also über das Nervensystem, und wird vom alten Menschen nicht weniger intensiv erlebt als vom jungen!

Wir können uns also getrost der Weisheit Goethes und des Andreas Vesalius anvertrauen, um aus dem künstlerischen Empfinden den Begriff zweier Substanzreiche im Menschen zu bilden, in deren primärer Lebendigkeit und Beweglichkeit sich der Träger des Willens offenbart und deren hoch differenzierte Gestalt sich sekundär zum Reflektor des Geistes im Bewusstsein spezialisiert. Wenngleich damit die akademische Betrachtungsart des Menschen buchstäblich auf den Kopf gestellt wird, lautet das Ergebnis: Der Nerven- und Knochenmensch ist, mit diesem Blick betrachtet, für seelische Gestaltungskräfte antipathisch und undurchdringlicher als jede andere Region des Körpers, obwohl ja das Gehirn in der cerebrocentrischen Denkweise der akademischen Anthropologie mehr oder weniger mit dem »Seelisch/Geistigen« als identisch gesehen wird (exemplarisch nehme man hierfür den »physikalischen Identismus« bei GERHARD ROTH (1997). Und das menschliche Wollen taucht so sympathisch in den Chemismus der basalen Stoffwechselprozesse des Organismus ein, dass sein seelischer Ursprung in der akademischen Psychologie nicht erkannt, sondern schlicht als »biologische« Tatsache genommen wird.

Es muss also in die akademische Betrachtungsweise des menschlichen Organismus eine Differenzierung in zwei »Substanzreiche«, in ein seelisch durchdringbares »kosmisches« und ein seelisch undurchdringliches antipathisches »irdisches Substanzreich«, eingeführt werden, wenn daraus eine wirklichkeitsgemäße Anthropologie und Psychologie werden soll.

»Wo die Nerven am meisten ausgebildet sind, da sind wir am meisten wach. Aber das Nervensystem hat zum Geiste eine eigentümliche Beziehung. Es ist ein Organsystem, das durch die Funktionen des Leibes fortwährend die Tendenz hat zu verwesen, mineralisch zu werden. Wenn Sie beim lebenden Menschen sein Nervensystem von der übrigen Drüsen-Muskel-Blutwesenheit und Knochenwesenheit loslösen könnten – das Knochensystem könnten Sie sogar beim Nervensystem dabei lassen –, so wäre das beim lebenden Menschen schon Leichnam, fortwährend Leichnam. Im Nervensystem geht fortwährend das Sterben des Menschen vor sich. Das Nervensystem ist das einzige System, welches gar keine unmittelbare Beziehung zum Geistig-Seelischen hat. Blut, Muskeln und so weiter haben immer *direkte* Beziehungen zum Geistig-Seelischen, das nervöse System hat *unmittelbar* dazu gar keine Beziehungen; es hat nur dadurch Beziehungen zum Geistig-Seelischen, dass es sich fortwährend aus der menschlichen Organisation ausschaltet, dass es nicht da ist, weil es fortwährend verwest. Die anderen Glieder leben; deshalb bilden sie *direkte* Beziehungen aus zum Geistig-Seelischen.« (STEINER 1919a, 7. Vortrag, Hervorh.: H. B.)

Rudolf Steiner geht hier von dem Phänomen aus, dass die Lebensprozesse des Organismus das Bewusstsein herabdämpfen. Deshalb sind wir bewusstlos im Tiefschlaf: Alle Teile des Körpers, auch das Gehirn, müssen sich den Lebensprozessen hingeben, entweder dauernd, wie zum Beispiel der Darm, oder wenigstens im traumlosen Schlaf, wie zum Beispiel das Gehirn. Wäre dies nicht so, müssten wir sterben, denn das Wach-Bewusstsein basiert auf Todesprozessen, die nicht durch Energiezufuhr neutralisierbar sind, sondern nur durch die unbewussten Lebensprozesse neutralisierbar sind, die während des traumlosen Tiefschlafes vollzogen werden. Das Wachbewusstsein beruht auf einer Mineralisierung des Eiweißes, von der sich das Eiweiß während des Schlafes erholen muss. Wäre dem nicht so, würden wir einfach mehr essen, um dauernd wach bleiben zu können.

Insofern sind also die Nerven und das Gehirn, die das Bewusstsein tragen, temporär »sterbende« Organe, denn sie bieten den geistig-seelischen Lebensprozessen (temporär begrenzten) Widerstand, oder, wie es hier von Steiner ausgedrückt wird: Sie halten sich immer dann aus den Lebensprozessen des Geistes heraus, wenn sie den Geist im Bewusstsein widerspiegeln. Der Organismus des Menschen besteht also zum einen Teil aus »permanent tiefschlafenden« Lebensorganen, die einen direkten Bezug zum Geistig-Seelischen haben. Andererseits hat das relativ dazu kleinere Nervensystem keine unmittelbare, sondern nur eine *mittelbare*, reflektierende, temporäre, wir können auch im Sinne der Neurophysiologie sagen: repräsenzionalistische Beziehung zum Geistig-Seelischen. So ergibt sich zunächst eine polarische Zweigliederung des Leibes: Einem beweglichen, primär tiefschlafenden Teil des Leibes, der eine direkte Beziehung zum Geistig-Seelischen hat, steht ein wacher, gestaltlich sehr differenzierter, stark mineralisierter Teil gegenüber, der nur eine mittelbare, also nur eine spiegelnde Beziehung zum Geistig-Seelischen hat. Diese letztere ist erkauft durch »physiologische Todesprozesse« und kann deshalb nur temporär aufrechterhalten werden, sodass im Tiefschlaf das Bewusstsein verloren geht.

Die Vermittlung dieser beiden »Substanzreiche« wird durch die rhythmische Organisation des Organismus ermöglicht, zum Beispiel in den Rhythmen der Atmungsorganisation, der Kreislauforganisation und sogar in den Rhythmen des Nervensystems. In den Rhythmen der Atmungsorganisation wechseln die Aufnahme des Sauerstoffes und die Ausscheidung der Kohlensäure einander rhythmisch ab. In den Rhythmen der Kreislauftätigkeit alterniert das Stauen in der Systole rhythmisch mit dem Strömen in der Diastole. Selbst die elektrische Aktivität des Gehirns verläuft rhythmisch in Abhängigkeit vom jeweiligen Gemütszustand. Die elektrischen Rhythmen des Gehirns korrelieren *nicht* mit dem Inhalt der Vorstellungen, sondern erweisen sich als abhängig von den Gefühlen, die das Vorstellen begleiten: Bei Angst sind sie schnell (so genannter Gamma-Rhythmus), bei Zufriedenheit und beim Dösen bis kurz vor dem Einschlafen sind sie langsam (so genannter Alpha-Rhythmus). Dazwischen liegt der so genannte Beta-Rhythmus, der einer mittleren Wachheit des Gemüts entspricht. Unterhalb des Alpha-Rhythmus tritt Schlaf ein. (Näheres hierzu: BRETTSCHNEIDER 2012: 19 ff.)

Es ist eine Entdeckung *Steiners*, dass das Gefühlsleben auf physiologischen Rhythmen des Organismus beruht (STEINER 1917): »Der Leib als Ganzes, nicht bloß die in ihm eingeschlossene Nerventätigkeit ist physische Grundlage des Seelenlebens. Und wie das letztere für das gewöhnliche Bewusstsein sich umschreiben lässt durch Vorstellen, Fühlen und Wollen, so das leibliche Leben durch Nerventätigkeit, rhythmisches Geschehen und Stoffwechselvorgänge.«

Doch das Bewusstsein stößt hier an seine Grenzen:

»Das Wollen, das auf Stoffwechselvorgänge gestützt ist, wird in keinem höheren Grade bewusst erlebt als in jenem ganz dumpfen, der im Schlafe vorhanden ist.

Man wird bei genauer Betrachtung des hier in Frage Kommenden bemerken, dass man das Wollen ganz anders erlebt als das Vorstellen. Das letztere erlebt man wie man etwa eine von Farbe bestrichene Fläche sieht; das Wollen so, wie eine schwarze Fläche innerhalb eines farbigen Feldes. Man „sieht" innerhalb der Fläche, auf der keine Farbe ist, eben deshalb etwas, weil im Gegensatz zu der Umgebung, von der Farben-Eindrücke ausgehen, von dieser Fläche keine solchen Eindrücke kommen: man „stellt das Wollen vor", weil innerhalb der Vorstellungs-Erlebnisse der Seele an gewissen Stellen sich ein Nicht-Vorstellen einfügt, das sich in das vollbewusste Erleben hineinstellt ähnlich wie die im Schlafe zugebrachten Unterbrechungen des Bewusstseins in den bewussten Lebenslauf. Aus diesen verschiedenen Arten des bewussten Erlebens ergibt sich die Mannigfaltigkeit des seelischen Erfahrens in Vorstellen, Fühlen und Wollen.« (STEINER 1917)

Überwindung des Cartesianismus durch das Substanzverständnis der Anthroposophie

In diesem Abschnitt soll **Anthroposophie** sich selbst zur Entwicklung des Willens des Menschen im Verlaufe der Kindheit und Jugendzeit aussprechen. Dazu wird aus dem letzten von acht Vorträgen zitiert und kommentiert, den *Rudolf Steiner* vor angehenden Lehrern der Waldorfschule am 19. Juni 1921 in Stuttgart gehalten hat. Es hat sich als notwendig erwiesen, den fortlaufenden Text immer wieder zu unterbrechen, um die Unterschiede zu den naturalistischen Begriffen berücksichtigen zu können:

»Alles hängt ja davon ab, dass das heranwachsende Kind in ein bestimmtes Verhältnis zur Welt hineinwächst. Dieses Verhältnis zur Welt kündigt sich gerade in dem Lebensalter, von dem wir jetzt reden [gemeint ist die Pubertät und damit das Ende des Volksschulalters, Anm. H. B.] ganz besonders dadurch an, dass beim Knaben sowohl wie beim Mädchen in einer gewissen Weise die Hinneigung für Ideale beginnt, die Hinneigung für das Leben zu etwas, das zur äußeren sinnlichen Welt hinzukommen soll. Auch in den Ausartungen des kindlichen Lebens, in dem Lümmelhaften des Knaben, in den entsprechenden Eigenschaften, die wir beim Mädchen kennengelernt haben, lebt sich im Grunde genommen dasjenige aus, was man nennen kann die Hinneigung zu einem übersinnlichen *(Anm. 11)* idealen Sein, gewissermaßen zu der höheren Zweckidee: Das Leben muss zu etwas da sein! (...)

Anmerkung 11: Der Wortgebrauch »übersinnlich« erscheint hier überraschend. Aber so ist eben Anthroposophie, dass sie ihre Begriffe philosophisch exakt bildet, und philosophisch exakt gesprochen ist nun mal der Begriff des »Idealen« ein übersinnlicher

Begriff, wie alle moralischen Begriffe, weil das »Ideale« in der sinnlichen Welt nirgends zu finden ist.

Das Kind ist bis in die Zeit, wo es die Zähne wechselt, im Wesentlichen ein nachahmendes Wesen. Es wächst eigentlich dadurch heran, dass es das tut, was ihm von außen her vorgemacht wird, was es sieht. Es ist im Grunde genommen alle Betätigung des Kindes in dieser Zeit ein Nachahmen. In der Zeit des Zahnwechsels wächst dann das Kind hinein in das Bedürfnis, nach Autorität zu handeln, von seiner Umgebung zu hören, was es tun soll (...) Mit der Geschlechtsreife wächst das Kind hinein in die Empfindung, dass es nun selbst schon etwas beurteilen kann; aber es hat das Bedürfnis, sich anzulehnen, die selbstverständliche Autorität, die selbstgewählte Autorität zu finden, sich zu sagen: Der ist so, die ist so, dass man darauf etwas geben kann, wenn man sich ein Urteil zu bilden hat. – Das ist wichtig, dass wir das Kind in einer richtigen Weise in dieses Selbstverständliche der Autorität gegenüber hineinwachsen lassen.« (STEINER 1921, 8. Vortr.)

Hier folgen nun Inhalte, die den konzeptuellen Rahmen einer naturalistischen Anthropologie so radikal sprengen, dass wir darauf gesondert aufmerksam machen:

»Dazu müssen wir uns aber über die Bedeutung des Nachahmungstriebes klar sein. Dieser Nachahmungstrieb, was stellt er denn eigentlich dar? Man kann ihn nicht verstehen in seiner Bedeutung, wenn man sich nicht klar darüber ist, dass das Kind eigentlich aus der geistigen Welt herauswächst. Ein Zeitalter, das lediglich davon überzeugt ist, dass das Kind durch Vererbung heranwächst, dass es von seinen Voreltern und Eltern abstammt, ein solches Zeitalter kann sich eigentlich über das Wesen der Nachahmung nicht aufklären.« (STEINER 1921, 8. Vortr.)

Der Naturalismus unseres Zeitalters wird hier mit der Behauptung außer Kraft gesetzt, dass der Geist des Kindes nicht von den Eltern abstammt, sondern lediglich sein physischer Leib, wohingegen der Geist des Kindes eine eigenständige kosmische Wesenheit ist.

»Ein solches Zeitalter sieht die chemische, die physische Welt, sieht, wie sich die verschiedenen Elemente, die man in der Chemie aufzählt, analysierend, synthetisierend, findet, indem es in das Lebendige heraufsteigt – aber das Lebendige in solcher Weise bearbeitet, dass diese Bearbeitung eine synthetische oder analytische ist –, einen Tatbestand wie den der Natur im menschlichen Leichnam im Grabe.« (STEINER 1921, 8. Vortr.)

An dieser Stelle wird der Naturalismus mit der Behauptung kritisiert, dass die heutige Naturwissenschaft sich ein Bild vom »Lebendigen« macht, das aus anthroposophischer Sicht allenfalls die Prozesse der Fäulnis, der Verwesung erfasst:

»Es findet die Wissenschaft, wenn sie eine solche Prozedur vornimmt, wie sie die Natur anwendet, wenn der Mensch im Grabe verfault, auch im Lebendigen: Kohlenstoff, Sauerstoff, Stickstoff und noch anderes. Und sie findet dieses Lebendige in der Form, die wir das Eiweiß nennen. Nun denkt man nach, wie nun da im Eiweiß Kohlenstoff, Stickstoff, Wasserstoff, Sauerstoff wesenhaft synthetisiert sein können. Und man hofft darauf, dass man einmal finden wird, wie diese Elemente C, N, H, O eine Struktur bilden durch ihr Zusammensein in dem Eiweiß.« (STEINER 1921, 8. Vortr.)

Die hierauf folgende Passage versucht, die naturalistischen Hypothesen durch einen anthroposophischen Begriff des Eiweißes als Träger des Lebendigen zu ersetzen:

»Nun, indem man auf dieses ausgeht, bekommt man überhaupt gar keine Vorstellung davon, was es mit dem Eiweiß, das dem Lebendigen zugrunde liegt, eigentlich für eine Bewandtnis hat; denn in Wirklichkeit ist das so, dass die Triebe zum Zusammenhalten, die zum Beispiel in einem Bergkristall, in einem Pyritwürfel oder in einem anderen mineralischen Gebilde die Gestalt herausformen, in ein Chaos hineinkommen, indem sie sich zum Eiweiß bilden. Wir sollten nämlich, wenn wir das Eiweiß betrachten, das Augenmerk nicht darauf richten, wie sich die Gesetze komplizieren, sondern wie sie sich in ihrem gegenseitigen Wechselverhältnis paralysieren, wie sie aufhören, im Eiweiß zu wirken, wie sie im Eiweiß nicht mehr drinnen sind. Wir sollten statt der Struktur das Chaos suchen, die Auflösung.« (STEINER 1921, 8. Vortr.)

Dem von Steiner dargestellten anthroposophischen Eiweiß-Begriff wird in der nun folgenden Passage der Begriff der irdischen Ernährung gegenübergestellt, die die inneren Organe wie Gehirn, Lunge und Leber mineralisiert, wodurch diese Organe anfangen, sich irdisch zu strukturieren:

»Im gewöhnlichen Verhalten des Lebendigen ist dieses Chaotische durch die mineralischen Verhältnisse, die sich im Organismus abspielen, noch etwas zurückgehalten. Bei den Zellen, die wir im Gehirn, in der Lunge, der Leber haben, bei diesen Zellen, indem sie Eiweiß sind, wirkt noch dasjenige, was wir als Nahrungsmittel bekommen, und übt noch seine Kräfte auf sie aus. Da sind sie nicht Chaos.« (STEINER 1921, 8. Vortr.)

Darauf folgt nun der anthroposophische Begriff der Fortpflanzungszellen (in der Embryologie als »Keimbahn« bezeichnet, *Anm. 12*) im Gegensatz zu den Zellen der inneren Organe wie Gehirn, Lunge oder Leber:

Anmerkung 12: Die Zellen der »Keimbahn« liegen beim Menschen im Mesoderm der Nabelschnur. Sie sind zusammen mit der Herzanlage das einzige extraembryonale Gewebe, das in den bleibenden Embryo übernommen wird, wohingegen alle übrigen Anteile der Hüllen nach der Geburt zugrunde gehen. Während die Herzanlage zum regulären Organ des Embryos wird, gehen die Zellen der »Keimbahn« nur in den bleibenden Embryo über, wenn sie sich bei der Befruchtung zur »Zygote« vereinen. Letzteres ist nur möglich, wenn sich zwei verschiedene »Keimbahnen« vereinigen.

»Bei denjenigen Zellen, die dann Fortpflanzungszellen werden, wird das Zellige im Organismus in eine Lage gebracht, dass es geschützt wird vor dem Einfluss der Nahrungsmittel, vor den Kräften, die mit der Nahrung aufgenommen worden sind. Bei den Geschlechtszellen wird es so, dass das Chaos fast vollständig da ist, dass alles Mineralische vollständig vernichtet, ruiniert ist als Mineralisches.« (STEINER 1921, 8. Vortr.)

Die »Verlebendigung« des Eiweißes der Fortpflanzungszellen wird im hier Folgenden so beschrieben, dass sie überhaupt erst durch ihren Schutz vor dem irdischen Einfluss der Nahrungssubstanzen ermöglicht wird. Das Eiweiß der Fortpflanzungszellen ist also insofern keine physische, sondern eine »ätherische Substanz«, als es erst durch seinen Schutz vor dem irdischen Einfluss der Nahrungssubstanzen zum »Träger des Lebendigen« werden kann.

In der dann folgenden Passage wird ergänzend dazu der Befruchtungsvorgang als ein Astralisierungs-Prozess der ätherischen Substanz (das kann nur im bereits oben geschilderten Wortsinn des Aristoteles gemeint sein) der Geschlechtszellen charakterisiert (wobei dem Wort »Astralisch« der Wortstamm »Astrum« = »Stern« zugrunde liegt):

»Die Geschlechtszellen entstehen dadurch, dass im Menschen und im Tier und in der Pflanze auf mühselige Weise das irdisch-mineralische Wirken zerstört, ruiniert ist. Dadurch, dass das mineralische Wirken zerstört ist, wird der Organismus empfänglich für das kosmische Wirken. Jetzt können kosmische Kräfte von allen Seiten hereinwirken, und diese kosmischen Kräfte werden zunächst durch die Befruchtungszellen des anderen Geschlechtes beeinflusst, und dadurch wird dem Ätherischen das Astralische beigemischt.« (STEINER 1921, 8. Vortr.)

In der nun folgenden Passage bildet Rudolf Steiner den polarischen Gegenbegriff zum irdischen Bewusstsein, das Bewusstsein des Willens, das auf der jetzigen Stufe der Menschheitsevolution nur mit der Wachheit des Tiefschlafes erlebt, also verschlafen wird. Während also das irdische Gegenstands- und Selbstbewusstsein (das Egobewusstsein) durch die Mineralisierung des Eiweißes entsteht, wird der Wille des Menschen durch die dazu polare Entmineralisierung des Eiweißes des Blut- und Muskelmenschen zum Träger kosmisch-gesetzhafter, moralischer Impulse:

»Wir können sagen: indem das Mineralische ins Eiweißartige hinein sich entmineralisiert, entsteht die Möglichkeit, dass nun, während sonst im Mineralischen immer Irdisches auf Irdisches wirkt, auf diesem Umweg durch das chaotische Eiweißartige das Kosmisch-Gesetzhafte hereinwirkt.« (STEINER 1921, 8. Vortr.)

»Moral« ist also aus anthroposophischer Sicht nur das, was getan wird, was also im Wollen umgesetzt wird.

»Die Naturwissenschaft wird das Eiweiß nie verstehen, wenn sie es auf dem

Wege sucht, eine größere Komplikation beim organischen Molekül zu sehen als im anorganischen Molekül. Die Chemie und Physiologie ist ja heute hauptsächlich bemüht, die Struktur zu finden, wie die Atome in den verschiedenen Körpern angeordnet sind. Und dann denkt man sich, die Anordnung wird immer komplizierter und komplizierter, und am kompliziertesten ist sie dann beim Eiweiß. Das Eiweißmolekül tendiert nicht dahin, komplizierter zu werden, sondern die mineralische Struktur auszulöschen, so dass nicht das Irdische, sondern nur das Außerirdische Einfluss gewinnen kann. Da wird direkt unser Denken durch das moderne Wissen verwirrt gemacht. Wir werden direkt in ein Denken hineingeführt, das mit der Wirklichkeit gerade an den wichtigsten Punkten gar nichts zu tun hat. Und wir können uns daher nicht zu diesem Gedanken erheben, dass in den Menschen etwas hineinkommt, was nicht aus der Vererbungsströmung herkommt, sondern in ihn hineingetragen wird auf dem Umweg durch den Kosmos, weil unsere Auffassung von der Eiweißbildung uns daran hindert, dieses vorzustellen. Wir können ja nicht, wenn wir die heutige Vorstellung von der Eiweißbildung haben, von der Präexistenz des Menschen sprechen.« (STEINER 1921, 8. Vortr.)

Der Naturalismus ist also letztlich das größte geistige Hindernis, den Menschen spirituell zu erfassen:

»Man muss über die Grundbegriffe neue Vorstellungen gewinnen können, dann wird man erst zu einer wahren Vorstellung über das Nachahmungswesen des Kindes gelangen. Wenn das Kind mit seiner Seele in der geistigen Welt drinnen ist, bevor es konzipiert wird, dann lebt es so in seiner geistigen Umgebung drinnen, dass es selbstverständlich alles aufnimmt, was in dieser seiner geistig-seelischen Umgebung ist. Und wenn es jetzt geboren worden ist und sich hereinlebt in dieses Leben, dann setzt es eigentlich die Tätigkeit fort, die es aus der geistig-seelischen Welt vor der Geburt gewohnt war.« (STEINER 1921, 8. Vortr.)

Zur Eingrenzung des Naturalismus in der Philosophie

In einem Vortrag vom 18.5.2016 macht der deutsche Philosoph MARKUS GABRIEL (2016) kurzen Prozess mit dem physikalischen »Identismus«:

Markus Gabriel: »(...) [Mir] geht es heute um die Grenzen des Naturalismus und die Frage, ob und inwiefern der menschliche Geist in die Natur passt. Wie angekündigt, werde ich zunächst die Argumentlage skizzieren, die in der Gegenwartsphilosophie gegen den Naturalismus spricht. (...) um das Ziel zu erreichen, das wir anstreben, nämlich zu zeigen, dass der menschliche Geist sich prinzipiell nicht in der Natur verorten lässt. Anschließend möchte ich meine eigene Position darstellen, der ich den Titel gegeben habe: „Neo-Existenzialismus". Sie werden dann am Ende erfahren, worin der Neo-Existenzialismus besteht und warum er hoffentlich all die Probleme vermeiden kann, die ich sowohl dem Naturalismus einerseits als auch dem Standard-Anti-Naturalismus andererseits ankreide.«

(...) »Naturalismus ist die Annahme, dass nur dasjenige wirklich existiert, was unsere am besten etablierten Naturwissenschaften behaupten, dass es existiere. (...) Warum sollte das überhaupt ein Problem sein? (...) Es geht heute um die Probleme, die der Naturalismus sich selber schaufelt, das eigene Grab, wenn es um die Erklärung des menschlichen Geistes geht, was eben ein Sonderfall für die Grenzen des Naturalismus ist.«

In Gabriels Vortrag werden zunächst die Argumente betrachtet, die daraus folgen, dass der Naturalismus beansprucht, eine einheitliche, in sich geschlossene Weltanschauung zu sein. Aus logischen Gründen (sagt Gabriel) kann es eine solche aber nicht geben:

1. Warum es kein einheitliches, in sich geschlossenes Weltbild (wie zum Beispiel den Naturalismus) geben kann

Gabriel: »(...) Wenn Sie außerhalb des Universums stehen, ist das Universum nicht alles, was es gibt und damit der Naturalismus falsch. Denn der Naturalismus sagt ja, das Universum oder die Natur ist alles, was es gibt. Also können Sie nicht außerhalb der Natur stehen. Wenn sie aber innerhalb der Natur stehen, ist die Frage, wie es gehen soll, dass Sie von innen alles überschauen. Das funktioniert für die Erde. Ich kann mich außerhalb der Erde stellen, ich kann mir einen Standpunkt außerhalb der Erde denken, von dem aus ich die Erde beobachten kann. Ich kann mir aber nicht in derselben Weise einen Standpunkt außerhalb des Universums denken, von dem aus ich das Universum beobachten kann, also muss es ein Standpunkt von innen sein. Wie kann aber ein Standpunkt von innen ein Standpunkt auf das ganze Universum sein? Wohl nur so, dass der Standpunkt, der auf das ganze Universum sich richtet, sich auch auf sich selber richtet, sonst fehlt ja etwas. Wenn Sie nicht sich selber sehen, sehen Sie nicht alles (...) Sie sehen nicht den Standpunkt, von dem aus Sie sehen. Wenn Sie sich im Spiegel sehen, sehen Sie sich, aber nicht gesehen von sich. Sie sehen zwar ihre Augen, mit denen Sie sehen, aber Sie sehen nicht Ihr Sehen *(Anm. 13)*.«

Anmerkung 13: Der Philosoph *Thomas Metzinger* bezeichnet – da er sich als Naturalist versteht – das phänomenale Bewusstsein der Sinneserfahrung ebenso wie das Ich-Erlebnis als »illusionär«. Dafür wird er von Gabriel verhöhnt, der das Argument von John Searle benutzt: Schon die Einbildung des Bewusstseins sei der Beweis der Existenz des Bewusstseins. Aber Metzinger widerspricht sich selbst, da er in Anknüpfung an Franz Brentano zwei Stufen des Selbstbewusstseins entdeckt hat: Die Selbsterkennung im Spiegel schreibt Metzinger einem »phänomenalen Selbstmodell« (PSM) zu, das es bereits bei Primaten sowie einigen Säuger- und Vogelarten gibt. Eine höhere Stufe des Selbstbewusstseins schreibt Metzinger einem »Intentionalen Selbstmodell der phänomenalen Relation« (PSMIR) zu, das nur durch die Introspektion des Ich ermöglicht wird und den Menschen dazu befähigt, sich selbst im Akt der Sinnes-Erfahrung zu beobachten. Metzinger und Gabriel haben aber offensichtlich beide keinen Begriff vom Willen, denn sonst würden sie die Gleichzeitigkeit der Existenz des »Sehaktes« als Tätigkeit und des Bewusstseinsinhaltes in der Erinnerungsvorstellung des Gesehenen für möglich halten. Dies ist der Begriff der Meta-Repräsentation als Willensakt. Wir werden darauf noch zurückkommen.

2. Der Neo-Existenzialismus Markus Gabriels

Gabriel: »Ich verändere mich dadurch, dass ich eine falsche Überzeugung über mich selber habe. Ich werde wesentlich jemand anderes durch meine falsche Überzeugung über mich. Der Baum oder die Anzahl der Galaxien ändert sich nicht durch unsere Überzeugungen über diese Gegenstände. Wir ändern uns aber durch unsere Überzeugungen über uns selbst. Das ist jetzt die Grundidee des Neoexistenzialismus, dass die Begriffe, mit denen wir den menschlichen Geist *(Anm. 14)* beschreiben, Begriffe sind, zu deren Verwendung es gehört, dass wenn wir mit ihnen falsche Überzeugungen ausdrücken, wir uns dadurch verändern.

Anmerkung 14: Gabriel hat offensichtlich nicht den anthroposophischen Geist-Begriff, sondern verwendet hier das Wort »Geist« im Sinne des angelsächsischen Wortes »mind«.

Genau genommen gehört es zur Verwendung bedingter Begriffe auch, dass wir dadurch uns verändern, wenn wir mit ihnen eine wahre Überzeugung ausdrücken, das heißt, die Art und Weise, wie Sie über sich selber nachdenken, bestimmt, wer oder was Sie sind. Sie sind wesentlich daran gebunden wie, für was oder wen Sie sich halten. Es gibt Begriffe von etwas Natürlichem und es gibt Begriffe von etwas Geistigem. Die Begriffe von etwas Geistigem unterscheiden sich von den Begriffen von etwas Natürlichem dadurch, dass es zu den Anwendungsbedingungen der Geistesbegriffe gehört, dass die Verwender dieser Begriffe sich in der Verwendung selber transformieren. Auf eine ganz andere Weise verhalten sie sich zu sich selber und verändern ihr Wesen als natürliche Gegenstände. Das ist die Idee des Neo-Existenzialismus.«

3. Das Verhältnis von Geist und Gehirn

»Das Verhältnis – das wusste übrigens schon *Aristoteles* – von Geist und Gehirn ist das Verhältnis von notwendigen zu hinreichenden Bedingungen. Lassen Sie mich das an einem ganz einfachen Fall illustrieren. Es ist eine notwendige Bedingung, wenn Sie Fahrrad fahren, dass ein Fahrrad vorliegt. Niemand fährt Fahrrad ohne Fahrräder. Sonst mag das so ähnlich aussehen wie Fahrradfahren, also wenn Sie so eine Aerobic-Übung machen, wo Sie auf dem Rücken liegen und in der Luft strampeln, nennt man das „Fahrradfahren", aber das ist ja nicht Fahrradfahren. Ich meine jetzt Fahrrad-Fahren nicht metaphorisch, sondern Fahrradfahren mit einem Fahrrad. Werkzeuge sind genauso natürliche Gegenstände wie Berge und Galaxien. Davon möchte ich den Geist unterschieden wissen. Der ist von einer ganz anderen Sorte. So habe ich das jetzt gedacht. Also Fahrräder sind notwendige materielle Bedingungen, ohne die niemand Fahrradfahren kann. Aber es wäre ja idiotisch zu glauben, dass Fahrradfahren identisch ist mit Fahrrädern. Natürlich brauchen Sie, um Fahrrad zu fahren, mehr als ein Fahrrad. Sie müssen irgendwohin wollen. Sie müssen das Fahrrad lenken können usw. Das heißt, Sie brauchen zum Fahrradfahren mehr. Wenn jemand zum Beispiel auf einem Fahrrad sitzt, festgebunden ist, und durch ein elektronisches Fahrrad herumgeschubst wird, dann ist das auch kein Fahrradfahren.

Das heißt, was Sie mit dem Fahrrad machen, ist etwas anderes als das Fahrrad. Und so verhält es sich auch mit Geist und Gehirn. Ohne ein bestimmtes Zeug unterhalb unserer Schädeldecke hätten wir keine geistigen Zustände. Aber die geistigen Zustände haben die logische Form einer *Tätigkeit*, sagt *Aristoteles*, einer **Energeia**. Das ist ein Ausdruck dafür. Und eine Tätigkeit verhält sich zu ihrer materiellen Realisierung so ähnlich wie Fahrradfahren zum Fahrrad, das ist jetzt die Idee. Der Unterschied zwischen Fahrradfahren und Fahrrad in dem Fall des Geist-Gehirn-Problems ist, wie ich ja behauptet habe, der neo-existenzialistische, dass Geist wesentlich in einem Selbstverhältnis besteht, Fahrräder aber nicht. Fahrräder verhalten sich nicht zu sich selber. Das heißt, wir wissen jetzt, was Geist ist, oder wie man sagen kann, dass Geist sich von etwas anderem unterscheidet. Damit wissen wir zumindest etwas über Geist. Geist hat die Verfassung, die der Neo-Existenzialismus ihm zuschreibt. Das Gehirn hat die Verfassung eines natürlichen Gegenstandes, also keine Geistverfassung. Das Gehirn ist aber eine notwendige Bedingung der Tätigkeit von Geist. Ohne Gehirn auch kein Geist. Das bedeutet aber nicht, in gar keinem Sinne, dass das Gehirn mit dem Geist identisch ist, dass das Gehirn den Geist hervorbringt usw. Fahrräder bringen auch nicht Fahrradfahren hervor. Fahrräder sind nicht identisch mit Fahrradfahren. Das heißt, viele der Dinge, die man normalerweise gerne sagen möchte über das Verhältnis von Geist und Gehirn in der Standardphilosophie des Geistes, lassen sich auf dieses Modell überhaupt gar nicht anwenden. Und damit gehen, behaupte ich jedenfalls, auch die Probleme weg, die man sich mit den falschen anti-naturalistischen Strategien geschaffen hat. Alles andere überlasse ich jetzt der Diskussion mit Ihnen. Ich glaube, dass die Grundstrukturen der Argumentation klar sind.«

Es bleiben also noch viele Fragen offen. Aber es konnte geklärt werden, was

Geist, Seele, Bewusstsein und Selbstbewusstsein **nicht** sind: Sie sind **nicht** die Produkte des Gehirns. Insofern ist wenigstens klar, dass der Alleingeltungsanspruch des Naturalismus vor dem aufgeklärten Bewusstsein logisch nicht haltbar ist, wäre da nicht die »mittelalterliche Zunft« der »Akademiker«, die hartnäckig daran festhalten, dass das Gehirn der Hervorbringer des Bewusstseins sei. Das Letztere wird selten so deutlich, wie bei dem folgenden Kapitel der jüngeren Wissenschaftsgeschichte.

Zur naturalistischen Interpretation der Libet-Versuche

Bestimmte Experimente von *Benjamin Libet* gehören zu den in der Philosophie am häufigsten diskutierten empirischen Untersuchungen. Sie wurden bereits in den achtziger Jahren veröffentlicht (LIBET & AL. 1982, 1983, LIBET 1985), sind aber danach mehrfach wiederholt und verbessert worden (KELLER & HECKHAUSEN 1990, HAGGARD & EIMER 1999, MILLER & TREVENA 2002, TREVENA & MILLER 2002).

Ursprünglich wollte Libet die **zeitliche** Abfolge zwischen einer einfachen Handlung, dem dazugehörigen bewussten Willensakt und den neuronalen Entsprechungen dieser Handlung untersuchen; doch aus seinen Experimenten wurden auch allgemeine Aussagen über **kausale** Zusammenhänge zwischen neuronalen und psychischen Prozessen abgeleitet. Hierüber wurde bereits berichtet (BRETTSCHNEIDER 2008), eine erneute Diskussion erscheint aber unvermeidlich, da Wiederholungsversuche und neue Interpretationen folgten.

Die Versuchspersonen sollten wiederholt (insgesamt vierzig Mal) eine einfache Beugung der rechten Hand ausführen, wobei sie nur den Zeitpunkt der Ausführung weitgehend frei bestimmen konnten. Gleichzeitig hatten sie die Aufgabe, sich genau zu merken, wann sie den bewussten »Drang« oder Wunsch verspürten, die Bewegung auszuführen. Dazu sollten sie lernen, sich die Position eines leuchtenden Punktes zu merken, der sich mit einer Geschwindigkeit von ca. 2,5 Sekunden pro Umdrehung auf einer überdimensionalen Scheibe bewegte. Mit dieser »Uhr« erlernten die Testpersonen anhand einer elektrischen Hautreizung, die es bewusst wahrzunehmen galt, Zeitmessungen auszuführen, deren Fehlerbreite weniger als 50 Millisekunden betrug (LIBET 2004a, siehe Buchstabe S in *Abb. 15*).

Benjamin Libets Ausgangspunkt waren Elektroenzephalogramm-(EEG-)Experimente, die WALTER (1964) sowie KORNHUBER & DEECKE (1965) veröffentlicht hatten. Dabei hatte sich bereits gezeigt, dass zwischen einer messbaren Nervenaktivität im Gehirn, dem so genannten symmetrischen Bereitschaftspotenzial, und der Ausführung einer einfachen Handbewegung etwa eine Sekunde verstreicht. Das »symmetrische Bereitschaftspotenzial« ist ein im EEG messbares elektrisches Phänomen, das bei der Vorbereitung willentlicher Bewegungen etwa eine Sekunde vor der Ausführung einer Bewegung auftritt. Es ist aber so schwach, dass es nur über eine Vielzahl von Versuchsdurchgängen (meistens etwa 40) durch Mittelung festgestellt werden kann (vgl. WALTER 1998, GREEN & AL. 2003).

Viele naturalistisch orientierte Philosophen und Neurobiologen haben hieraus weitreichende Schlussfolgerungen bezüglich der menschlichen Willensfreiheit gezogen. Aus ihrer Sicht liefern die Libet-Experimente den Beweis, dass menschliches Handeln nicht von unseren bewussten Entscheidungen und Idealen, sondern allein von unbewussten Hirnprozessen bestimmt wird, also biologisch festgelegt ist; und was wir subjektiv für unsere bewussten Willensakte halten, ist aus Sicht der Naturalisten bloßes Beiwerk, das im Bewusstsein als Epiphänomen auftritt, wie das Ticken einer Uhr, nachdem das Gehirn längst schon determiniert hat, was wir tun werden. Von Willensfreiheit könne daher aus dieser Sicht keine Rede sein (PRINZ 1996: 99, ROTH 2004, SINGER 2004).

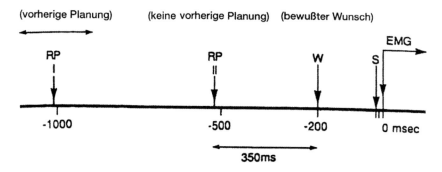

Abb. 15: Abfolge von zerebralen und subjektiven Ereignissen bei einem einfachen Willensakt (Zeitstrom von rechts nach links). Bezogen auf die Null-Zeit (ganz rechts), die durch das Elektromyogramm (EMG) des aktivierten Muskels bestimmt wird, beginnt das so genannte Bereitschaftspotenzial (RP = Reaction Potential) im Gehirn erst bei ungefähr −1050 ms messbar zu werden, wenn eine vorherige Planung stattfand (RP I). Oder es wurde schon bei ungefähr −550 ms, also wesentlich früher messbar, wenn die Handlung vorher nicht geplant war (RP II). Das subjektive Bewusstsein des Bewegungswunsches (W) erscheint bei etwa −200 ms, also frühestens 350 ms nach dem Beginn von RP II. (Modifiziert nach LIBET 2004a)

Das »Veto«

Libet selbst hat aus seinen Experimenten keine Widerlegung der Willensfreiheit abgeleitet. Er glaubt, nachweisen zu können, dass auch eine durch das Bereitschaftspotenzial eingeleitete Handlung noch kurz vor der geplanten Ausführung durch ein bewusstes »Veto« gestoppt werden kann (LIBET 2004b). Libet hatte seine Probanden in einer weiteren Bedingung des Experiments aufgefordert, die Bewegung zwar vorzubereiten, sie jedoch kurz vor einem festgelegten Zeitpunkt zu unterbrechen. Dabei stellte sich heraus, dass dies noch bis zu 100 Millisekunden vor der geplanten Ausführung möglich war.

Dass Libet damit den Nachweis für die Wirksamkeit eines bewussten Vetos erbracht hat, ist dennoch nicht der Fall, da die Probanden schon bei der Einleitung ihrer Handlung wussten, dass sie diese zu einem vorgegebenen Zeitpunkt unterbrechen würden.

Einwände gegen eine naturalistische Interpretation

Das Grunddesign der Libet-Experimente hat wenig Ähnlichkeit mit normalen Entscheidungssituationen des Menschen insofern, als keine Wahl gelassen wurde zwischen Alternativen des Handelns. Konnten die Versuchspersonen überhaupt eine Entscheidung treffen? Die auszuführende Bewegung der rechten Hand stand ja von vorneherein fest. Diese Bewegung musste (aus technischen Gründen) sehr oft (etwa vierzig mal) wiederholt werden. Wie beim Autofahren oder Schreiben führt dies zur »Automatisierung« und damit zur Erhöhung der Präzision des sich wiederholenden, gewohnheitsmäßigen Tuns, die im Alltag sogar erwünscht ist, aber desto unterbewusster verläuft. Die einzige bewusste Entscheidung, die überhaupt getroffen wurde, fand demnach schon vor dem Beginn des eigentlichen Versuches statt – nämlich dann, als die Versuchspersonen einwilligten, an dem Versuch mit all seinen Anforderungen teilzunehmen. Was mit Hilfe der Spezial-Uhr, die die Versuchspersonen beobachteten, gemessen wurde, war also nicht der Zeitpunkt ihres bewussten Entschlusses, die Bewegung auszuführen, sondern nur noch der subjektive Zeitpunkt zur Freigabe einer Bewegung, die schon vor Beginn des eigentlichen Experimentes vereinbart war. Der Anstieg des Bereitschaftspotenzials entsprach also nur der Erwartung des Probanden, die gleiche Bewegung situationsgerecht zu wiederholen. Damit stimmt überein, dass der Anstieg des Bereitschaftspotenzials durch bewusste Prozesse beeinflussbar ist (TREVENA & MILLER

2002: 186). Auch die Versuche von KELLER & HECKHAUSEN (1990) sprechen für diese Interpretation. Denn diese erbrachten, dass die Abrichtung der Aufmerksamkeit auf unwillkürliche Bewegungsimpulse im praktischen Normalfall ständig vorhanden ist. Solchen Bewegungsimpulsen geht ein Bereitschaftspotenzial voraus, das dem von Libet gemessenen sehr ähnlich ist. Die Abrichtung veranlasst die Versuchspersonen dazu, ihre Bewegungsimpulse als ihren individuellen »Bewegungsdrang« zu empfinden.

Nach der von GOSCHKE (2003, 2004) vorgelegten allgemeinen Theorie der Handlungssteuerung wirken allgemeine Absichten nicht als direkte Ursachen, die eine Handlung wie einen Billardball anstoßen, sondern nur indirekt, indem sie die Wahrscheinlichkeit einer Verhaltensweise – möglicherweise über einen längeren Zeitraum – vergrößern oder verkleinern: Genau dies wird zum Beispiel auch durch die Instruktion in den Libet-Experimenten bewirkt. Da Libets Instruktion von vornherein Handlungsalternativen ausschloss – beispielsweise das Bewegen einer anderen Hand –, bleibt offen, ob die Versuchspersonen nicht auch nach Auftreten des Bereitschaftspotenzials eine andere als die ursprünglich geplante Handlung hätten ausführen können.

Die Möglichkeit eines solchen Freiheitsspielraumes wird zum Beispiel durch das Nachfolgeexperiment von HAGGARD & EIMER (1999) bestätigt. In dieser Studie wurde den Versuchspersonen die Wahl zwischen zwei unterschiedlichen Handbewegungen (z. B. ein Knopfdruck links oder rechts) gelassen. Dabei stellte sich heraus, dass das symmetrische Bereitschaftspotenzial nicht festlegt, was die Person tun wird. Auch HERRMANN & AL. (2008) zogen diesen Schluss. Diese Autoren fanden überdies in einem Reaktionszeitexperiment, dass Probanden auch nach dem Auftreten des symmetrischen Bereitschaftspotenzials noch die Wahl zwischen Bewegungen beider Hände hatten.

Methodisch-technische Einwände

Methodische Probleme der Datierung werden offensichtlich, wenn man auch die Nachfolgeexperimente mit einbezieht. Beträchtliche Differenzen gibt es schon bei den Mittelwerten für den bewussten Willensakt aller Versuchspersonen eines Experimentes. Bei Libet wie auch bei KELLER & HECKHAUSEN (1990) beträgt der Abstand zwischen dem Bereitschaftspotenzial und der Handbewegung 200 Millisekunden, bei Haggard und Eimer dagegen 350 Millisekunden und bei Trevena und Miller nur 122 Millisekunden. Noch größer sind die Differenzen zwischen den einzelnen Versuchspersonen. Bei Libet liegen sie zwischen 422 und 54 Millisekunden, bei Haggard und Eimer zwischen 984 und 4 Millisekunden. Bei Keller und Heckhausen finden sich Werte zwischen 362 Millisekunden vor und 806 Millisekunden nach der Bewegung; ebenso gaben bei Trevena und Miller 40% der Versuchspersonen einen Zeitpunkt an, der nach der Ausführung der Bewegung lag.

Diese Differenzen sind zum einen durch Unklarheiten der Instruktion bedingt, so dass also nicht alle Versuchspersonen die gleiche Vorstellungen davon gehabt haben dürften, was mit dem »Drang, sich zu bewegen« gemeint war. Hinzukommen dürfte die Aufmerksamkeitsabhängigkeit bei der Datierung von Reizen bei unterschiedlichen Sinnesmodalitäten. Offensichtlich stellt die Datierung des »Drangs, sich zu bewegen« anhand der optischen Position eines Punktes auf einem Zifferblatt ein dazu analoges Problem dar. Da nicht kontrolliert werden kann, ob die Versuchspersonen ihre Aufmerksamkeit auf ihren Bewegungsdrang oder auf die Uhr richten, könnte ein Teil der Schwankungen hieraus erklärt werden, die überdies durch individuelle Präferenzen beeinflusst werden können.

Philosophische Einwände

BECKERMANN (2005) hat gegen die Standardinterpretation der Libet-Experimente eingewandt, dass sie von einer grundsätzlichen Gegenüberstellung von Hirn und handelnder Person ausgeht, die keineswegs selbstverständlich ist. Handlungen sind meine eigenen Handlungen, wenn sie auf meinen Überzeugungen, Präferenzen und Überlegungen beruhen. Neurobiologen behaupten aber, dass Überlegungen auf neuronalen Prozessen beruhen, wohingegen Überzeugungen und Präferenzen über größere Zeiträume hinweg als neuronale Zustände konserviert werden. Wenn das richtig ist, können auch Handlungen, die von aktuellen Prozessen in meinem Gehirn begleitet werden, meine Handlungen sein. Die Hirnprozesse, die sich im symmetrischen Bereitschaftspotenzial zeigen, könnten zum Beispiel die physischen Korrelate psychischer Entscheidungsprozesse sein, die wir bei der Vorbereitung willentlicher Handlungen ausführen. Dieser Interpretation zufolge zeigen die Libet-Experimente bestenfalls, dass die Entscheidungsprozesse, die einer Handlung vorausgehen, nicht vollständig bewusst sind. Dies entspricht jedoch einem Befund, der sich auch bei der Untersuchung kognitiver Prozesse häufig zeigt: Nur das Ergebnis dieser Prozesse gelangt in unser Bewusstsein, während die Prozesse selbst weitgehend unbewusst verlaufen.

Die Nachfolgeexperimente von HAGGARD & EIMER (1999)

Von Libets Versuchsaufbau unterschieden sich die Experimente von Haggard und Eimer zweifach: Zum einen konnten die Versuchspersonen zwischen einer Bewegung der linken und der rechten Hand wählen. Zumindest da hatten sie also die Wahl zwischen zwei Handlungsalternativen. Zweitens datierten Haggard und Eimer neben dem symmetrischen Bereitschaftspotenzial, auf das sich Libet beschränkt hatte, auch das spezifischere lateralisierte Bereitschaftspotenzial. Während das symmetrische Bereitschaftspotenzial über beiden Hirnhälften messbar ist, tritt das lateralisierte Bereitschaftspotenzial nur über der Hirnhälfte auf, die bei der jeweiligen Bewegung aktiv ist. Insofern erscheint es spezifischer als das von Libet gemessene symmetrische Bereitschaftspotenzial. Das lateralisierte Potenzial hat zudem einen engeren zeitlichen Zusammenhang mit der Bewegung, könnte also auch genauere Rückschlüsse erlauben.

Haggard und Eimer stellten fest, dass die Entstehung des lateralisierten Bereitschaftspotenzials im Mittel ebenfalls vor der Wahrnehmung der bewussten Entscheidung liegt. Die Differenz betrug 370 bis 500 Millisekunden. Trat das lateralisierte Potenzial früher auf, fand auch die bewusste Entscheidung früher statt. Wenn das lateralisierte Potenzial später auftrat, galt dies auch für die bewusste Entscheidung.

Solche Korrelationen nennt man Kovariation. Die Kovariation trat aber nur bei Messung des lateralisierten, nicht beim symmetrischen Bereitschaftspotenzial auf. Die Autoren waren zwar zurückhaltend in der Interpretation ihrer Ergebnisse, aber eine **kausale** Abhängigkeit der Bewegung (bzw. der Entscheidung) von dem lateralisierten Potenzial halten sie für wahrscheinlicher (HAGGARD & EIMER 1999: 132).

Dennoch würden die Experimente von Haggard und Eimer die bisherige, einseitig deterministische Interpretation der Libet-Experimente im Wesentlichen bestätigen; als einzige Korrektur wäre nötig, nicht das symmetrische, sondern das lateralisierte Potenzial als für die Handlung bestimmend zu messen. Da das lateralisierte Potenzial spezifisch für jeweils nur eine Körperhälfte ist, wird damit auch der Verdacht hinfällig, die Probanden hätten zum Beispiel die jeweils andere Hand bewegen können. Bei näherer Betrachtung bestehen aber weiterhin wichtige Einwände:

Das so genannte lateralisierte Bereitschaftspotenzial ging in den Experimenten von Haggard und Eimer keinesfalls immer dem bewussten Willensakt voraus, sondern folgte bei zwei der acht Versuchspersonen dem bewussten Willensakt nach, bei einer der beiden sogar um 450 Millisekunden (HAGGARD & EIMER 1999: 132, Tab. 2).

Aus technischen Gründen war im Versuchsaufbau von HAGGARD & EIMER (1999) sogar die Datierung des Bereitschaftspotenzials unsicher: Für die dabei erforderliche Mittelung von EEG-Wellen ist nämlich eine seit längerem bekannte systematische Verzerrung typisch, die als »Smearing-Artifact« bezeichnet wird. Dieses kann den Mittelwert, der sich über alle Durchgänge hinweg für das Bereitschaftspotenzial ergibt, so verzerren, dass eine signifikante Vorverlegung zustande kommt. TREVENA & MILLER (2002), die dieses Problem genauer untersucht haben, kommen zu dem Schluss, dass die Verzerrung eine zeitliche Differenz zwischen dem bewussten Willensakt und dem Auftreten des lateralisierten Bereitschaftspotenzials verursachen kann. Wegen solcher Einwände können auch die Untersuchungen von Haggard und Eimer nicht als eine Widerlegung der Willensfreiheit gelten.

Wie dem im Einzelnen auch sei: Die Experimente Libets lockten weltweit den Jubel der Naturalisten und Materialisten unter den Neurobiologen hervor. Obzwar seitdem deutlich leiser geworden, bildet er dennoch weiterhin die Basis des naturalistischen Denkens der Neurobiologen (siehe z. B. ROTH 2003, 2004, SINGER 2004). Auch die Gegner des Neo-Existenzialismus Markus Gabriels stützen sich weiterhin auf die durch die Libet-Experimente vermeintlich verbürgte kausale Determiniertheit des Willens des Menschen.

Eine neue Methodik in der Neurobiologie

Gerald Hüther (HÜTHER & WESER 2015) ist methodisch einen neuen Weg gegangen: Ihm ging es nicht darum, ob ein Mensch im letzten Augenblick noch ein »Veto« einlegen kann gegen die eigenen Entschlüsse, wie dies von Benjamin Libet vorgeschlagen wird. Auch nicht, ob eher KÜHN & BRASS (2009) mit ihren neueren Experimenten zur Bewusstheit willentlicher Entscheidungen dahingehend Recht haben, dass auch Veto-Entscheidungen unbewusst getroffen und auch sie erst nachträglich im Bewusstsein als »freie« Entscheidungen empfunden werden. Dem Neurobiologen Gerald Hüther geht es um die Frage: Kann ein Mensch oder können wir alle dafür sorgen, dass die Kulturentwicklung, und hier namentlich die Pädagogik, den Kindern und Jugendlichen hilft, sich für Ideale zu begeistern, die sie als freie Geister entwickeln? Seine Methode entfaltet sich also nicht dort, wo die Electro-Encephalo-Graphie (EEG) Benjamin Libets ihre Stärke hat, also im Messen von Gehirnprozessen im Bereich der Millisekunden-Dimension, sondern auf der biographischen Ebene, auf der jeder einzelne Mensch sich langfristig entscheidet, welchen Lebensweg er gehen will, ob er der geistigen Freiheit oder irgendeinem anderen Ideal der Menschheit zustreben will:

»Ich bin ein in der Wolle gewaschener und gefärbter Neurobiologe, ich habe Biologie studiert, habe jahrelang Gehirne in Scheiben geschnitten, wie sich das gehört, habe diese ganze Frage der Neurochemie mitgemacht, Elektrophysiologie, habe dann lange in einer psychiatrischen Klinik gearbeitet, habe dort Grundlagenforschung für die Psychiatrie gemacht, habe dabei mein Soll an 150 Originalarbeiten und einem Dutzend Fachbüchern in englischer Sprache erfüllt und dann angefangen, populärwissenschaftliche Bücher zu schreiben, und schließlich ein Institut für „Neurobiologische Präventionsforschung" gegründet, denn wir wissen ja längst genug: Wir haben kein Wissens-, sondern ein gesellschaftliches Umsetzungsproblem!« (HÜTHER am 1.10.2016 über das Ich-Bewusstsein, nachzuhören und zu sehen unter https://youtu.be/_2XAMjyY0uo)

Im Hinblick auf die so genannten »bildgebenden Verfahren« der Neurobiologie sagt er dort: »Da flackert es an einer Stelle im Hirn, wenn sich Menschen küssen, an einer anderen, wenn man Wärme fühlt, Musik hört, Worte liest, also immer, wenn man einen Menschen, der in einem Scanner drin ist, bittet, irgendetwas zu tun – es reicht auch schon, wenn er sich die Tätigkeit nur vorstellt – dann flackert es in irgend einem Bereich seines Hirns, nämlich dort, wo Nervenzellen aktiv werden. Sobald dieser Mensch sich die Tätigkeit nur vorstellt, verbrauchen die Nervenzellen irgendeiner Hirnregion mehr Sauerstoff und dadurch ändert sich die Wertigkeit des Eisens im Hämoglobin des Blutes, und damit auch dessen elektromagnetische Beschaffenheit, und diese Veränderung, die durch die Benutzung des Gehirns geschieht, wird durch einen Farbumschlag im Scanner dokumentiert. Die erste Erkenntnis, die durch diese Methode neu entstand, war also, dass die psychische Aktivität des Menschen sein Gehirn verändert, wenn er irgendeine bestimmte geistige Tätigkeit ausführt. (Dabei ist für mich nicht interessant, wo im Hirn es flackert, auch nicht, wo im Hirn bestimmte Botenstoffe ausgeschüttet werden, und auch nicht, wie diese Botenstoffe heißen). Das einzige, das dabei interessiert, ist, wie das Gehirn am Ende eben so wird, wie es dann ist. Wenn einer noch nie jemanden geküsst hat, oder wenn einer noch nie mit jemandem geredet hat, wenn einer noch nie ein Wort von einem anderen Menschen empfangen hat, dann wird die Struktur, die einer solchen Tätigkeit entspricht, sich auch nicht ausbilden. Deshalb müssen wir viel stärker als bisher der Frage nachgehen: Wie wird das Gehirn so, wie es schließlich ist?« (a. a. O.)

Durch die Verlangsamung der Methode, durch die Betrachtung größerer biographischer Zeiträume, dreht sich nun die Kausalitätsfrage vollständig um: Nun wird plötzlich das Gehirn von alledem in seinen Eigenschaften verändert, was Nicht-Gehirn ist, was das Gehirn durch Informationen von außerhalb des Gehirns empfängt, von alledem, was Gefühls- und Willensprozesse sind!

»An dieser Stelle gab es bisher nur die Vorstellungen des 19. Jahrhunderts, die die Funktionsweise des Gehirns nur aus der Vererbung erklärten: Am Anfang ist das Gehirn „unreif", dann gibt es einen „Bauplan" und einen „Reifungsprozess" des Gehirns, und es entsteht ein „fertiges" Gehirn, das eine Zeit lang als solches benutzt wird, bis es eben „kaputt" geht. Wie bei Volkswagen im Schema: „Einzelteile" – „Bauplan" – „fertiges Auto" – „ein Paar Jahre Gebrauch" – „TÜV" – „Abwrackung" – „Abwrackungsprämie" – „Schrottplatz".« (a. a. O.)

»Plötzlich aber tauchten in der Neurobiologie um die Mitte der 90er Jahre völlig neue Methoden auf, die so genannten „bildgebenden Verfahren", die eine regelrechte Revolution eingeleitet haben: Befunde, die deutlich machten, dass sich die Vernetzungen der Nervenzellen untereinander immer wieder neu anpassen, so dass nun die Botschaft lautete: „Das Gehirn wird so, wie man es benutzt". Seit etwa 10 Jahren vergrößert sich zum Beispiel eine bestimmte Region des Gehirns ständig noch weiter. Das ist die Region des Gehirns, die bei Daumenbewegungen elektrisch aktiv ist, der sensomotorische Cortex der linken Seite, der für die rechtsseitigen Daumenbewegungen zuständig ist. Er passt sich laufend an die Art der Benutzung des rechten Daumens an. Dies ist auch ein schönes Beispiel dafür, wie die Neurobiologie anhand der Entwicklung bildgebender Verfahren noch einen zweiten Durchbruch ermöglicht hat: Es ist nicht nur einfach die Benutzung, die das Gehirn strukturiert: Sie können jemanden wie mich ein halbes Jahr anschnallen und zwingen, den ganzen Tag SMS zu verschicken, es würde auf mein Hirn nicht so großen Einfluss haben. Das Zauberwort, das das Hirn in diese Anpassungsprozesse hineinführt heißt: „BEGEISTERUNG"! Und die Grundlage von Begeisterung ist „BEDEUTSAMKEIT"! – Jugendliche finden es außerordentlich „bedeutsam", auf diese Art und Weise miteinander zu kommunizieren, das heißt, sie begeistern sich so sehr dafür, dass – wunderbar! – das Hirn nicht auf alles reagiert, was geschieht, sondern nur auf das, was „bedeutsam" ist! – Und was da bedeutsam wird, entscheidet der Jugendliche selbst. Es entscheidet also ein Geistiges über die physische Struktur des Gehirns! (a. a. O.)«

»Begeisterung ist Dünger fürs Gehirn.« (HÜTHER 2011)

»Vor allem die Beobachtungen struktureller Umbauprozesse im erwachsenen menschlichen Gehirn erschütterten das von den Hirnforschern fast ein Jahrhundert lang vertretene Dogma von der Unveränderlichkeit der während der Phase der Hirnentwicklung einmal herausgebildeten Nervenzellverschaltungen.« (HÜTHER 2006: 12)

»Jede neue Entdeckung, jede neue Erkenntnis und jede neue Fähigkeit löst im Gehirn der Jugendlichen einen für uns Erwachsene kaum noch nachvollziehbaren Sturm der Begeisterung aus (...) Aber auch bei jeder Entdeckung, die einem Erwachsenen unter die Haut geht, werden die emotionalen Zentren im Mittelhirn aktiviert. Dann setzen diese Zellgruppen vermehrt so genannte neuroplastische Botenstoffe frei. Diese lösen in nachgeschalteten Netzwerken eine Aktivierung der

Expression bestimmter genetischer Sequenzen aus (...) Deshalb lernt jedes Kind all das besonders gut, wofür es sich begeistert. Und Begeisterung entsteht nur, wenn etwas wichtig ist, wenn etwas für das betreffende Kind Bedeutung hat.« (HÜTHER 2015: 104)

Besonders die Ausdrücke »nachgeschaltete Netzwerke«, »Aktivierung der Expression bestimmter genetischer Sequenzen« und »Bedeutung« sind hier hervorzuheben, denn der Ausdruck »Bedeutung« kann nur für seelische und geistige Inhalte zutreffen, der Ausdruck »nachgeschaltet« bezeichnet hingegen die physische Kausalität der neuronalen Netzwerke des Gehirns. Zum Verständnis des Ausdruckes »Aktivierung der Expression bestimmter genetischer Sequenzen« muss man wissen, dass bestimmte »Gen-Sequenzen« im Genom des Menschen zwar schon zuvor als »Möglichkeiten« vorhanden sind, ihre Realisierung bzw. »Expression« aber erst noch durch das Eintreten bestimmter psychischer Erlebnisse aktiviert werden muss.

Die Aussage, dass die Wirksamkeit bestimmter Gene erst aufgrund psychischer, das heißt geistig-seelischer »Erlebnisse« zustande kommt, stellt den Determinismus, der bisher mit dem Ausdruck »Gene« verbunden wurde, so ziemlich auf den Kopf. Allmählich dürfte auch deutlich geworden sein, dass das »Lernen« des Menschen den cartesischen Substanz-Dualismus auf der Zeitebene empirisch widerlegt, auf der es sich vollzieht.

In ihrem Buch »Das Geheimnis der ersten 9 Monate« stellen HÜTHER & WESER (2015) schließlich die 3. Revolution dar, die sich aus der Anwendung bildgebender Verfahren in der Neurobiologie ergeben hat: »Man kann mit Hilfe seines Gehirns [also mit Hilfe des überhaupt strukturiertesten Organes des Organismus, Anm. H. B.] gar nichts Neues lernen, sondern immer nur etwas Neues hinzulernen. Das hat einen sehr einfachen Grund: Neues kann nur im Hirn verankert werden, indem es mit etwas verbunden wird, das bereits vorhanden ist, das also bereits vorher erlernt worden ist. Das gilt für Erwachsene ebenso wie für Kinder.« (a. a. O., S. 99)

Das bedeutet, wenn man es konsequent bis zum Beginn der Ontogenese, also bis zur Zeugung zurückverfolgt, bis man bei den beiden Geschlechtszellen ankommt, die bei der Zeugung zur »Zygote« verschmelzen, dass an diese beiden Zellen sich alles Spätere anknüpft! Also geht in den Genen immer das Undifferenziertere, das substanziell Eiweißartigere, dem späteren Differenzierteren, weniger Eiweißartigen voran! Wenn man hier den naturwissenschaftlichen Kausalitätsbegriff anwendet, dass immer nur das Frühere, das Vorangehende die Ursache für das Spätere sein kann, dann kehren sich die Kausalitätsverhältnisse in der Biographie des Organismus vollständig um: Immer passt sich nach heutigem Wissen die Struktur des Nervensystems dem Eiweißartigen an, in dem die Erfahrungen der Ontogenese, noch bevor es überhaupt ein Gehirn gibt, niedergelegt sind. Das erst nach der Zeugung entstehende Gehirn passt sich also dem Willen an, dessen Grundlage die eiweißartige, ursprüngliche, unberechenbare, primitive, »kosmische« Substanz der Geschlechtszellen ist, die erst sekundär in den »irdischen« Einflussbereich der Nahrungssubstanzen gerät.

So weit sollte man also schon jetzt gehen, dass man den Zeitraum einer Biographie als eine Ganzheit nimmt, und nicht Millisekunden-Ereignisse zugrunde legt, um dem Begriff der Willensfreiheit gerecht zu werden. Auch wird man in Zukunft gut beraten sein, den Begriff des »Unbewussten« als einen Un-Begriff ersatzlos zu streichen und durch den Begriff des »Unterbewussten« zu ersetzen. So bliebe offen, ob es das »Unbewusste« überhaupt gibt oder ob sich nicht irgendwann die untere Bewusstseinsgrenze evolutiv noch so weit verschieben lässt, dass alles, was bisher als »unterbewusst« galt, »bewusst« werden könnte!

Metzingers phänomenales Selbstmodell (PSM)

Kommen wir von dort auf den Philosophen *Thomas Metzinger* zurück: Auf der einen Seite hätte er beinahe sein Philosophie-Studium abgebrochen, weil er der Suggestionswirkung des cartesianischen Substanz-Dualismus nicht gewachsen war. (Und dass er dies bis heute noch immer nicht ist, belegt sein Buch der »Der Ego-Tunnel«, METZINGER 2009b.) Andererseits hat er sich auf den Wegen der experimentellen Psychologie ein Wissen erworben, das sich schon deutlich von der psychologischen Ignoranz Markus Gabriels abhebt.

Körpermodell versus kognitives Selbstmodell

Das phänomenale Bewusstsein des Menschen ist an die räumlichen Strukturen der menschlichen Sinnesorganisation gebunden. Es vermittelt dem Menschen aber nicht irgendein Selbstbewusstsein, sondern steht zur Erkennung und Anerkennung der Existenz von Gegenständen, Prozessen und Wesenheiten außerhalb des Ich zur Verfügung (STEINER 1910a).

Die Tätigkeit der menschlichen Sinnesorganisation führt deshalb auch mit Hilfe des von *Steiner* so genannten »Ich-Sinnes« nicht etwa zum Selbstbewusstsein, sondern polar dazu zur Wahrnehmung des Ichs anderer Menschen, also Ich-hafter Wesenheiten außerhalb des eigenen Ich (STEINER 1910, 1918, BRETTSCHNEIDER 2014, PEVELING & AL. 2017, dort auch Literaturübersicht zur akademischen und anthroposophischen Sinneslehre).

Im Verlauf der nun hier erfolgten Darstellung ist deutlich geworden, dass das menschliche Selbstbewusstsein primär auf Willensprozessen beruht, die sekundär durch das Gefühlsleben hindurch bis in das Erkenntnisleben hinein integrierend wirken. Da es in der nicht-anthroposophischen Psychologie und Philosophie keine Begriffe gibt, die das Willensleben als eine eigenständige Tätigkeit innerhalb des Seelenlebens auffassen (Näheres siehe STEINER 1917), wird das Selbstbewusstsein von *Thomas Metzinger* als das Ergebnis einer kognitiven Tätigkeit missverstanden, die er als »kognitives Selbstmodell« bezeichnet. Dieses Selbstmodell besitzt eine räumliche Schicht, die er als »Körpermodell« bezeichnet. Nach Metzingers Auffassung »repräsentiert dieses Körpermodell räumliche Eigenschaften und Relationen, situiert den Körper in einer multimodalen Szene und in einer internen raumzeitlichen Simulation, das heißt »innerhalb des Raums, in dem man etwas tut mit seinen Handlungsorganen.«

Thomas Metzinger hat sich zur Erforschung dieses Körpermodells, das er in Analogie zum Begriff des »phänomenalen Bewusstsein« als die räumliche Schicht unseres »phänomenalen Selbstmodells« (PSM) bezeichnet, nicht gescheut, am Krankenbett und im Virtual Reality Labor die Welt der Epileptiker, Schizophrenen, Hochleistungssportler und Drogensüchtigen kennen zu lernen, die als spezifischer Teil der menschlichen Population in bis zu 42% so genannte »Außerkörperliche Erlebnisse« (auf Deutsch abgekürzt AKE, auf Englisch Out-Of-Body-Experiences, abgekürzt OBE) durchmacht. Auch außerhalb dieser spezifischen Kreise kommen außerkörperliche Erlebnisse mit einer Prävalenz von 10–25% vor. In der 12. Vorlesung seiner »Philosophie des Geistes« vom Wintersemester 2007/2008 bezeichnet Thomas Metzinger AKE als »exzellente Fallstudien (...), wenn es uns um die einfachste Form des Selbstbewusstseins geht.«

Ein Problem war, dass es nur wenig seriöse Literatur zu »Außerkörperlichen Erlebnissen« gibt (BLACKMORE 1982, ALVARADO 2000). So entstand die Kooperation mit dem Neurologen *Olaf Blanke*, die schon 2002 weltweites Aufsehen dadurch erregte, dass eine außerkörperliche Erfahrung bei einer gesunden Probandin durch einen invasiven Eingriff, das heißt, mittels einer in das Gehirn eingeführten Elektrode ausgelöst werden konnte (BLANKE & AL. 2002).

Bei invasiver, elektrischer Stimulation des linken *Gyrus angularis* des Gehirns sieht die Versuchsperson sich wie von einer Außenperspektive her zusammen mit einer schwarzen Gestalt, die hinter ihrem eigenen Körper kauert. Diese schwarze Gestalt erscheint wie ein Double des eigenen Körpers. Bei invasiver, elektrischer Stimulation des rechten *Gyrus angularis* erlebt sich die Versuchsperson so, als blicke sie auf ihren eigenen, rücklings flach auf dem Boden ausgestreckten Körper, indem sie über diesem, ihm zugewandt, schwebt (BLANKE & AL. 2002).

Erlebnisse der zweiten Art werden in typischer Weise immer wieder berichtet, wenn Menschen operiert oder schwer misshandelt wurden, wenn sie bestimmte psychische Ekstase-Erfahrungen aufgrund von Hypnose oder schamanistischen Manipulationen durchmachen oder auch, wenn sie epileptische Grand-Mal-Anfälle bzw. dissoziative (pseudoepileptische) Anfälle erleiden.

Auf der Suche nach weiteren nicht-invasiven Untersuchungsmethoden griff Thomas Metzinger auch die Versuche von BOTVINICK & COHEN (1998) mit der so genannten »Gummihand-Illusion« auf. Bei diesen Versuchen wird die linke Hand der Versuchsperson verdeckt, aber eine in der Mitte des Tisches liegende Gummihand synchron zur linken Hand der Versuchsperson mit einem Stäbchen gestreichelt. Durch die Synchronizität des Streichelns der eigenen Hand wird die auf dem Tisch liegende Gummihand so erlebt, als sei sie die Fortsetzung des eigenen linken Unterarmes, also die eigene linke Hand. Durch diese Manipulation wird die gesehene (aus Gummi bestehende Hand) in das eigene Körperschema integriert, als sei sie ein eigenes Körperteil. Das Selbstbewusstsein verhindert also durch seine dem Probanden unterbewusst bleibende integrierende Tätigkeit eine Ich-Spaltung der Sinneserfahrung, indem es den eigenen Körper mit einer Attrappe verbindet. Hier handelt es sich also darum, dass unterbewusste Aktionen des Selbstbewusstseins dessen Einheit gewährleisten, wodurch die Willenstätigkeit des Ich verhindert, dass es zum AKE (OBE) kommt (Abbildungen hierzu bei METZINGER 2009a, S. 17 und 114).

Die Erzeugung außerkörperlicher Erlebnisses ist zwar erstaunlich, aber ebenfalls keine kognitive Leistung. Vielmehr offenbart sich hierbei eine sensorische Willenstätigkeit, die subjektiv eine Gummihand in das Körperschema integriert. Die Gummihand-Illusion ist auch kein AKE, sondern dessen Gegenteil, weil sie zwar ambivalent ist, das geheimnisvollste Merkmal des AKE aber verhindert wird: Die Spaltung des Selbstbewusstseins. Thomas Metzinger veröffentlichte im Anschluss an dieses Experiment die materialistische Hypothese, dass alle historisch gegebenen Konzepte einer »Seele« des Menschen auf »AKE« zurückzuführen seien (METZINGER 2005).

Der Ausdruck »einfachste Form des Selbstbewusstseins« wurde von Thomas Metzinger gewählt, weil er darin die phylogenetisch älteste, noch räumliche Schicht des Selbstbewusstseins vermutet.

AKE treten auch heute noch als angeblich »normale« Phänomene in der »Normalbevölkerung« zu etwa 10% auf. Die Häufigkeit oder Seltenheit eines Phänomens ergibt aber keine Klarheit darüber, ob es »gesund« oder »krankhaft« ist. Im Vergleich zur »Gummihand-Illusion«, die ja eine Integrations-Leistung des Selbstbewusstseins auf der körperlichen Ebene darstellt, sind AKE auf jeden Fall bedenklich und als Schwäche-Zeichen des Willens zu deuten. Dies gilt vor allem, wenn sie im Rahmen epileptischer Anfälle oder dissoziativer Persönlichkeitsstörungen oder als Pseudoepilepsie auftreten. Insofern sind die Epilepsien und die Pseudoepilepsie »psychische« Störungen auch dann, wenn körperliche Ursachen vorliegen (STEINER 1924, BRETTSCHNEIDER 2014b). Ungeachtet des Misserfolges, AKE durch nicht-invasive Methoden auszulösen, beschlossen *Thomas Metzinger* und *Olaf Blanke*, außerkörperliche Erfahrungen (AKE) in ein systematisches Forschungsprogramm einzugliedern und bei gesunden Versuchspersonen zu einem wiederholbaren Effekt im Labor zu machen. Der Weg dorthin sollte unbedingt über eine Ganzkörpervariante der Gummihand-Illusion gehen, was sich aber als unmöglich erwies.

Erstes Zwischenergebnis: Die Integration aller Körperteile durch das »phänomenale Selbst« in einem einheitlichen Körpermodell ist über die Sinne bis zu einem gewissen Grade manipulierbar. Die Überbrückung der Körpergrenzen durch diese Manipulation, die durch eine Symbiose des Tast- mit dem Sehsinn erreicht wird, bezeichnet Metzinger ganz in Analogie zu seinem Verständnis des »phänomenalen Bewusstseins« als »kognitiven« Biomechanismus, den er das »phänomenale Selbst-Modell« (PSM) des menschlichen Körpers nennt. (Man bemerke die mechanistische Sprache.)

Wir fassen zusammen; Das AKE ist *nicht der Eintritt* in eine integrative Illusion, wie beim Gummihand-Versuch, sondern der *Zerfall* des PSM. Der »Biomechanismus«, von dem Thomas Metzinger bei der Gummihand-Illusion spricht, ist auf der Ebene dieser Illusion nicht kognitiv, sondern willenshaft: Im Bewusstsein entsteht keine neue Wahrheit, keine neue Erkenntnis, sondern eine Willensleistung: Eine Gummihand wird in das PSM integriert. Wegen seiner Willenshaftigkeit ist dieser »Biomechanismus« so tief unterbewusst. Der Willensbegriff fehlt Thomas Metzinger also in bezeichnender Weise sowohl für die Klassifikation des phänomenalen Bewusstseins als auch des phänomenalen Selbstbewusstseins (PSM). Dennoch sind die Ergebnisse Thomas Metzingers interessant: Auch Tiere haben im Allgemeinen ein phänomenales Bewusstsein, manche sogar ein räumliches Selbstmodell (PSM): Dieses wird nachgewiesen zum Beispiel im Spiegel-Versuch: Großaffen erkennen sich selbst im Spiegel und können einen künstlichen Farbklecks auch dann als Fremdkörper identifizieren, wenn dieser unter Narkose aufgebracht wurde (INOUE-NAKAMURA 1997). Auch der Indische Elefant (PLOTNIK & AL. 2011), das Hausschwein (BROOM & FRASER 2015), der Große Tümmler, ein Delphin, und die Elster, ein Rabenvogel (METZINGER 2009a), haben diese Fähigkeit. Doch die Mehrzahl der Tiere scheint nur ein phänomenales Bewusstsein ohne PSM zu haben.

Immer wieder betont Thomas Metzinger, das Selbst sei kein Ding, sondern nur ein Prozess. Aber daraus zieht er nicht wie Aristoteles und Markus Gabriel die Konsequenz, dass Prozesse eine andere Kategorie der Wirklichkeit sind, sondern nur, dass das Selbst nicht existiert. Insofern ist es inkonsequent, dass sich Metzinger der Ansicht Antonio Damásios anschließt, das Selbst des Menschen sei im basalen Stoffwechsel des Organismus realisiert (DAMÁSIO 2000). Diese Zuordnung entspricht dem Willensbegriff in der Anthroposophie (STEINER 1917). Aber weder Thomas Metzinger noch Antonio Damásio bilden einen Begriff des Willens.

Metzingers Phänomenales Selbstmodell der Intentionalen Beziehung (PSMIB)

Erst für eine zweite, höhere, *unräumliche* Stufe des Selbstbewusstseins, entwickelt auch Metzinger den Willensbegriff:

»Zum Beispiel ist alles was bewusst ist, das, worauf Sie die Aufmerksamkeit lenken können. Auf das Unbewusste können Sie die Aufmerksamkeit nicht lenken. Das kann man auch beschreiben als einen *„Prozess der Ressourcenallokation"*. Das heißt, Aufmerksamkeit ist gut für Berechnungsressourcen an einem bestimmten Bereich. Sie erhöhen die Tiefe, die Auflösung eines Bildes, indem Sie zum Beispiel Ihre visuelle Aufmerksamkeit in eine bestimmte Region lenken.« (METZINGER 2009a, 13. Vorlesung)

Insofern, als durch die *Lenkung der Aufmerksamkeit* kein neuer Bewusstseinsinhalt auftritt, aber das *Verhältnis* des Menschen zum Inhalt seines Bewusstseins sich wesentlich ändert, handelt es sich auch hier wieder um einen Willensprozess. Es geht also keineswegs darum, sich den Willen rein, das heißt als alleinige Tätigkeit vorzustellen – was normalerweise nur im traumlosen Schlaf gegeben ist – sondern darum, den Willen in seiner besonderen Qualität auch dann zu erkennen, wenn er nur als Begleiter des Denkens, Handelns und Beobachtens auftritt.

Menschen haben dadurch die Möglichkeit, ihre Aufmerksamkeit *nach innen zu lenken, so dass sie sich selbst dabei beobachten* können, wie sie beobachten, wie sie den »Blick des Tigers« auf die Welt richten (siehe Abb. 1 in BRETTSCHNEIDER 2015). Menschen können also sich selbst auf dieser Stufe des Selbstbewusstseins wie einem fremden Wesen gegenübertreten und beobachten, wie dieser »Fremde« eine intentionale Beziehung im Sinne Franz Brentanos (Näheres siehe BRETTSCHNEIDER 2015) zur Außenwelt aufbaut und unterhält. Thomas Metzinger nennt diese Stufe des Selbstbewusstseins das »Phänomenale Selbstmodell der intentionalen Beziehung« (Deutsch: PSMIB, Englisch: PSMIR).

Das unräumliche Selbst der intentionalen Beziehung nennt Thomas Metzinger auch das »reflektive Selbst«. Da es für uns Menschen introspektiv jederzeit (außer im traumlosen Schlaf) erfahrbar ist, schlage ich vor, es als das »introspektive Selbst«

zu bezeichnen. Dieser Ausdruck ist phänomennäher und vermeidet eine Verwechslung mit dem räumlichen Selbst-Modell (PSM), das nur durch die Versuche mit der Gummihand wahrnehmbar wird, da es ansonsten transparent ist.

Hierzu ermöglicht Thomas Metzinger eine zweite, interessante Unterscheidung: Unbewusste Vorgänge sind für uns insofern »transparent«, als wir sie nicht bemerken. Zum Beispiel bemerken wir das räumliche PSM unseres Körpers normalerweise nicht. Transparente Zustände aber werden für uns »opak«, sobald wir unseren Willen darin antipathisch betätigen: Wir bemerken unser »Intentionales Gerichtetsein«, ob dieses nun »epistemisch« auf die Lösung eines Rätsels oder »agentiv« auf die Befriedigung eines Tatbedürfnisses, »reflexiv« auf uns selbst, oder »intersubjektiv« auf andere »Agenten« (andere tatbedürftige Wesen) gerichtet ist. Das »Intentionale Gerichtetsein« ist also stets ein Willensprozess, unabhängig davon, worauf es gerichtet wird.

Hierzu habe ich ein autobiographisches Erlebnis, von dem ich sicher weiß, dass es noch vor der Einschulung auftrat:

Ich: »Mutti, was ist eigentlich Langeweile?«
Meine Mutter: »Das hat man, wenn man nicht weiß, was man tun soll.«
Ich: »Gut, dann setze ich mich jetzt mal hin und warte, bis die Langeweile kommt.«

Es passierte aber nichts! – Langeweile wollte einfach nicht aufkommen, denn immer wusste ich, was ich als Nächstes tun wollte! Dann aber kam ein Sonntag, an dem die ganze Familie bei Kaffee und Kuchen am Tisch sitzen musste. Da wurde ich plötzlich fündig und rief:

»Mutti! Endlich weiß ich, was Langeweile ist! Langeweile ist nicht, wenn ich nicht weiß, was ich tun soll, sondern, wenn ich nicht tun darf, was ich tun will!«

Der Wille wird »opak«, also bewusst, wenn er auf Widerstand stößt, das heißt, wenn er von der sympathischen in die antipathische Seelenhaltung umschlägt.

Ob es irgendein Tier gibt, das ein höherstufiges, unräumliches Selbstmodell hat, durch das es fähig wäre, sich als »Agent« oder »verhinderter Agent« zu erleben, abstrakte Begriffe oder gar ein introspektives Selbstmodell zu bilden, durch das es auch dazu käme, Sein und Schein zu unterscheiden oder die Existenz der Wirklichkeit insgesamt zu bezweifeln, ist unbekannt, wird aber in der Fachwelt für unwahrscheinlich gehalten. Wahrscheinlich haben Tiere deshalb auch keine »Langeweile«, obwohl es zum Beispiel bei Haustieren manchmal so aussieht, als hätten sie Langeweile, während sie wahrscheinlich nur unter der Abwesenheit ihres Besitzers leiden.

Geistige Organe

»Ein PMIR ist so etwas Ähnliches wie ein Organ, nur ein virtuelles Organ. Eine Erste-Person-Perspektive ist ein sehr hochstufiges virtuelles Organ. Es leistet nämlich einen entscheidenden Beitrag zur Erhöhung der Gesamtintelligenz des Systems. Eine Innenperspektive zu haben, macht Sie intelligenter als Sie vorher waren. Und der Kernpunkt ist, dass ein PMIR uns vorübergehende Subjekt-Objekt-Beziehungen erlaubt – ich schaue *jetzt* dieses Objekt an. Ich fühle mich *jetzt* von diesem anderen Menschen fasziniert. Ich versuche *jetzt*, diesen abstrakten Gedanken zu erfassen, ich bemerke an mir selbst, dass man diese Intentionalen Beziehungen dynamisch auf der Ebene des bewussten Erlebens noch einmal repräsentieren kann, usw.« (METZINGER 2009a, 14. Vorlesung)

Das »noch einmal Repräsentieren des Repräsentierens« wird von Markus Gabriel in seinem Vortrag über den »Naturalismus« für logisch unmöglich erklärt. Metzinger zeigt andererseits, dass es möglich ist, das eigene Sehen zu beobachten, indem man das PMIR entwickelt. Anthroposophie gibt beiden Recht: Metzinger hat damit Recht, dass wir durch das PMIR die Möglichkeit bekommen, unser eigenes Sehen zu beobachten. Das widerlegt zunächst die Logik Markus Gabriels gegen das einheitliche, abgeschlossene »Weltbild« des Naturalismus. Aber weil der Wille, der als Keim der Zukunft in uns schlummert, unvorhersagbar und letztlich unendlich ist, geben wir auch ihm Recht, wenn er sagt: »Der Naturalismus ist falsch, denn es kann kein einheitliches, abgeschlossenes „Weltbild" geben«. Denn jede »Metarepräsentation« ist ein Willensprozess, da sie dem epistemischen Inhalt des Bewusstseins nichts hinzufügt, sondern nur die Beziehung des Ich zu diesem Inhalt verändert. Die Beziehung des Ich zum Inhalt unseres Bewusstseins können wir permanent umgestalten. Das ist der Wille im Denken, im Wahrnehmen, im Fühlen.

»Dieses „Dass wir wollen können", das macht uns aufmerksam darauf, dass wir ein Ich sind. Was sich also ausdrückt in dem Worte Ich, das ist ein wirklicher Willensakt, und dasjenige, was wir vorstellen über das Ich, das ist Spiegelbild, das dadurch entsteht, dass das Wollen anschlägt an den Leib. [Durch diesen Widerstand wird also das Wollen »opak«, wird als solches bewusst; Anm. H. B.] Das Ich lebt also auf dem physischen Plane als ein Willensakt. Der Wille taucht also von dem Ich gleich in den physischen Leib hinein. Es bleibt im Ich nichts anderes vorhanden als das innere Erspüren des Willens, das innere Erleben des Willens.« (STEINER 1916: 107 ff.)

Es lohnt sich, von diesem Punkt aus an den Anfang dieser Betrachtung zurückzukehren: *Wolf Singer* behauptet, dass die Worte, die unsere Bezugspersonen zu uns in der frühen Kindheit sprechen, uns dazu zwingen, Metarepräsentationen unserer Wahrnehmungen zu bilden und dass wir so zur Illusion gelangen, eine autonome, freie Person zu sein. Wahr ist, dass es nicht genügt, ein »Selbstbewusstsein« zu haben, um eine »Person« zu sein. Ein »Selbstbewusstsein« können auch Tiere haben, zum Beispiel die Tiere, die sich im Spiegel als ein »Selbst« erkennen. Aber erst wenn wir uns bewusst sind, ein »Selbstbewusstsein« zu haben, werden wir zur »Person«, also erst dann, wenn wir darauf hinblicken können, dass wir uns so sehen. Wolf Singer hat also Recht, wenn er darauf hinweist, dass es diese Metarepräsentation der Selbstwahrnehmung, also in den Worten Thomas Metzingers das PSMIB, das »phänomenale Selbst-Modell der intentionalen Beziehung« ist, das uns zur »Person« macht (SEARLE 1990).

Aber macht das PSMIB uns auch automatisch zur »freien« Person? – Nein! Das ist doch der Fehler auch bei Michael Tomasello, dass das PSMIB so gedacht wird, als sei es nur unter Zwang zu erwerben! – Was das kleine Kind in Wirklichkeit tut, ist das genaue Gegenteil davon: Es empfindet glühende Begeisterung auch dann schon, wenn es nur sein PSM ausbildet, indem es sich den aufrechten Gang erobert! Das ist ja gerade die Seelenblindheit des Materialismus, die auch bei Michael Tomasello vorhanden ist, der nicht glauben will, dass der aufrechte Gang ein kultureller Akt ist und der auch nicht glauben will, dass die Körperhaltung, die sich im aufrechten Gang offenbart, eine notwendige evolutive Voraussetzung für die Ausbildung des PSMIB ist!

»Das Rückgrat steht senkrecht auf der Erdachse oder dem Erdradius (...) Beim Menschen ist der Brustorganismus so unter dem Hauptesorganismus, wie beim Tier die Erde unter dem Hauptesorganismus ist. Der Mensch steht mit dem Kopf auf seiner eigenen Erde (...) Beim Menschen ist unmittelbar der Wille, der Willensorganismus in den Kopforganismus eingeschaltet [durch das PSMIB, Anm. H. B.] und das Ganze im Erdradius. Dadurch werden die Sinne gewissermaßen durchflossen von dem Willen, und das ist das Charakteristische beim Menschen [das Charakteristische des PSMIB, Anm. H. B.] (...) Beim Tiere werden die Sinne nicht vom Willen, sondern von einem tieferen Elemente durchflossen [dem PSM, Anm. H. B.]; daher auch der innigere Zusammenhang der Organisation der Sinne mit dem Gesamtorganismus [die „transparente" Schicht des PSM, Anm. H. B.]. Der Mensch lebt viel mehr in der Außenwelt, das Tier lebt viel mehr in seiner eigenen inneren Welt.« (STEINER 1919b: 25)

Thomas Metzinger spricht von neuen funktionalen Eigenschaften, die dem phänomenalen Bewusstsein des Menschen durch das »phänomenale Selbstmodell der intentionalen Beziehung« (PMIB), also durch die damit verstärkte *Introspektion* hinzugefügt werden. Er nennt diese neuen funktionalen Eigenschaften auch »Werkzeuge« des Selbstbewusstseins (METZINGER 2009a, 14. Vorlesung).

Man kann an dieser Stelle auch von »geistigen« Organen sprechen: Die physischen Organe des »phänomenalen« Bewusstseins sind die Sinnesorgane, wobei ja schon der Sprach-, der Denk- und der Ichsinn keine physischen Sinnesorgane, sondern nur neue funktionale Eigenschaften der physischen Sinnesorgane, also geistige Organe sind (Näheres siehe Brettschneider 2014a, Peveling & al. 2017).

Das Selbstbewusstsein und die Zukunft der Menschheit

»Wir [als Geisteswissenschafter, H. B.] haben vielleicht niemals jene strenge Scheidewand aufgerichtet, jenen Abgrund aufgerissen, welcher uns, nach *Kant*, streng von den Dingen scheiden soll. Dann kommt uns der Gedanke näher, dass wir **in den Dingen** sein könnten. Und **das ist der Grundgedanke der Anthroposophie**. Der ist so, **dass unser Ich nicht uns selbst gehört, nicht eingeschlossen ist in das engumschlossene Gebäude, als das uns unsere Organisation erscheint, sondern der einzelne Mensch ist nur Erscheinung des göttlichen Selbst der Welt**. Er ist gleichsam nur eine Spiegelung, ein Ausfluss, ein Funke des All-Ich. Das ist ein Gesichtspunkt, der die Geister Jahrhunderte hindurch beherrscht hat, bevor es eine *kantsche* Philosophie gab. Die größten Geister haben nie anders gedacht als in diesem Sinne. *Kepler* [als Beispiel, H. B.] war überzeugt davon, dass für dasjenige, was er als Grundgedanken des kosmischen Universums ausgemacht hat, er selbst nur der menschliche Schauplatz sei, auf dem dieser im Weltenall lebende und es durchflutende Gedanke erschienen ist, um wiedererkannt zu werden.« (Steiner 1903: 129 f., Hervorh. H. B.)

Die freie Persönlichkeit

Rudolf Steiners philosophische Doktorarbeit »Wahrheit und Wissenschaft« (Steiner 1892) trägt schon den Untertitel »Vorspiel einer Philosophie der Freiheit«. Sie weist damit auf das Hauptwerk dieses Autors (Steiner 1894) hin, das im 3. und 4. Kapitel dazu auffordert, einen »Ausnahmezustand des Bewusstseins« dadurch zu erzeugen, dass sich der denkende Mensch beim Denken innerlich beobachtet.

Nach allem, das auch durch *Thomas Metzingers* Beiträge neu beleuchtet wird, führt der Übungsweg, den Rudolf Steiner damit vorschlägt, zur systematischen Ausbildung dessen, was Thomas Metzinger das PSMIB für das Denken nennen würde.

Die Entwicklung des PMIB zum geistigen Organ

Dies ist noch keine Übung zur Beobachtung des eigenen Denkens, aber zur verstehenden Beobachtung der Lebensprozesse einer Pflanze. Es wird eine Blattfolge betrachtet, hier zum Beispiel die »Biographie« der Echten Kuhschelle *(Abb. 16)*. Jedes Blatt dieser Reihe entspricht einem »Begriff«, wenn man die Reihe als Ergebnis der Ontogenese des Ätherleibes dieses Organismus zu »lesen« lernt. Es wurde aber eine Blattfolge statt eines Sprachgebildes für diese Übung gewählt, weil der »Denkprozess« der hier beobachtbar wird, sich zwar aus Begriffen zusammensetzt, aber bei der Bildung seiner Begriffe nicht plötzlich abreißt. Statt einer Reihe »toter« Gedächtnis-Engramme werden hier lebendige Organe betrachtet. So verbleibt genügend Zeit, sich dem Bild dieser Lebensgeschichte in aller Ruhe gegenüberzustellen.

Abb. 16: Lebensgeschichte eines Exemplars der Echten Kuhschelle (*Pulsatilla vulgaris* L.), anhand ihrer Laubblattfolge dargestellt. (Aus Göbel 1998: 222–223)

Eurythmie als sichtbare Sprache

Eurythmie, das Herzstück der Anthroposophie, geht in der Ausbildung des Willens noch einen Schritt weiter und gestaltet im geduldigen Üben den menschlichen Körper so um, dass er die Vorgänge des Denkens, Sprechens und Singens leiblich sichtbar macht.

Ich suche im Innern
Der schaffenden Kräfte Wirken,
Der schaffenden Mächte Leben.
Es sagt mir
Der Erde Schweremacht
Durch meiner Füße Wort,
Es sagt mir
Der Lüfte Formgewalt
Durch meiner Hände Singen,
Es sagt mir
Des Himmels Lichteskraft
Durch meines Hauptes Sinnen,
Wie die Welt im Menschen
Spricht, singt, sinnt.

   (R. Steiner, 11.7.1924)

Literatur

ALVARADO, C. S. (2000): Out-of-body-experiences. In: Cardofin, E., Lynn, S. J. & Krippner, S. (Eds.), Varieties of Anomalous Experience: Examining the Scientific Evidence, p. 184 ff. Washington D. C.
BAUER, J. (2006): Warum ich fühle, was du fühlst. Hamburg
BECKERMANN, A. (2005): »Neuronale Determiniertheit und Freiheit«. In: Köchy, K. & Stederoth, D. (Hrsg.), Willensfreiheit als interdisziplinäres Problem. Freiburg i. Br.
BENNETT, M., DENNETT, D., HACKER, P., SEARLE, J. (2007): Neuroscience & Philosophy. Brain, Mind & Language. New York
BLANKE, O. & AL. (2002): Stimulating Illusory Own-Body-Perceptions. Nature 419: 269–270
BLACKMORE, S. (1982): Beyond the Body. An Investigation of Out-of-Body-Experiences. London
BLUMENTHAL, J. (2002): Vodafone News vom 27.11.2002 – 23:00 Uhr, nachzulesen unter: http://www.freenet.de/nachrichten/wissenschaft/wolfskinder_724242_4702462.html
BOESSMANN, U., REMMERS, A. (2016): Praktischer Leitfaden der tiefenpsychologisch fundierten Richtlinientherapie. Berlin
BOTVINICK, M., COHEN, J. (1998): Rubber hand »feels« touch that eyes see. Nature 391: 756
BRETTSCHNEIDER, H. (2008): Benjamin Libet und die Willensfreiheit –Wie platonisch ist unser heutiges Menschenbild? Jahrbuch für Goetheanismus 2008/2009: 159– 214. Niefern-Öschelbronn
– (2010): Was spricht sich in den Schlafzyklen des Menschen aus? Jahrbuch für Goetheanismus 2010: 159–214. Niefern-Öschelbronn
– (2012): Die Dreigliederung in der Arznei-Therapie. Jahrbuch für Goetheanismus 2012: 7–51. Niefern-Öschelbronn
– (2014a): Die Sinnlichkeit des Menschen. Der Leib als Instrument der freien Weltzuwendung des Selbst. Jahrbuch für Goetheanismus 2014: 219–287. Niefern-Öschelbronn
– (2014b): Warum manche Jugendliche sich selbst verletzen und andere gewalttätig werden. Jahrbuch für Goetheanismus 2014: 289–305. Niefern-Öschelbronn
– (2015): Das Gemüt als Pforte zur Menschenwürde. Jahrbuch für Goetheanismus 2015: 237–271. Niefern-Öschelbronn
–, DORKA, R., & AL. (2012): Fieberreaktionen als Heilungsimpulse in der Krebstherapie. Öschelbronner Akzente, 18–21. Niefern-Öschelbronn
BROOM, D. M. & AL. (2015): Pigs learn what a mirror image represents and use it to obtain information. Animal Behaviour 78(5): 1037–1041
BUTTERWORTH, G. (1992): Origins of self-perception in infancy. In: Psychological Inquiry 3: 103–111
CHRISTOPHE, A. & AL. (1994): Do infants perceive word boundaries? An empirical study of the bootstrepping of lexical aquisition. J. of the Acoustical Society of America 95: 1570–1580
DAMÁSIO, A. R. (2000): Ich fühle, also bin ich – Die Entschlüsselung des Bewusstseins. München
DESCARTES, R. (1641): Meditationes de prima philosophia (lateinischer Originaltext von 1641, englische Übersetzung von 1901, französische Übersetzung von 1647)
DI PELLEGRINO, G. & AL. (1992): Understanding motor events: a neurophysiological study. Experimental Brain Research 91(1): 176–180
FELITTI, V. & AL. (2007): Ergebnisse der Adverse Childhood Experiences (ACE) – Studie zu Kindheitstrauma und Gewalt. Epidemiologische Validierung psychoanalytischer Konzepte. Trauma & Gewalt, Mai 2007, 1. Jahrgang, Heft 2, S. 18–32
FREUD, A. (1936): Das Ich und die Abwehr-Mechanismen. Frankfurt/M. (1984)
GABRIEL, M. (2015): Ich ist nicht Gehirn. Berlin
– (2016): Über das Geist-Gehirn-Problem. Vortrag am 18.5.2016 an der Alanus Hochschule für Kunst und Gesellschaft in Alfter. Nachzuhören unter https://www.youtube.com/watch?v=goelcaEateQ

GALLUP, G. G. (1970): Chimpanzees: Self-recognition. Science 267: 86–87
GERVAIN, J. & AL. (2012): The neonate brain detects speech structure. PNAS 105: 14222–14227
GÖBEL, T. (1998): Zwei Waldreben, das Buschwindröschen, die Kuhschelle und die Evolution der Blütenpflanzen. Tycho de Brahe-Jahrbuch für Goetheanismus 1998: 193–238. Niefern-Öschelbronn
GOETHE, J. W. von: Xenien aus dem Nachlass 45
GOSCHKE, T. (2003): »Voluntary Action and Cognitive Control from a Cognitive Neuroscience Perspective.« In: Maasen, S., Prinz, W. & Roth, G. (Hrsg.), Voluntary Action: Brains, Minds and Sociality, p. 49–85. Oxford
– (2004): Vom freien Willen zur Selbstdetermination. Psychologische Rundschau 55(4): 186–197
GREEN, J. B., ST. ARNOLD, P.A., ROZHKOV, L. & AL. (2003): Bereitschaft (readiness potential) and Supplemental Motor Area Interaction in Movement Generation: Spinal Cord Injury and Normal Subjects. J. of Rehabilitation Research and Development 40(3): 225–234
HAGGARD, P., EIMER, M. (1999): On the relation between brain potentials and the awareness of voluntary movements. Exp. Brain Res. 126: 128–133
HERRMANN, C. S. & AL. (2008): Analysis of a choice-reaction task yields a new interpretation of Libet's experiments. International J. of Psychophysiology 67(2): 151–157
HÜTHER, G. (2011): Was wir sind und was wir sein könnten. Frankfurt/M.
– (2015): Etwas mehr Hirn, bitte. Göttingen
– (2016a): Mit Freude lernen – ein Leben lang. Weshalb wir ein neues Verständnis vom Lernen brauchen. Göttingen
– (2016b): https://youtu.be/_2XAMjyY0uo
–, WESER, I. (2015): Das Geheimnis der ersten neun Monate. Weinheim
INOUE-NAKAMURA, N. (1997): Mirror self-recognition in nonhuman primates: A phylogenetic approach. Japanese Psychological Research 39(3): 266–275
KELLER, I., HECKHAUSEN, H. (1990): Readiness potentials preceding spontaneous motor acts: voluntary vs. involuntary control. Electroencephalography and Clinical Neurophysiology 76: 351–361
KIPP, F. (1948): Höherentwicklung und Menschwerdung. Stuttgart
– (1980): Die Evolution des Menschen im Hinblick auf seine lange Jugendzeit. Stuttgart
KORNHUBER, H. H., DEECKE, L. (1965): Hirnpotentialänderungen bei Willkürbewegungen und passiven Bewegungen des Menschen: Bereitschaftspotential und reafferente Potentiale. Pflügers Arch. Physiol. 281: 1–17
KRAUSS, M. (1976): Von der Zeichensprache des kleinen Kindes. Verlag Freies Geistesleben, Stuttgart. 6. überarbeitete Auflage/Neuausgabe, Stuttgart (2007)
KÜHN, A. (1986): Grundriss der Vererbungslehre. Heidelberg
Kühn, S., Brass, M. (2009): »RETROSPECTIVE CONSTRUCTION OF THE JUDGEMENT OF FREE CHOICE«. CONSCIOUSNESS and Cognition 18(1): 12–21
KÜMMELL, S. (2015): Zur Evolution des menschlichen Kopfes. Der Modus der Komplexitätsverschiebung und die Rolle von Heterochronie und Plastizität. Jahrbuch für Goetheanismus 2015: 15–102. Niefern-Öschelbronn
LAMM, C. & AL. (2015): The role of shared neural activations, mirror neurons, and morality in empathy – A critical comment. Neuroscience Research 90C, Januar 2015: 15–24 (freier Volltext) (Review)
LARGO, R. (2000): Kinderjahre. Die Individualität des Kindes als erzieherische Herausforderung. 5. Aufl. (2002), Piper Verlag München. ISBN: 978-3-492-23218-0. € 11,- [D], € 11,40 [A]

– (2015): Babyjahre, 16. Auflage. München, Berlin, Zürich

– & AL. (1985): Early development of locomotion: Significance of prematurity, cerebral palsy and sex. Developmental Medicine and Child Neurology 27: 183–191

LEBER, S. (1993): Die Menschenkunde der Waldorfpädagogik. Anthroposophische Grundlagen der Erziehung des Kindes und Jugendlichen. Stuttgart

– (2016): Kommentar zu Rudolf Steiners Vorträgen über Allgemeine Menschenkunde als Grundlage der Pädagogik. Neuausgabe (2. Aufl.) 2016: Drei Teile in einem Band. Stuttgart

LIBET, B. & AL. (1982): Readiness potentials preceding unrestricted spontaneous pre-planned voluntary acts. Electroencephalographic and Clinical Neurophysiology 54: 322– 325

– (1985): Unconscious cerebral initiative and the role of conscious will in voluntary action. The Behavioral and Brain Sciences VIII: 529–539

– (2004a): Haben wir einen freien Willen? In: Geyer, C. (Hrsg.), Hirnforschung und Willensfreiheit. Zur Deutung der neuesten Experimente, S. 268–289. Frankfurt

– (2004b): Mind Time. Harvard

–, GLEASON, C. A., WRIGHT, E. W., PEARL, D. K. (1983): Time of conscious intention to act in relation to onset of cerebral activities (readiness-potential): The unconscious initiation of a freely voluntary act. Brain 106: 623–642

LINDE, A. (2010): Traumatisierende Kindheitserfahrungen und deren Auswirkungen im Erwachsenenalter. http://www.psychosomatik-basel.ch/deutsch/bildung/pdf/linde_kindheitstrauma_jahrestagung_sucht2010.pdf

MEHLER, J. & AL. (1988): A precursor of language acquisition in young infants. Cognition 29: 143–178

METZINGER, T. (2003): Being No One. The Self-Model Theory of Subjectivity. Abschnitt 7.2.3. Cambridge, Mass.

– (2005): Out-of-body-experiences as the source of a concept of the »soul«. Mind & Matter 3(1): 57–84

– (2009a): Philosophie des Bewusstseins – 15 Vorlesungen aus dem Wintersemester 2007/8 und Sommersemester 2008 auf 5 DVDs. Hier insbesondere die 1. und 2. Vorlesung zum phänomenalen Bewusstsein und die 12.–14. Vorlesung zur Selbstmodell-Theorie der Subjektivität. Auditorium Netzwerk, Müllheim/Baden

– (2009b): Der Ego-Tunnel. Berlin

MILLER, J., TREVENA, J. A. (2002): Cortical movement preparation and conscious decisions: Averaging artifacts and timing biases. Consciousness and Cognition 11: 308–313

MOON, C. & AL. (1993): Two-day olds prefer their native language. Infant Behavior & Development 16: 495–500

MUKAMEL, R. & AL. (2010): Single-neuron responses in humans during execution and observation of actions. Current Biology 20(8), April 2010: 750–756

PASCALIS, O. & AL. (2002): Is face processing species-specific during the first year of life? Science 296: 1321–1323

PAUEN, M. (2004): Illusion Freiheit? Mögliche und unmögliche Konsequenzen der Hirnforschung. Frankfurt a.M.: S. Fischer.

– (2014): file:///C:/A_AKTUELL/06_Lehre/05_Modellbildung_Ethik/Philosophie%20verstandl... 27.09.2014)

PAUEN, S. (2000): Wie werden Kinder selbst-bewusst? Frühkindliche Entwicklung von Vorstellungen über die eigene Person. In: Voegeley, K. & Newen, A. (Hrsg.), Selbst und Gehirn. Menschliches Selbstbewusstsein und seine neurobiologischen Grundlagen. Paderborn

PENA, M. & AL. (2003): Sounds and silence: An optical topography study of language recognition at birth. PNAS 100: 11702–11705

PEVELING, M. & AL. (2017): Der Sprachsinn bei Rudolf Steiner und seine Überprüfung anhand empirischer Befunde der modernen Sprachforschung und der sozialen Neurobiologie. Der Merkurstab 70(2): 125–132

PLOTNIK, J. M. & AL. (2006): Self-recognition in an Asian elephant. PNAS 103(45): 17053–17057

PORTMANN, A. (1956): Zoologie und das neue Bild des Menschen. Hamburg
PRINZ, W. (1996): Freiheit oder Wissenschaft. In: von Cranach, M. & Foppa, K. (Hrsg.), Freiheit des Entscheidens und Handelns. Ein Problem der nomologischen Psychologie, S. 86–103. Heidelberg
ROTH, G. (1997): Das Gehirn und seine Wirklichkeit, insbesondere das Kapitel auf S. 300 ff.: Geist als physikalischer Zustand. Eine nicht-reduktionistische Deutung. Frankfurt/M.
– (2004): Wir sind determiniert. Die Hirnforschung befreit uns von Illusionen. In: Geyer, C. (Hrsg.), Hirnforschung und Willensfreiheit. Zur Deutung der neuesten Experimente, S. 218–222. Frankfurt/M.
SCHAD, W. (2011): Was bin ich? Wer bin ich? Zum Selbstverständnis des eigenen Ichs. Der Merkurstab 64(4): 321–331
– (Hrsg.) (2014): Die Doppelnatur des Ich: Der übersinnliche Mensch und seine Nervenorganisation. Stuttgart
SCHLAGMANN, K. (2017): Ödipus und der Ödipuskomplex. Eine Revision. Von Siegfried Zepf, Florian Daniel Zepf, Burkhard Ullrich & Dietmar Seel. http://www.oedipus-online.de/PDF.htm
SEARLE, J. (1990): Intentionalität. Eine Abhandlung zur Philosophie des Geistes. Frankfurt/M.
SHI, R. & AL. (1999): Newborn infants sensitivity to perceptual cues to lexical and grammatical words. Cognition 72: B11–B21
SINGER, W. (2002): Der Beobachter im Gehirn. Essays zur Hirnforschung, S. 73 ff. Frankfurt/M.
– (2004): Verschaltungen legen uns fest: Wir sollten aufhören, von Freiheit zu sprechen. In: Geyer, C. (Hrsg.), Hirnforschung und Willensfreiheit, S. 30–65. Frankfurt/M.
STEINER, R. (1892): Wahrheit und Wissenschaft (GA 3). Weimar
– (1894): Die Philosophie der Freiheit (GA 4). Berlin
– (1903): Die erkenntnistheoretischen Grundlagen der Theosophie III. In: Spirituelle Seelenlehre und Weltbetrachtung (GA 52), S. 129. Dornach
– (1904a): Theosophie (GA 9). Dornach
– (1904b): Wie erlangt man Erkenntnisse der höheren Welten? (GA 10). Dornach
– (1908a): Anthroposophie und Philosophie (GA 35). Autoreferat eines Vortrages in Stuttgart, 17. August 1908, S. 103ff. Dornach
– (1908b): Die Apokalypse des Johannes (GA 104), S. 156 ff. Dornach
– (1910a): Anthroposophie, ein Fragment (GA 45). Dornach
– (1910b): Metamorphosen des Seelenlebens – Pfade der Seelenerlebnisse. 2. Teil (GA 59). Dornach
– (1913): Theosophie und Antisophie. In: Geisteswissenschaft als Lebensgut (GA 63), 6. November 1913. Berlin
– (1916): Notwendigkeit und Freiheit im Weltgeschehen und im menschlichen Handeln (GA 166), S. 107 ff. Dornach
– (1917): Von Seelenrätseln (GA 21), S. 158 ff. Dornach
– (1918): Erdensterben und Weltenleben. Anthroposophische Lebensaufgaben. Bewusstseins-Notwendigkeiten für Gegenwart und Zukunft (GA 181), Vortr. vom 22.1.1918 und 12.3.2018. Dornach
– (1919a): Allgemeine Menschenkunde als Grundlage der Pädagogik (GA 293). Dornach
– (1919b): Der Goetheanismus, ein Umwandlungsimpuls und Auferstehungsgedanke (GA 188), 1. Vortrag, S. 25. Dornach
– (1920): Erziehung und Unterricht aus Menschenerkenntnis (GA 302a). Dornach
– (1921): Menschenerkenntnis und Unterrichtsgestaltung (GA 302), 8. Vortr. v. 19.6.1921. Dornach
– (1921/22): Die gesunde Entwickelung des Menschenwesens. Eine Einführung in die anthroposophische Pädagogik und Didaktik (GA 303), S. 238. Dornach
– (1922a): Menschenfragen und Weltenantworten (GA 213). Dornach
– (1922b): Die Bedeutung der Anthroposophie im Geistesleben der Gegenwart. Den Haag

- (1923a): Kulturphänomene – Drei Perspektiven der Anthroposophie (GA 225), S. 151. Dornach
- (1923b): Der Mensch als Zusammenklang des schaffenden, bildenden und gestaltenden Weltenwortes (GA 230). Dornach
- (1924a): Anthroposophie. Eine Zusammenfassung nach einundzwanzig Jahren. Zugleich eine Anleitung zu ihrer Vertretung vor der Welt (GA 324), 5. Vortr., 2. Februar 1924, S. 91ff. Dornach
- (1924b): Eurythmie als sichtbare Sprache (GA 279), Vortr. vom 11.7.1924. Dornach
- (1925): Grundlegendes für eine Erweiterung der Heilkunst nach geisteswissenschaftlichen Erkenntnissen (GA 27). Dornach

STRAUSS, M. (1976): Von der Zeichensprache des kleinen Kindes. Mit menschenkundlichen Anmerkungen von Wolfgang Schad. Verlag Freies Geistesleben, Stuttgart. 6. überarbeitete Auflage/Neuausgabe, Stuttgart (2007)

TREVENA, J. A., MILLER, J. (2002): Cortical movement preparation before and after a conscious decision to move. Consciousness and Cognition 11: 162–190

TOMASELLO, M. (2009): Why we cooperate. Cambridge, Mass.
- (2011): Michael Tomasello im Gespräch: Im tiefsten Sinne sind wir soziale Wesen. FAZ, Feuilleton vom 23.11.2011
- (2014): »Das haben wir alles gelernt«. Interview vom 9.10.2014 mit Elisabeth von Thadden, in ZEIT ONLINE

VESALIUS, A. (1543): De Humani Corpore Fabrica. Basel. Reprint New York (1950)

VIRCHOW, R. L. K. (1858): Die Cellularpathologie in ihrer Begründung auf physiologische und pathologische Gewebelehre. Berlin

VOULOUMANOS, A. & AL. (2001): Detection of sounds in the auditory stream: Event-related fMRI evidence for differential activation to speech and nonspeech. J. Cognitive Neuroscience 13: 994–1005
-, WERKER, J. F. (2004): Tuned to the signal: The privileged status of speech for young infants. Developmental Science 7(3): 270–276
-, - (2007): Listening to language at birth: Evidence for a bias for speech in neonates. Dev. Sci., 10(2): 159–171

WALTER, W. G. & AL. (1964): Contingent negative variation: An electrical sign of sensorimotor association and expectancy in the human brain. Nature 203, Juli 1964: 380–384

WALTER, H. (1998): Neurophilosophie der Willensfreiheit. Von libertarischen Illusionen zum Konzept natürlicher Autonomie. Paderborn

Der Autor

HEINRICH BRETTSCHNEIDER, Internist. Studium der Medizin in Freiburg und Heidelberg. Seit 1978 Mitarbeiter des Carl Gustav Carus-Instituts in Niefern-Öschelbronn in der Forschung zur Entwicklung von Krebsheilmitteln aus der Mistel. Ärztlicher Berater des Carl Gustav Carus-Instituts in der Gesellschaft zur Förderung der Krebstherapie e.V. in Niefern-Öschelbronn. Langjährige Mitarbeit im Anthroposophisch-Pharmazeutischen Arbeitskreis in Stuttgart.

Zwölfjährige klinische Tätigkeit unter anderem im Gemeinschaftskrankenhaus Herdecke, in der Klinik Öschelbronn und Filderklinik. 1980–1984 Facharzt-Weiterbildung zum Internisten an der Medizinischen Klinik Bad Cannstatt. 1985–2009 in eigener Praxis als Anthroposophischer Arzt und hausärztlicher Internist in Stuttgart, ab 2009 in Landsberg/Lech und seit 2016 wieder in Stuttgart tätig.

Nebenberuflich 2 Jahre Studium der Eurythmie in Stuttgart. Rege Kurs- und Vortragstätigkeit zur Anthroposophie und Anthroposophischen Medizin. Veröffentlichungen zur Medizin vor allem im (Tycho de Brahe-)Jahrbuch für Goetheanismus, an anderer Stelle auch zur Heileurythmie. Umfangreicher Beitrag zur Plazentologie der Säugetiere und des Menschen in der stark erweiterten Neuauflage von »Säugetiere und Mensch« von Wolfgang Schad im Verlag Freies Geistesleben, Stuttgart (2012).

ZUSAMMENFASSUNGEN / SUMMARIES

HEINRICH BRETTSCHNEIDER

Was ist Selbstbewusstsein? Gefühl und Wille als Rätsel des Menschen

Die Dreigliederung des Menschen und des Universums ist die wissenschaftlich fruchtbarste Idee der Anthroposophie, weil sie die Möglichkeit eröffnet, die Abhängigkeiten der Seelischen Wesenheit des Menschen sowohl von der Physischen als auch der Geistigen Welt zu erfassen. Ihre fruchtbare Handhabung bietet aber zugleich auch größere Schwierigkeiten als die meisten Ideen des zwanzigsten Jahrhunderts, weil der eine Pol dieser Abhängigkeiten eine Erkenntnis der unterbewussten Regionen des Menschenwesens erfordert. Wir dürfen also nicht glauben, eine Unterscheidung der drei Seelentätigkeiten des Menschen in Denken, Fühlen und Wollen erfordere deren Trennung. Das Gegenteil ist sogar der Fall: Nur ausnahmsweise treten die drei Tätigkeiten der menschlichen Seele getrennt in die Erscheinung, sondern zumeist wirken sie gemeinsam, jedoch jeweils in sehr unterschiedlicher Zusammensetzung. Andererseits enthält die Dreigliederungsidee einen neuen Substanzbegriff, der ein Ausweg aus dem Substanz-Dualismus des cartesianischen Weltbildes und die Grundlage des anthroposophischen Willensbegriffes ist.

Am Beispiel des menschlichen Selbstbewusstseins, das von Rudolf Steiner lapidar als ein Willensprozess gekennzeichnet wird, kann bis in die Einzelheiten hinein gezeigt werden, wie in jeweils sehr unterschiedlicher Zusammensetzung der Willensprozess mit dem Denken und Fühlen des Menschen zusammentritt. Dabei wird auch deutlich, dass die Diskussion darüber, ob der menschliche Wille »frei« ist, noch längst nicht beendet ist. Wir müssen also lernen, dieser Frage weiterhin mit einem umfassenden Welt- und Menschenverständnis gegenüberzutreten.

What is self-consciousness?

The threefold nature of the human being and the universe is by far the most fruitful idea of anthroposophy because it opens the possibility of grasping the soul being of the human being in its dependence on both the physical and the spiritual world. But deploying this idea fruitfully presents at the same time greater difficulties than do most of the ideas of the twentieth century because one side of this dependence requires knowledge of subconscious regions of the human being. So we have to learn first of all not to make this fact into an obstacle of a comprehensive understanding of the world and the human being by believing that distinguishing the three members of the human being and world requires their separation. Indeed, the opposite is the case: only exceptionally do the three members of the human soul being appear separated, but they mostly act together, albeit at times in very different proportions. Using the example of self-consciousness, which Rudolf Steiner succinctly described as a will process, it is possible to show in detail how in very different proportions this will process works each time in a person's thinking and feeling. This will also make clear that the discussion as to whether the human will is 'free' is far from finished, so we must learn to confront this question with a comprehensive understanding of the world and the human being.

MANFRID GÄDEKE

Einige botanische Beobachtungen zur Entstehung des Zweckmäßigen durch Degeneration

Der offensichtliche Zusammenhang zwischen der speziellen Gestaltung einer Pflanzenart und ihren Lebensumständen verführt leicht zu der Abstraktion eines Pflanzenwesens, das sich seine Organe wie Werkzeuge gewissermaßen »angeschafft« hat, um existieren zu können. Hier wird anhand vor allem von einigen spezieller erscheinenden Organen wie Nektarien, Dornen, Ranken, Knollen und anderem zu zeigen versucht, wie sich das Pflanzenwesen direkt darin ausspricht. Es zeigt sich dabei letztlich eine Polarität von sprießendem und stauendem Wachstum, welche die Wachstumsrhythmen und die Organformen hervorbringt. Das Pflanzenwesen verliert bei entsprechender Betrachtung seiner Metamorphosen seine Gespensthaftigkeit als hinter den Phänomenen stehendes »Ding an sich«.

Some botanical observations on the origin of functionality through degeneration

The obvious correlation between the special form of a plant species and its living conditions easily leads to the assumption that a plant organism has, so to speak, 'made' its organs like tools in order to be able to exist. Here we shall attempt to show how the plant organism expresses itself directly in special organs such as nectaries, thorns, tendrils, tubers etc. Ultimately there appears a polarity of sprouting and inhibiting growth that produces the growth rhythms and the forms of the organs. With appropriate observation of its metamorphoses, the plant organism loses all its mysteriousness as 'thing in itself' existing behind the phenomena.

THOMAS HARDTMUTH

Mikrobiom und erweiterter Organismusbegriff

Seitdem die modernen Verfahren der Genomsequenzierung einer breiten Forschung zur Verfügung stehen, haben sich die Kenntnisse über das mikrobielle Leben im menschlichen Organismus und in der freien Natur enorm erweitert. Gleichzeitig ergeben sich neue Fragestellungen und Perspektiven, die gerade im medizinischen Denken einen Paradigmenwechsel andeuten. Hier sind es vor allem die physiologischen Wechselwirkungen von Gehirn und Darm-Mikrobiom, die auf eine Reihe von psychiatrischen, neurodegenerativen und anderweitigen Stoffwechselerkrankungen ein ganz neues Licht werfen. Es zeigt sich, dass die gängigen Methoden genetischer und biochemischer Analytik die Komplexität der Zusammenhänge in der Mikrobenwelt nicht mehr ausreichend erfassen können und nur durch ein erweitertes, umkreisorientiertes Systemdenken verständlich werden. Die Grundsatzfrage nach dem epistemischen Zugang zu den spezifischen Gesetzmäßigkeiten des Lebendigen bekommt durch die Mikrobiomforschung eine ganz neue Relevanz und aktualisiert die alte Kritik am cartesianischen Dualismus-Paradigma, welches bis heute, wenn auch meist unbewusst, die erkenntnistheoretischen Grundlagen moderner Naturwissenschaft liefert. Mit Hilfe des geisteswissenschaftlichen Ätherbegriffs lassen sich hier methodische Brücken bauen, die nicht nur die Interdependenz von Darm und Gehirn erhellen können, sondern bis ins Leib-Seele-Problem hinein ein tieferes Verständnis ermöglichen. Die menschliche Gedanken-Organisation als kontext-generierender Bestandteil von Wirklichkeit und die äußeren biologischen Phänomene durchdringen und ergänzen sich zu einem erweiterten Organismusbegriff.

The microbiome and an extended concept of the organism

Since the modern process of genome sequencing has made available an extensive amount of research findings, our knowledge of microbial life in the human organism and wider nature has greatly advanced. At the same time it has raised new issues and perspectives which point to a paradigm shift, particularly in medical thinking. Here it is above all the interactions of brain and intestine microbiomes that shed an entirely new light on a series of psychiatric, neurodegenerative and other metabolic diseases. It appears that the usual methods of genetic and biochemical analysis can no longer grasp the complexity of the connections in the microbial world, and they can only be understood through a broadened systems thinking oriented to the wider surroundings. The basic question regarding the epistemic approach to the specific principles of life acquires through microbiome research a wholly new relevance, and revives the old criticism of the Cartesian dualism paradigm which hitherto the epistemological underpinnings of modern science have brought us, albeit mostly unconsciously. With the help of the spiritual scientific concept of the etheric, bridges can be built here which can not only throw light on the interdependence of intestine and brain, but also enable deeper insight into the body-soul problem. The human thought-organisation as a context-generating component of reality, and the outer biological phenomena interpenetrate and complement one another to form an extended concept of the organism.

WOLFGANG SCHAD

Die Metamorphosen-Lehre in Goethes Biographie

Goethes Entdeckung der Blattmetamorphose der Blütenpflanzen war eine Wiederentdeckung gewesen. Aber durch ihn gelangte sie ins allgemeine Bewusstsein und war in ihrem durchgängigen Verständnis für Entwicklung die Vorbereitung aller Evolutionskunde. – Darüber hinaus entdeckte er anschließend daran die Metamorphose dieser Blattmetamorphosen selber mit weitreichenden Aufschlüssen für die gesamte Biologie von Pflanze, Tier und Mensch, wie sie bisher kaum bemerkt worden sind.

The theory of metamorphosis in the biography of Goethe

Goethe's discovery of leaf metamorphosis in the flowering plants was a rediscovery. But through him it entered into the general consciousness and was, in its thorough understanding of development, the pre-supposition for all evolutionary theory. Furthermore, he discovered in connection with it the metamorphosis of the leaf metamorphoses itself, with far reaching conclusions for the whole of the biology of plants, animals and the human being, which hitherto have hardly been noticed.

ROLAND SCHAETTE

Die Lippenblütler (Lamiaceae) – Über die Metamorphose von Form und Stoff

Die Lippenblütler oder Lamiaceae sind eine der großen, unverwechselbaren Pflanzenfamilien. Charakteristisch ist das Fehlen von Blattmetamorphosen der jeweiligen Art, die kreuzgegenständige Blattanordnung an 4-kantigen Stängel, das Vorkommen hochspezifisch gestalteter zygomorpher Blüten und das vielfältige Auftreten von Duftstoffen (etherischen Ölen).

Betrachtet man die Familie genauer, ergibt sich eine vielfältige Metamorphose der Einzel-Pflanzengestalt in Bezug auf die Durchdringung von Blütenbereich und Blattbereich. So ergibt sich über alle Arten gesehen eine intrafamiliäre Gesamtblattmetamorphose, auf die hier erstmals aufmerksam gemacht wird.

Abhängig vom Standort ergeben sich nicht nur Differenzierungen der Inhaltsstoffe, sondern auch in der Komposition der Substanzen. So stellen etherische Öle und Bitterstoffe die Pole innerhalb der Familie dar.

Auf das unterschiedliche Auftreten der Pflanzeninhaltsstoffe in Bezug auf Pflanzengestalt und Standort wird insbesondere in Bezug auf ihre therapeutische Verwendung und die Ratio ihres medizinischen Einsatzes hingewiesen.

Als besonderes Beispiel eines typischen »Labiaten-Heilmittels« nach Angabe Rudolf Steiners wird auf das Präparat Betonica D3 / Rosmarinus D3 eingegangen.

The Labiates (Lamiaceae) – On the metamorphosis of form and substance

The Labiates or Lamiaceae comprise one of the biggest and distinctive plant families. They feature a lack of leaf metamorphosis of any kind, leaves arranged in opposite pairs on a square stem, the presence of highly specifically shaped zygomorphic flowers and the varied occurrence of aromatic substances (etheric oils).

If we examine the family more closely we find a diverse metamorphosis of the shape of the individual plant in relation to the interpenetration of the regions of the flowers and leaves. Considering all species together there is an intrafamily metamorphosis of all leaves which is revealed here for the first time.

Depending on the location there are not only differences in shape but also in substance composition. Thus etheric oils and bitter substances represent opposite poles.

The varied occurrence of plant substances in relation to the plant form and location is discussed especially in relation to their therapeutic use and the rationale of their medical application.

As a particular example of a typical 'Labiate medicine', according to an indication of Rudolf Steiner, we present the preparation Betonica D3 / Rosmarinus D3.

WALTHER STREFFER

Die Bauwerke der Laubenvögel – Anmerkungen zum Kompensationsprinzip

Die in Neuguinea und Australien lebenden Laubenvögel bauen aufwändige Lauben und schmücken die dazugehörigen Balzplätze. Das künstlerische Arrangement ist einzigartig in der Vogelwelt. So wie die Männchen der nahe verwandten Paradiesvögel ihre fantastische Gefiederpracht zur Schau stellen, so präsentieren die männlichen Laubenvögel ihre reich verzierten Laubenplätze. Die Männchen beider Vogelgruppen haben sich im Sinne des Goetheschen Kompensationsprinzips vom Brutgeschäft gelöst. Die Laubenvogelmännchen setzen ihre architektonischen Fähigkeiten nicht dazu ein, den Weibchen ein schönes Nest zu bauen. Bei den Laubenvögeln der *Amblyornis*-Arten ist darüber hinaus festzustellen, dass die schlicht gefärbten Männchen komplexere Lauben errichten als die Männchen der farbigen Arten. Das entspricht in schöner Weise dem Kompensationsprinzip, ebenso wenn ein Männchen des einfarbig braunen Hüttengärtners *(Amblyornis inornata)* mit einer farbigen Beere im Schnabel vor einem Weibchen balzt. Die farbige Beere kann gewissermaßen als sekundäres Geschlechtsmerkmal bezeichnet werden. Für die Hüttenbauer, die auch als Gärtner bezeichnet werden, trifft das voll zu.

Die prächtig gefärbten Laubenvogelmännchen der sogenannten Allee-Bauer nehmen bei der Balz aber auch farbige Beeren oder andere Dekorationsstücke in den Schnabel. Deshalb sollte ein einzelnes schönes Verhalten nicht verallgemeinert werden. Außerdem ist bei den Allee-Bauern verbreitet, dass die Männchen mit einem Farbgemisch, zu dessen Benutzbarkeit sie aktiv beitragen, ihre Lauben ein wenig anmalen. Da dieses als »*painting*« bezeichnete ansatzweise Bestreichen der Laube sowohl von den schlicht als auch den äußerst prächtig gefärbten Männchen praktiziert wird, können wir es ebenfalls nicht im Sinne des Kompensationsprinzips betrachten, dürfen es jedoch als außergewöhnliche künstlerische Steigerung des Laubenbaus ansehen.

The constructions of bower birds – remarks on the principle of compensation

The bowerbirds of New Guinea and Australia build laborious bowers and decorate the courtship sites around them. The artistic arrangement is unique in the bird world. Just as the males of the closely related birds of paradise display their splendid plumage, the male bowerbirds present their richly adorned bowers. In the sense of the Goethean principle of compensation, the males of both groups of birds have freed themselves from the task of raising young. Bowerbird males don't deploy their architectonic skills to build a fine nest for the females. Furthermore, among the bower birds of the genus *Amblyornis*, the males of species with only simple colouring make more complex bowers than do the males of the coloured species. This corresponds in an elegant way to the compensation principle, even if a male of the uniformly brown Vogelkop Bowerbird *(Amblyornis inornata)* displays in front of a female with a coloured berry in its bill. The coloured berry can so to speak be described as a secondary sexual characteristic. This applies particularly to the maypole-builders which can also be described as gardeners.

Bowerbird males of the splendidly coloured so-called avenue-builders also hold coloured berries or other decorative articles in their bills during their courtship displays. Therefore we should not generalise from one particular attractive behaviour. Besides it is common among avenue-builders that the males paint their bowers a little with a blend of colours to whose usability they actively contribute. As this tentative painting of the bower is done by both simply coloured and brilliantly coloured males, we likewise cannot consider it in the sense of the compensation principle, but we can regard it as an extraordinarily artistic intensification of bower construction.

Verzeichnis der Autoren

Heinrich Brettschneider   Schreiberstr. 37
                                70199 Stuttgart
                                heinz.brettschneider@t-online.de

Manfrid Gädeke   Am Hahnenschnabel 19
                                89520 Heidenheim
                                Manfrid.Gaedeke@web.de

Dr. med. Thomas Hardtmuth   Hirschhaldeweg 17
                                89555 Steinheim
                                DrThomasHardtmuth@web.de

Prof. Dr. rer. nat. Wolfgang Schad   Alter Weg 10
                                      58453 Witten
                                      christiane.schad@versanet.de

Dr. Roland Schaette   Kolpingstr. 3
                                88339 Bad Waldsee
                                uro.schaette@gmail.com

Walther Streffer   Landhausstr. 130
                                70190 Stuttgart
                                Streffer@t-online.de

Dr. phil. Peter A. Wolf   Frankenstr. 216
(Vignetten)   45134 Essen
                                PeterA.Wolf@gmx.de